미얀마·라오스·캄보디아
새로운 한인 사회의 형성과 확장 가능성

동남아 한인연구 총서 7

미얀마·라오스·캄보디아

새로운 한인 사회의 형성과 확장 가능성

김희숙·이요한 지음

눌민

머리말

미얀마와 라오스, 캄보디아는 대륙부 동남아에 자리해있다는 점 외에도 여러 가지 공통점을 가진다. 일찍이 불교를 수용하여 오늘날까지도 그 문화적 전통이 유지되고 있다는 점 외에도 식민 지배와 사회주의체제를 경험했다는 역사적 경로상의 유사성도 갖는다. 서구 열강의 식민 통치에서 벗어나 국민국가로 발돋움하는 과정에서 극심한 정치적 혼란을 겪었고, 그 결과 사회경제적 발전이 뒤처져 유사한 경험을 가진 베트남과 함께 동남아 저소득국가를 통칭하는 CLMV로 언급되어오던 국가들이기도 하다.

그런데 비슷한 시기 한인 기업의 진출이 이루어졌음에도 불구하고 베트남에서와는 달리 이들 세 국가에서 한인 사회의 성장은 매우 더디게 이루어졌다. 2019년 말 기준 베트남 한인 수가 17만여 명에 이르는 것과 달리 미얀마의 경우 3,800여 명, 라오스는 이보다 더 적어 3,000명을 조금 넘고, 가장 많은 캄보디아가 1만 2,000명가량이다. 재외국민 등록을 하지 않은 수까지 포함하면 수치는 좀 더 오르겠지만 베트남에는 한참 못 미친다. 체제 전환국이라는 공통점은 있어도 이행 과정이나 한국과 맺은 관계의 폭과 깊이가 사뭇 달랐던 것이 이러한 차이를 낳은 주된 원인일 것이다. 군부독재 국가로서 '아웅산 사태', '양곤의 봄', '사프란 혁명'과 같은 충격적인 사건으로나 모습을 드러냈던 미얀마, 여전히 사회주의체제를 고수하고 있는 라오스, '킬링필드'의 잔혹했던 역사를 먼저 떠올리게 하는 캄보디아는 다른 선택지가 있다면 굳이 가고 싶지 않은 나라들이었는지도 모르겠다. 하지만 해외여행 자유화가 이루어진 1980년대 말 이래 동남아는 한국인이 가장 즐겨 찾는 관광지였고, 이들 국가에도 곧 한국인의 발길이 닿았다. 이어 앞서 진출한 국가들에서 인건비가 상승함에 따라 더 저렴한 노동시장을 찾아 기업들이 진출하면서 규모는 작지만 한인 사회가 형성되기에 이르렀다.

　세 나라에서 펼쳐진 한인의 삶과 한인 사회의 역동은 이주의 역사가 더 길고 규모도 큰 다른 동남아 국가들에서의 그것과 비교하여 단순했다고 말할 순 없다. 그렇지만 이들 국가에서 살아가고 있는 한인의 삶은 오랫동안 우리의 관심 범위를 벗어나 있었다. 미얀마와 라오스, 캄보디아는 다른 동남아 국가들과 비교하여 연구가 많이 축적되어있지 않은, 국내 학계에서는 최근까지도 사실상 미개척지에 가까웠던 점이 그 한 이유였다. 2010년대 들어 우리나라의 중점협력국으로 지정되면서 개발협력사업이 급증하고 관련 보고서나 자료도 쏟아져 나왔지만, 현지에서 살아가는 한인이나 한인 사회를 다룬 연구는 극히 드물다. 선행연구가 거의 없거나, 간혹 있더라도 단편적으로만 다루어졌다. '동남아시아의 한인과 한인 사회: 도전과 정착, 그리고 미래'라는 주제로 브루나이와 동티모르를 제외한 동남아 아홉 국가의 한인 사회를 연구하여 총서로 출판하는 이 연구 프로젝트의 기획 당시 미얀마와 라오스, 캄보디아의 한인 사회를 묶어 한 책으로 출간하기로 한 배경이기도 하다.

한인의 최초 진출 시기는 주변 동남아 국가와 비슷했음에도 불구하고 이들 세 국가에서 한인 사회의 확장은 매우 더디게 이루어졌고, 현재까지도 현지 국가 내부의 상황이나 외적 요인에 따른 부침도 잦아 앞으로의 확장 가능성을 전망하기도 쉽지 않은 것이 사실이다. 그렇지만 바로 그런 이유로 이들 국가에서 오랫동안 한인 사회의 확장을 가로막은 주된 요인들은 무엇이었고, 그러한 조건에 한인들은 어떻게 적응 또는 대응해왔는지를 들여다보고 앞으로 한인 사회가 현지에서 한인들이 직면하는 수많은 어려움에 더욱 탄력적으로 대응하면서 원만히 성장하기 위한 방도를 탐색할 필요가 있다. 미얀마, 라오스, 캄보디아 한인 사회를 다룬 이 책은 이러한 목적을 담아 각국 한인 사회의 윤곽을 그려보고자 한 첫 시도라는 점에서 의의가 있다.

선행연구의 공백을 메우고 후속연구를 이끄는 마중물 역할을 하겠다는 포부는 컸지만, 세 국가의 한인 사회를 한 권의 책에 담다 보니 여러모로 부족한 점이 많다. 지면은 한정되어 있는데 단독으로 출간되는 다른 한인 사회 저서의 틀에서 크게 벗어나지 않도록 내용을 구성하다 보니 얕은 서술에 그친 곳들이 적지 않다. 한인 사회의 규모는 작아도 필자들이 만나본 한인 개개인의 삶은 놀랄 만큼 풍부한 경험들로 가득했다. 각 개인이 살아온 생애사만으로도 이주 한인의 삶에 관해 책 한

권은 쓸 수 있을 만했다. 그렇지만 각국 한인 사회 구성원의 주된 사회경제적 특징이나 그들이 현재 거주하고 있는 장소에서 부닥치곤 하는 일반적인 문제들, 그리고 그들이 상호작용하는 사회공간으로서 한인 사회가 갖는 특징 등을 서술하는 데 주력한 나머지 한인 개인들의 풍성한 경험은 단편적으로만 인용되거나 적절한 자리를 얻지 못한 채 버려지고 말았다. 귀중한 시간을 내어 살아온 이야기들을 들려주신 여러 한인분들께 송구한 마음을 금할 수 없다. 그저 양해를 구할 따름이다.

연구를 수행하는 과정이 순탄치 않았다는 점도 핑계로 댈 수 있을 것 같다. 본래 미얀마와 캄보디아 연구는 서울대 일본연구소의 김태기 교수가 맡았다. 하지만 연구수행 2년 차에 접어든 시점에서 김태기 교수가 개인적인 사정으로 하차하고, 대신 미얀마는 김희숙이, 캄보디아는 이요한이 맡아 진행하게 되었다. 이요한의 경우 이미 라오스 한인 사회 연구를 맡아 수행하고 있던 터라 부담이 더욱 컸다. 다행히 매년 제출해야 하는 연차보고서에 1년 동안의 연구 결과가 담겨 있긴 했지만, 남은 시간 동안 사실상 완전히 새롭게 연구를 진행해야 하는 어려움이 있었다. 저자들 자신이 동남아 지역 연구자이기는 하나 이주 현상이나 한인 연구 전공자는 아닌 데다, 각자 진행해오던 연구 주제와의 관련성도 적어 한인들과 접촉할 기회도 거의 없었기 때문에 현지 한인을 새로 익히는 일부터 시작해야 했다. 1년 더 일찍 이 연구에 참여하여 한 사람이라도 더, 그리고 한 번이라도 더 한인들을 만나고 한인 사회를 관찰할 수 없었던 점은 큰 아쉬움으로 남았다.

책이 나오기까지 정말 많은 분들의 도움을 받았다. 가장 먼저, 인터뷰에 응해주신 현지 한인분들께 감사드린다. 알음알음 물어 확보한 연락처로 일면식도 없는 한인들에게 전화를 걸어 면담을 요청해야 했고, 가능한 한 다양한 입장과 의견을 듣기 위해 가능한 한 여러 위치와 직종, 사회집단에 속해 있는 한인들을 한 사람이라도 더 만나야 한다는 생각에 쫓겨 두 번 이상 만나본 한인도 드물다. 그렇지만 인터뷰에 응해준 한인들 대부분이 이 연구의 목적과 의의를 이해해주고 기꺼이 살아온 이야기를 들려주셨다. 낯선 이를 환대하여 허심탄회하게 자신의 이야기를 들려주신 분들 덕분에 이 책이 나올 수 있었다. 지면을 통해서나마 그분들께 깊은 감사의 마음을 전한다.

한인 연구에 착수할 수 있는 기회를 준 한국학중앙연구원의 한국학진흥사업단에도, 그리고 이 연구 프로젝트를 함께 수행하면서 값진 조언을 제시해준 동료 연구진께도 감사드린다. 전체 여덟 권에 이르는 동남아 한인 연구 저서를 기한 내에 무사히 출판하시느라 노심초사가 많으셨던 눌민의 정성원 대표님과 바닥이 없는 깊은 우물처럼 날카로운 반향 한 번 내보내지 않고 졸고를 기다려 꼼꼼히 교정해주신 편집자 원미연 선생님께도 진심으로 감사드린다. 끝으로, 필자들이 집필에 시간을 할애할 수 있도록 배려해준 전북대 동남아연구소와 부산외대 아세안연구원의 식구들에게도 고맙다는 인사를 전한다.

전주와 부산에서

2022. 3. 2.

김희숙, 이요한

차례

3부 캄보디아 한인 사회 역사와 발전, 그리고 정체성 • 이요한

1부

미얀마

: 한인의 현지 인식과 적응, 그리고 정체성

김희숙

1장

들어가며

수완나부미^{Suvannabhumi} —한때는 '황금의 땅'으로 불린 왕국이 자리했던 곳으로도 전해지지만, 한국에 미얀마라는 나라에 대한 소식이나 정보가 대중에게 알려지게 된 지는 그리 오래되지 않았다. 1983년 발발한 '아웅산 사태'로 한국 사람들의 뇌리에 강렬한 한획을 남기기도 했지만 그것도 잠시, 당시 '버마'로 불리었던 이 나라에 관한 관심은 곧 사그라졌다. 이후 버마는 1988년, 군부독재와 이에 저항하는 시민들을 잔혹하게 탄압하여, 그리고 2007년엔 군부의 시주를 거부하며 공양 그릇을 거꾸로 엎은 채 거리로 나선 승려와 시민을 학살하는 잔인함으로 한 번 더 오랜 망각 속에서 모습을 드러냈다. '미얀마'[1]라는 새 이름으로 등장한 이 나라가 한동안 세상에서 사라졌던 버마와 같은 나라임을 알 수 있었던 것은 마치 역사를 되돌린 듯 동일한 기억을 소생시킨 끔찍한 일련의 사건들 덕분이었을 것이다.

한국전쟁과 군부 쿠데타, 유신체제의 암울한 역사를 경험한 한국인들에게 미얀마는 이념적으로나 군정 치하의 일상에 대한 공감 또는 상상만으로도 들어가 살기를 결심하기 쉽지 않았던 나라였다. 하지만 삼엄한 군부독재 치하의 버마에도 소수이긴 하나 일찍이 이 나라에 들어간 한인들이 있었다. 미얀마 최대 도시 양곤의 포도를 핏빛으로 물들였던 1988년의 민주화운동과 2007년의 사프란saffron 혁명으로 온 나라가 흉흉했던 시기를 겪고, 그로 인한 서방국가의 경제제재로 힘든 시기를 다 견디며 남아있는 한인도 적지 않다. 개혁개방정책이 추진된 2011년 이후 미얀마로 향하는 한인은 더욱 늘어, 한때 그 수가 5,000명을 넘어설 정도로 급증하기도 했다. 들어온 시기가 다르다 보니 개개인의 이주 동기나 사회경제적 특성도 제각기 달라, 미얀마 한인 사회도 내적 분화가 다차원적으로 전개되는 중인 복잡한 생태계를 형성하기에 이르렀다.

2011년부터 시작된 미얀마의 개혁개방에 대해 국제사회는 비상한 관심을 두고 주시했다. 풍부한 천연자원과 낮은 인건비, 그리고 앞으로 확장 가능성이 큰 시장 등 경제적 잠재력에 관한 관심이 오랜 고립 끝에 모습을 드러낸 이 나라에 대한 모든 관심을 앞질렀다.

---

1   1948년 '버마 연방(The Union of Burma)'이라는 이름으로 출발한 미얀마의 국호는 이후 1974년 '버마 사회주의연방공화국(The Socialist Republic of the Union of Burma)'로 개칭되었다가, 1988년의 민주화운동 이듬해인 1989년 '미얀마연방(The Union of Myanmar)'으로 국호가 변경되었다가, 2008년 신헌법이 제정되면서 '미얀마 연방공화국(The Republic of the Union of Myanmar)'으로 다시 한 차례 바뀌었다.

아직 군정체제의 그림자가 여전히 들러붙어 있었던 까닭에 '준 민간정부'라는 꼬리표까지 떼어내지는 못했지만 떼인세인Thein Sein 정부 출범 이후 미얀마 사회는 광범위한 변화를 경험했다. 2015년에는 50여 년에 이르는 군정 이래 최초로 민간정부로의 정권 교체까지 이루어져 이 정부의 정치개혁 약속이 빈말만은 아니라는 점을 입증하기도 했다.

하지만 14만여 명의 목숨을 앗아간 사이클론 나르기스Nargis의 충격 속에서 통과된 2008년 헌법을 통해 군부는 여전히 법적, 제도적으로 그 힘을 유지하였고, 그 결과 아웅산수찌Aung San Suu Kyi가 이끄는 민간정부가 할 수 있는 일이란 거의 없었다. 정치적으로뿐만 아니라 경제적으로도 군부의 존재는 민주주의민족동맹National League for Democracy, NLD 정부의 발목을 잡았다. 독립 이래 지속하여온 소수종족과의 갈등이 가장 큰 문제였는데, 2017년 여카잉주Rakhine state에서 발발한 로힝자Rohingya 사태는 미얀마에서 이 문제가 얼마나 심각하게 미얀마의 미래를 위협할 수 있는지를 여실히 보여주었다.[2] 이 사건은 2015년 민선 정부로의 정권 이양을 계기로 사실상 전면 해제되었던 경제제재를 다시금 부과하거나, 그런 수준까지는 아니어도 그동안 미얀마가 누려오던 관세 특혜를 철회할 수 있다는 서구 국가들의 압박을 낳았고, 이러한 상황은 이 나라에 진출해있던 한인들에게도 큰 걱정을 안겼다.

다행히 그와 같은 지경으로까지 치닫지는 않았지만, 이후엔 코로나19 팬데믹이 이 나라를 강타했다. 그리고 지금, 2021년을 마무리하는 시점의 미얀마는 2021년 2월 1일에 발발한 쿠데타로 인한 위기까지 겹쳐 파탄 국가failed state로 전락할 위기에 처해있다. 쿠데타로 정권을 인수한 군부의 과도정부와 지난 2020년 11월 총선에서 선출된 의원들과 소수종족집단 대표를 포함한 저항운동 진영 지도자들로 구성된 국민통합정부National Unity Government, NUG가 양립하며 국제적 인정을 위해 경합하는 상황이다. 시민불복종운동과 그에 대한 군부의 잔혹한 진압으로 사상자가 속출하고, 일부 소수종족

---

2 로힝자는 주로 미얀마 북서부 여카잉주에 거주하는 무슬림 종족으로, 보통 영어 표기를 따라 국내에서는 '로힝야'로 발음하고 표기하고 있지만 미얀마어(ရိုဟင်ဂျာ)로는 '로힝자'로 발음하는 것이 맞다. 로힝자 사태는 2017년, 여카잉주의 분리·독립을 목표로 활동하는 반군단체 아라칸로힝자구원군(Arakan Rohingya Salvation Army, ARSA)이 미얀마 보안군 초소를 공격한 사건을 빌미로 미얀마군이 '소개작전(Clearance Operation)'이라는 이름으로 대대적인 군사작전을 전개함에 따라 약 75만 명에 이르는 로힝자 무슬림들이 인접한 방글라데시로 탈출한 사건이다. 여카잉주에서는 ARSA 외에 또 다른 반군단체인 AA(Arakan Army)와 미얀마군 간의 교전도 자주 발발하여 미얀마군에 의해 자행되는 폭력 및 인권침해 사례가 테러집단 소탕이라는 명분으로 정당화되곤 했다. 미얀마 사회의 주류 종교인 불교도가 다수를 점하는 가운데 소수종족인 로힝자 무슬림에 대한 박해는 오랜 역사를 갖고 있다. 미얀마 국민과 외국인을 구별하고 불법 입국한 외국인을 색출한다는 명분으로 실시된 나가밍(Nagamin) 프로그램이 시행된 1978년에 이미 약 20만 명의 로힝자족이 방글라데시로 탈출한 바 있으며, 영국 식민통치 시기 이전으로 거슬러 올라가 차등적으로 미얀마 시민 자격을 규정한 1982년의 미얀마 시민권법(Myanmar Citizenship Law)을 통해서는 이들을 법적으로 시민의 범주에서 배제하기도 했다. 이후 2012년 여카잉주 남부에서 불교도 여카잉족 여성이 무슬림 남성 세 명에 의해 성폭행당한 후 살해된 사건이 발생하면서 불교도들의 반무슬림 정서가 종교 갈등으로 증폭되어 폭력사태로까지 치달은 바 있다. 2017년의 사태는 이러한 과정의 연장선상에서 발생한 일로, 2019년에는 감비아가 이슬람협력기구(Organisation of Islamic Cooperation, OIC)를 대표하여 미얀마를 제노사이드 혐의로 국제사법재판소(International Court of Justice, ICJ)에 제소하는 일로 이어졌다. 이에 아웅산수찌가 2019년 12월 ICJ에 출두하여 미얀마군이 테러 집단의 위협으로부터 국가 안보를 수호하기 위해 군사작전을 수행하는 과정에서 불가피하게 발생한 유감스러운 사건이었다는 취지의 발언으로 미얀마군의 행위를 변호하면서 국제사회의 거센 비판에 직면하기에 이르렀다. 아웅산수찌에게 수여된 노벨평화상을 박탈해야 한다는 주장까지 비등할 정도로 이 사건은 아웅산수찌와 NLD에 우호적이던 국제사회를 한순간에 등 돌리게 하는 치명적인 타격을 안겼고, 이에 따른 경제적 압박 또한 매우 커져 NLD 정부가 중국과의 관계를 통해 돌파구를 찾도록 내모는 결과를 낳았다.

무장단체들과 연대한 시민저항군과 미얀마 군대의 교전이 곳곳에서 전개됨에 따라 미얀마 상황은 악화일로로 치닫고 있다. 일찍이 이 나라로 들어가 10여 년 동안의 경제제재에도 불구하고 살아남았던 한인들조차 현재의 위기를 감내하기는 쉽지 않은 듯하다. 이를 입증하듯 개혁개방 이후 급증했던 한인 수도 현재 1,000명 남짓으로 급감한 상태다.

코로나19 팬데믹과 쿠데타로 인한 이중의 타격으로 휘청거리는 미얀마의 상황은 현재 한 치 앞도 전망하기 어렵다. 코로나19로 하늘길이 막힌 이래 필자가 이 나라에 들어가지 못하게 된 지도 2년을 다 채워간다. 이런 이유로 현재 미얀마에 남아있는 한인들의 근황이나 이들이 직면해있는 현실이 어떤지를 상세히 확인하기는 어렵다. 다만 이전에 현지조사를 수행하면서 만났던 일부 한인들과 연락하거나 필자 역시 회원으로 가입해있는 SNS 공간에서 오가는 이야기들을 눈으로 좇으며 단편적으로 현지 상황을 파악하고 짐작해보는 게 전부다. 그렇다고 해서 1980년대 말, 이 나라에 첫 번째 한인이 발을 디뎌온 이래 미얀마 한인, 한인 사회의 경험을 기록하는 일의 중요성이 줄어든 것은 아니다. 오히려 매우 제한적인 정보에 의지해서나마 불안정성이 극대화된 미얀마의 현 상황이 한인들에게 미친 영향을 가늠해보는 것은 재외한인들의 삶과 호스트 사회가 관계 맺는 장의 성격을 한층 뚜렷이 이해하는 데 도움이 될 수 있다. 이러한 이유로 필자는 연구프로젝트가 종료된 이후의 상황이기는 하나 2020년의 코로나19 팬데믹과 2021년의 군부 쿠데타가 미얀마 한인 사회에 미친 영향도 이 저서에 담기로 하였다.

각 장의 내용을 간략히 소개하면 다음과 같다. 먼저 2장에서는 한인 이주의 역사와 특징을 간략히 정리하였다. 미얀마 외에 캄보디아와 라오스의 한인 사회까지 묶어 한 책으로 내게 되다 보니 한인 이주의 배경이 되는 미얀마의 역사나 그 맥락을 이루는 정치경제적 상황, 사회문화적 특징을 상세히 다룰 만큼 지면이 넉넉지 못했다. 이런 이유로 한인의 미얀마 이주 및 적응과 관련하여 영향을 미친 사건이나 시대 상황은 배경 정도로만 기술하고, 각 시기 미얀마에 이주한 한인의 삶을 그러한 시대 맥락과 연관 지어 서술하는 방식을 택했다.

3장에서는 하나의 '사회'로서 미얀마 한인 사회의 조직적 특성과 내적 분화 양상을 다루었다. 미얀마에 이주한 한인들의 사회경제적 특성이나 상호작용 방식은 이주 시기, 거주 기간, 현지에서의 사업 성공 여부 등에 따라 조금씩 달랐다. 그에 따라 '한인 사회'라는 사회적 관계의 장이 갖는 성격도 시간이 흐름에 따라 변화하였다. 특히 2011년 개혁개방 이후 한인 수가 급증함에 따라 이러한 현상은 더욱 가속화되어, 최근엔 내적 분화도 감지된다. 주로는 한인 사회를 구성하는 다양한 집단과 주된 상호작용이 이루어지는 사회적 공간을 조명하되 최근에 나타나는 내적 분화가 어떤 양상으로 전개되고 있는지를 살펴보았다.

4장에서는 한인과 현지 사회의 관계를 다루었다. 특히 한인 사회 내에서 공유되고 있는 '파트너' 담론을 들여다봄으로써 외국인에 대해 부과되는 다양한 형태의 제약을 우회 또는 돌파하기 위한 방법으로 한인들이 어떻게 현지 사회를 인식하고 현지인들과의 관계를 정립해가고 있는지를 들여다보았다.

5장에서는 국가 간 경계를 넘어 이루어지는 이주의 경험이 개인 및 집단의 정체성에 미치는 영향을 들여다보았다. 한인 사회라는 집단의 차원에서는 특히 정보통신기술의 발전과 함께 급변한 상호작용 방식의 변화가 '상상된 공동체'로서의 민족 및 국가에 대한 정체성과 소속감에 어떠한 변화를 촉발했는지를 한인들의 온라인 커뮤니티 공간에서의 활동을 중심으로 살펴보았다. 아울러 이 장에서는 한인 자녀 세대의 경험과 정체성에 대한 이해도 시도하였다. 현지에서 직접 만나 인터뷰를 할 수 있었던 한인 자녀의 수는 많지 않았지만, 자녀를 둔 다른 한인들과의 인터뷰를 통해 자녀 양육과 교육, 이들의 정체성에 관한 의견을 청취하여 그 한계를 보완하고자 하였다.

맺음말에 해당하는 6장에서는 본론의 주요 발견을 간략히 요약하고, 이를 토대로 향후 미얀마 한인 사회가 나아가야 할 방향에 대한 단상을 적었다. 특히 2020년과 2021년 연이어 미얀마 사회를 큰 충격으로 몰아넣은 코로나19 팬데믹과 쿠데타 상황이 현지 한인에게 미친 영향과 관련하여 호스트 사회와 이주자 사회가 어떻게 만나는 것이 바람직한지, 그 방도를 함께 탐색할 필요성에 대해 제언하였다.

2장
한인의 미얀마 이주 역사

1. 일제강점기, '버마전선'의 한인들

미얀마에 도착한 첫 한국인에 관한 공식 기록은 1933년 말 조선
총독부의 여권 발급 기록에서 나타난다(《그림 1》 참고). 프랑스령 인
도차이나와 필리핀, 싱가포르를 향해 배를 탔던 한국인들이 주로
상업을 목적으로 출항했던 것과 달리, 특이하게도 '연구 유학研究留
學'으로 도항 목적을 기재한 이 사람이 어떤 연구를 위해 미얀마로
향했으며 얼마 동안이나 이 나라에 체류했는지, 이후 한국으로 돌
아오기는 했는지 등을 말해주는 기록은 찾아볼 수 없다. 미얀마
에 무사히 도착했는지조차 알 수 없는 일이다. 이후 이 나라와 관
련된 한국인에 대한 기록은 이로부터 10년이 안 된 1941년, 아시
아·태평양전쟁에 나선 일본이 미국과 영국, 중국의 연합군에 맞서

싸운 버마전선에 동원된 조선인 위안부 포로들에 관한 보고서에서 찾아볼 수 있다.

일본은 1937년부터 중일전쟁을 치르던 중이었고, 이에 맞서 연합군은 버마의 랭군(현 양곤)에서 중국 윈난성의 쿤밍에 이르는, 일명 '버마로드Burma road'를 통해 장제스의 국민당 군에 물자를 지원하고 있었다. 일본은 연합군의 보급로를 차례로 차단해가고 있었는데, 버마로드는 그 마지막 남은 보급로였다. 그렇기 때문에 일본은 대대적으로 군 병력을 증원하여 버마전선에 투입하였다. 당시 버마에는 일본을 우방으로 여겨 하이난섬에서 일본군으로부터 군사훈련을 받고 돌아온 청년 세력이 존재했다. 미얀마 독립영웅으로 추앙받는 아웅산Aung San을 비롯하여, 이후 이 나라에서 오랜 군정체제의 서막을 연 네윈Ne Win 등의 청년 운동가들이 이에 속했다. 오래 가지 않아 일본의 야욕을 알아차린 이들은 반파시스트인민자유연맹Anti-Fascist People's Freedom League, AFPFL이라는 이름으로 광범위한 연합전선을 구축하여 일본에 맞서 싸웠지만, 일본은 파죽지세로 버마를 점령해갔다. 1942년부터 일본이 버마 북동부 미찌나에서 인도로부터 오는 연합군에 맞서 싸운 임팔전투에서 대패하여 버마전선이 붕괴될 때까지 버마 전국은 3년간 일본에 점령당했다. 풍부한 천연자원을 보유하고 있고 연합군의 주요 보급로이기도 했던 버마는 일본에 전략적으로 매우 중요한 곳이었다. 최대 20만 명가량의 병력으로 구성된 10개 사단이 버마에 주둔했다고 하는데, 이들 군 병력과 함께 거짓 정보에 속아 위안부로 동원

1933年(度)末 海外渡航者 目的別 現況

	總數			公務		視察		商業		會社支店勤務		農業	
	總數	韓國人	日本人	韓國人	日本人	韓國人	日本人	韓國人	日本人	韓國人	日本人	韓國人	日本人
美洲諸國	18	1	17	—	15	1	2	—	—	—	—	—	—
歐洲諸國	4	4	—	—	—	—	—	—	—	—	—	—	—
北美合衆國	12	9	3	—	1	1	2	—	—	—	—	—	—
쏘비에트 聯邦	3	3	—	—	—	—	—	—	—	—	—	—	—
香港, 카나다	7	5	2	—	—	2	—	2	—	—	—	—	—
佛領印度支那	4	4	—	—	—	—	—	4	—	—	—	—	—
比律賓, 싱가폴	17	14	3	—	—	—	—	11	1	—	2	—	—
버마	1	1	—	—	—	—	—	—	—	—	—	—	—
쟈바	1	1	—	—	—	—	—	1	—	—	—	—	—
濠洲	2	—	2	—	—	—	—	—	—	—	1	—	—
布哇	7	7	—	—	—	—	—	1	—	—	—	—	—
總數	76	49	27	—	16	4	4	19	1	—	3	—	—

	家事		勞動		漁業		研究留學		布敎		其他	
	韓國人	日本人	韓國人	日本人	韓國人	日本人	韓國人	日本人	韓國人	日本人	韓國人	日本人
美洲諸國	—	—	—	—	—	—	—	—	—	—	—	—
歐洲諸國	—	—	—	—	—	—	4	—	—	—	—	—
北美合衆國	1	—	—	—	—	—	5	—	2	—	—	—
쏘비에트 聯邦	1	—	—	—	—	—	—	—	—	—	2	—
香港, 카나다	—	—	—	—	—	—	—	—	—	—	1	2
佛領印度支那	—	—	—	—	—	—	—	—	—	—	—	—
比律賓, 싱가폴	2	—	—	—	—	—	—	—	1	—	—	—
버마	—	—	—	—	—	—	1	—	—	—	—	—
쟈바	—	—	—	—	—	—	—	—	—	—	—	—
濠洲	—	—	—	—	—	—	—	—	—	—	—	1
布哇	4	—	—	—	—	—	—	—	2	—	—	—
總數	8	—	—	—	—	—	10	—	5	—	3	3

그림 1 1933년 말 조선총독부 통계 연보 내 해외 출국(도항)자 목적지별 현황

출처: 朝鮮總督府統計年報 1933年度 第45表, 국사편찬위원회 한국사데이터베이스

(http://db.history.go.kr/item/level.do?itemId=su&setId=573726&position=1)

된 여성들의 위안소도 버마 전역에 산재한 일본군 부대에 설치되었다. 버마 위안소에 동원된 위안부 중 절반 이상이 조선인 여성이었다고 한다(공준한 2019).

식민 지배를 받는 국가의 국민으로서 겪어야 했던 역사의 비극은 버마전선에서 다른 형태로 재현되기도 했다. 1942년 연합군을 축출하고 미얀마를 점령한 일본군 속에 한국인 군인과 군속도 배치되었던 것이다. 당시 4,061명의 한인이 동원되었다는 기록이 남아있는데, 동원된 한인 가운데는 지원병도 2,000~3,000여 명이 포함되었다고 한다. 격전지였던 미얀마 전장에서 현지에 투입된 일본군 33만여 명 중 약 66퍼센트에 해당하는 20만 명이 전사한 것으로 기록되어있는데, 이 숫자에 비례하여 당시 동원되었던 다수의 한인도 현지에서 목숨을 잃었을 것으로 추정된다(김도형 2014: 167, 170, 172-173).

이와는 반대로 일본군에 맞서 싸운 한국인에 관한 이야기도 전해진다. 1943년 8월, 광복군이 버마전선에 파견되었다는 기록에서 이를 찾아볼 수 있다. 당시 임시정부는 미·영·중·소 등 열강들에 임시정부 승인과 협력을 구하는 활동을 전개하던 차였다. 연합군과 합동 군사작전을 수립하고 대일작전 행동을 전개했던 것이 그러한 활동의 한 축이었는데, 이를 위해 광복군은 영국군과의 협의 아래 한지성韓志成 대장 등 여덟 명을 선발하여 인도, 버마전선에 파견하였다(국사편찬위원회 1988: 463). 일본의 패색이 짙어지는 가운데 1945년 3월 26일 박순동과 이종실 등 학도병 출신의 한인 군인들이 일본 군영을 탈출하여 영국군에 투항했다는 기록도 전해진다(김인덕·김도형 2008: 315). 이처럼 버마전선은 나라 잃은 동족의 청년들이 적군으로서 서로 총을 겨누는 비극이 펼쳐지던 장이기도 했다.

미얀마 한인들은 이 아픈 역사를, 비록 그 계기나 목적은 달랐지만, 그 뒤를 이어 이 땅에서 살아가는 한인 사회의 전사前史로서 기념하고 있다. 미얀마 한인회의 사무공간으로도 사용되는 코리아센터 앞마당에 건립되어있는 전몰자 추모비는 이를 위한 기억의 공간이다. 추모비 건립은 단지 이 땅에 족적을 남긴 한국인과 그들의 희생, 비극적인 역사를 추념하는 것으로서만 의미를 갖는 것은 아니다. 미얀마 국민에게도 일본에 점령되었던 3년에 대한 기억은 수십 년 동안 지속되었던 영국 식민통치의 경험보다 더 끔찍한 기억으로 남아있다. 이런 점에서 이 추모비는 미얀마와 한국이 강제 점령의 고통과 희생의 경험을 공유하고 있음을 보여주는 상징물이기도 하다. 그리고 이는 각기 다른 입장에서 마주 대하게 되고, 종종 그 속에서 갈등도 적지 않게 경험하곤 하는 양 국가의 국민을 정서적으로 묶어주는 기능을 수행하리라 기대할 수 있다. 이러한 효과를 기대하여 애초에 사람들이 많이 다니는 공공장소에 추모비를 건립하고자 했지만, 일본과의 외교관계를 우려한 대사관 측의 만류에 따라 부득이 코리아센터 안에 건립하게 된 것이 이 일을 주도했던 사람들에게는 못내 아쉬움으로 남아있다.

그림 2 미얀마 양곤 소재 코리아센터 안마당에 건립된
일제강점기 전몰자 한인 추모비(저자 촬영)

2. 사회주의 버마의 한인들

일본의 패전 이후 미얀마는 다시 영국의 지배를 받았으나 1948년
1월, 마침내 독립을 이루었다. 미얀마가 독립을 맞은 이후 한국은
1962년 9월 미얀마에 총영사관을 개설하였고, 1975년 5월에는 총
영사관을 대사관으로 승격시켜 미얀마와의 외교관계를 공식화
했다. 냉전체제 속에서 미얀마는 대외적으로는 비동맹주의를 표방
하긴 했지만, 1962년 사회주의체제를 수립한 이래 남한보다는 북한
과 더 가까운 관계를 이어갔다. 이런 상황에서 한국과 미얀마의 외
교관계는 별 진전 없이 형식적인 수준으로만 유지되었고, 민간 차
원의 교류도 거의 이루어지지 않았다. 이런 이유로 이 시기 미얀마
에 거주한 한인이라야 대사관 공관원과 그 가족이 전부였다.

　이후 다른 한인이 미얀마에 거주하게 된 것은 대사관이 개설
된 지 얼마 지나지 않아 한국 대사가 미얀마에 한국 기업의 진출
이 필요하다는 제안을 외교부에 보내고부터다. 당시 외교부는 삼
성그룹에 상사 주재원을 파견하면 현지에서 안정적으로 체류할 수
있도록 관용여권을 발부하겠다는 등의 조건을 제시하였고, 이에
응하여 삼성물산이 1977년경부터 양곤에 상사 주재원(1대 김유진
씨)을 파견하였다. 1983년 6월에 삼성물산 양곤 지점장으로 부임
하여 1987년 4월경까지 근무한 경력이 있는 김학영 씨의 말에 따
르면 당시 파견된 상사 주재원의 활동은 현지조사 정도에 불과해
서 무역수지를 따질 정도의 교역관계가 이루어지는 수준은 아니

었다. 미얀마에 진출한 한국 기업의 첫걸음은 이처럼 미미했지만, 이후 현대건설이 수천억 달러의 친따댐 건설 공사를 수주하고, 이어 국제상사가 대형 냉동창고 사업을 수주하는 등의 진전이 이루어졌다.

버마전선에 파견되었던 식민지 조선의 한인들 이후 미얀마에 진출한 몇 안 되는 한인들의 회고에 등장하는 대표적인 인물로는 박정규 씨를 꼽을 수 있다. 공관원과 상사 주재원 외에 민간인으로서는 미얀마에 진출한 첫 인물로 꼽히는 그는 개인 사업가로서 당시 인도네시아 등을 거쳐 진주조개 양식 사업을 위해 1981년경 미얀마로 들어갔다고 한다. 그는 오징어를 냉동하여 수출하는 수산업도 병행했다고 하는데, 초대 미얀마 한인회장을 맡았던 유선하 씨의 말에 따르면 그의 집은 미얀마 한인들의 식당 겸 사랑방으로 이용되었다고 한다. 미얀마에 진출한 첫 한인으로서 그는 대사관 직원과 상사 주재원 등 이른 시기에 미얀마에 진출한 한인들의 현지 적응에 적지 않은 도움을 준 인물로 기억되고 있다.

지금은 미얀마에서 선교사로 활동하고 있는 김학영 씨의 회고에 따르면, 그가 삼성물산 주재원으로 파견되었던 1983년 6월경만 해도 대사관 직원 가족 4가구와 상사 주재원—삼성물산, 현대상사·현대건설, 국제상사—가족 3가구, 그리고 박정규 씨의 가족을 포함하여 20여 명 정도가 당시 미얀마에 거주했던 한인의 전부였다고 한다. 이렇게 20여 명의 한인이 거주하고 있던 상황에서 1983년 10월 9일, 북한에 의한 아웅산 묘역 테러 사건이 발발하였고, 이에 대사관을 비롯하여 현지 상사 주재원들이 당시 참사관으로 재직하였던 송영길 씨를 중심으로 현지에서 수습반을 편성하여 사태 수습에 나섰다고 한다. 당시 사고로 부상당한 이들을 응급 수송하는 한편 현지 사망자의 운구, 생존자의 한국 귀환 등과 관련한 일을 이들이 도맡아 처리했다. 모두가 한뜻으로 2, 3일 동안 사건 수습에 매달렸던 것을 이 시기에 대한 주요 기억으로 회고하고 있다.

3. '양곤의 봄' 이후 시장경제로의 이행기

아웅산 묘역 테러 사건 이후 한국과 미얀마의 외교관계는 답보 상태에 머물렀다. 민간 교류도 여전히 부진했는데, 이후 한인의 이주에 새로운 바람을 불어 넣은 것이 대우그룹의 미얀마 진출이었다.

대우는 1985년부터 미얀마 양곤에 지사를 개설하고 사회주의국가 미얀마에서의 정치경제적 난관을 뚫고 사업을 추진할 기회를 찾고 있었다. 대우실업이 1985년부터 철도차량 공급을 시작으로 현지 진출에 나선 것이 첫 출발이 되었다. 앞서 1977년경부터 미얀마에 주재원을 파견하였던 삼성물산의 경우 1987년에 결국 철수하고 말았지만, 대우는 오히려 이후 더욱 공격적인 투자를 모색하였다. 그리고 1988년, '양곤의 봄' 또는 '8888혁명'으로도 불리는 이 해의 민주화운동 여파로 미얀마 군부가 사회주의체제를 공식적으로 포기한다고 선언하고 시장경제로 돌아서면서 미얀마 현지의 기업 활동 조건은 점차 호전되어갔다. 미얀마 정부가 외국인투자법을 제정하는 등 외국기업 진출과 관련한 제한을 완화함에 따라 한국 기업도 서서히 미얀마로 진출하기 시작했다. 국가 경제 전반에 대한 군부의 통제는 여전했지만, 부분적이나마 외국기업이 파고들 틈새가 열리자 대우와 현대건설, 현대상사, 화인교역 등의 한국 기업이 미얀마로 들어갔다.

　양곤의 봄을 거치고 난 후의 미얀마에 대해서는 무언가 급격한 변화가 일어날지도 모른다는 기대도 조금은 있었다. 하지만 실상 기존의 일당체제가 이름만 국가법질서회복평의회State Law and Order Restoration Council, SLORC(이후 1997년 State Peace and Development Council, SPDC로 변경)로 바뀌었을 뿐 미얀마는 여전히 군부가 국가권력을 독점하는 군정 치하였다. 시장경제로 전환되었다고는 하나 독립 이래 대부분 국유화되었던 산업 환경은 전반적으로 열악하여 실질적인 기업 활동에는 어려움이 많았다. 불안정한 정치 상황과 경제 여건에 대한 불안이 걷히지 않던 가운데 대우의 공격적인 투자는 이후 다른 한인 기업들의 미얀마 진출을 이끌어내는 마중물이 되었다.

　대우의 미얀마 투자는 1990년부터 본격화되었다. 1991년 4월부터 대우는 미얀마 정부와 합작으로 대우전자 미얀마 종합 가전 공장을 가동하기 시작했고, 이어 같은 해 11월부터는 전년도 11월에 설립한 대우 협력업체 세계물산의 봉제공장에서도 생산이 시작되었다. 이외에도 대우는 1993년 2월에 합판공장을 설립하였고, 이어 백화점 사업에도 뛰어들어 1994년 말에는 양곤에 대우마트를 열기도 했다. 1995년 하순부터는 대우자동차가 미얀마 국영기업과의 합자회사인 '미얀마 대우자동차' 가동을 시작했다. 이렇게 1995년 중반까지 대우가 미얀마에 투자한 금액은 2,500만 달러에 달했다(경향신문 1992.02.11., 1993.01.18., 1995.08.02., 1996.03.13.; 한국경제 1995.10.24.; 한겨레 1995.03.29.).

1992년 2월경까지 미얀마에 진출한 한국 기업은 (주)대우, (주)대우전자, (주)세계물산, (주)삼성, (주)유공 등 아홉 개 업체였다. 당시 한국 기업이 진출했던 주요 산업부문은 석유 및 천연가스전 개발과 같은 추출산업과 봉제 및 가전제품을 생산하는 제조업이 주를 이루었다(경향신문 1992.02.11.). 이를 시작으로 1995년 10월경까지 중소기업을 포함하여 36개 업체가 총 101백만 달러를 미얀마에 투자하였다(경향신문 1995.08.02.; 한국경제 1995.10.24.).

대우를 비롯한 한국 기업의 진출이 늘면서 미얀마에 체류하는 한인의 수도 증가하였다. 1992년경에만 해도 이들 기업의 주재원들을 포함하여 30여 명 정도에 불과했던 한인 수는 1995년 중반이 되자 약 200여 명으로 늘었다(한겨레 1995.03.30.). 상사 주재원이 주를 이루었던 한인 사회의 내적 구성에 큰 변화가 나타난 것은 중소 규모의 봉제업체들이 미얀마에 진출하면서부터다. 한인 봉제업체의 수가 급증한 것은 1997년 아시아를 강타한 외환위기, 즉 IMF 사태를 전후해서다. 1996년경부터 미얀마에는 한인 봉제업체가 진출하기 시작했는데, IMF 전까지 여섯 곳에 불과했던 봉제업체 수는 이후 급증하여 현재는 100여 개 업체가 공장을 가동 중이다. 봉제 부자재나 기계류를 공급하는 관련 업체들까지 포함하면 200여 개가 넘을 정도로 봉제업은 미얀마 진출 한인 기업의 핵심을 이룬다.

　동남아시아 주변 국가들의 인건비가 지속적으로 상승하는 가운데 가장 늦게 문을 열어 풍부한 저임금 노동시장이 형성되어있던 미얀마는 저렴한 인건비가 이윤 창출의 핵심인 봉제업체들에는 마지막 남은 기회의 땅이나 다름없었다. 하지만 미얀마로 들어온 이들이 마주해야 했던 현실은 녹록지 않았다. '버마식 사회주의'의 실패가 초래한 경제적 궁지와 그에 따른 정치사회적 불안은 1988년의 민주화운동, 2007년의 사프란 혁명과 같은 강력한 저항을 불러일으켰다. 그리고 이에 대한 군부의 잔혹한 진압은 급기야 미국을 비롯한 서방국가들의 경제제재 조치를 초래하기에 이르렀다. 그에 따라 희망을 품고 미얀마에 진출한 한인 기업, 특히 봉제업체들은 큰 위기를 맞았다. 미국과 유럽 등 서방국가들을 주요 바이어로 하는 봉제업체들이 큰 타격을 입자 이들을 대상으로 수익을 올려왔던 영세 자영업자들 또한 같은 배를 타야 했다. 미얀마 한인 사회의 주요 변화가 봉제업체가 마주해야 했던 시기와 궤를 같이해왔다고 말할 수 있을 정도로 미얀마에서 한인 봉제업이 차지하는 비중은 매우 크며, 이들이 전체 한인 사회에서 차지하는 위상 또한 무시할 수 없다. 이어지는 절에서는 서방국가들의 경제제재가 시작된

2003년 이후부터 2011년의 개혁개방 전까지 한인들이 처했던 상황을 살펴보기로 한다.

4. 경제제재기

봉제업체와 식당, 숙박업소 등 한인 운영업체가 증가함에 따라 2000년대 초 무렵 미얀마에 체류하는 한인 수는 800~1,000여 명 정도로 증가하였다. 하지만 봉제업체를 중심으로 활발히 움직이는 듯 보였던 한인 사회는 얼마 지나지 않아 근 10년간 정체기를 맞았다. 미얀마 독립영웅 아웅산의 딸로서 '양곤의 봄'을 계기로 급부상한 아웅산수찌와 민주화운동 세력에 대한 군부의 탄압이 화근이 되었다. 직접적인 발단이 되었던 것은 2002년 5월 군부가 지원하는 USDA^{Union Solidarity and Development Association} 회원들에 의해 아웅산수찌와 NLD 당원 상당수가 사망하고 체포당한 일명 '디베인^{Depeyin} 사건'이었다. 이 사건을 일으킨 군부가 대중을 선동하고 폭력을 유발한다는 명목으로 아웅산수찌를 다시 가택연금에 처하자 미얀마 정부에 대한 국제사회의 비난이 빗발쳤고, 서방국가들은 강도 높은 경제제재로 미얀마 군부를 압박했다. 미국 상원은 같은 해 6월 11일 미얀마 제품에 대한 전면적인 금수 조치와 미얀마 기업과의 금융거래를 전면적으로 금지하는 제재법안을 가결하였다.

미국을 위시한 서방국가들의 미얀마 경제제재가 시작되자 CJ를 포함한 많은 한국 기업들이 철수하기 시작했다. 미얀마의 한국 봉제업체로서는 그야말로 청천벽력과도 같은 사태였다. 이 위기를 견디지 못한 채 문을 닫거나 베트남이나 인도네시아로 공장을 옮기는 업체들도 속출하여, 60여 개에 이르던 한인 봉제업체 수는 이 시기 50여 개로 줄었다. 당시 전체 오더 분량의 95퍼센트가량을 미국이 차지하고 있었던 까닭에 미국의 제재 조치가 한인 봉제업체에 미친 타격은 엄청난 것이었다. 이 시기를 버텨낸 한인 봉제업체 종사자들이라면 누구나 할 것 없이 '쌩션sanction'을 언급할 정도로 그 여파는 심각했다. 미얀마에서의 삶에 대한 이들의 서사가 한결같이 '쌩션' 전과 후로 구분되어 전개되곤 하는 데서도 이 시기 한인들이 겪어야 했던 고통을 얼마간 짐작할 수 있다.

미국을 위시한 서방국가들의 경제제재가 당시 미얀마에 진출해 있던 기업들에 미친 타격은 심각했지만, 미얀마 상황은 좀처럼 안정되지 않았다. 군부는 엄청난 재정적 부담을 무릅쓰고 2004년 미얀마의 수도를 양곤에서 네삐도로 이전하는 거사까지 감행했다. 막대한 군비와 신도시 건설에 국가 재정이 집중되면서 보건이나 교육 등에 대한 서비스가 방치되어 미얀마 국민은 기본적인 생계조차 유지하기 어려울 정도로 궁핍해졌다. 이에 아랑곳하지 않고 군부는 부족한 세수를 채우기 위한 방편으로 2007년 8월부터 연료비를 공정가격의 다섯 배 수준으로 대폭 인상하기까지 했다. 국민들의 생활고가 더 이상 감당할 수 없는 수준에 이르자 마침내 미얀마 중부의 빠꼬꾸에서 400여 명의 승려가 공양 그릇을 거꾸로 엎은 채 거리로 나서 군부에 항거하는 시위를 이끌었다. 승려들의 옷 색깔을 따3 '사프란 혁명'으로 불리게 된 사건이다. 시위가 점차 확산할 조짐을 보이자 군부는 시위대를 무력으로 진압하였고, 이 과정에서 승려가 군인이 쏜 총에 맞아 사망하는 사건까지 발생하자 사태는 더욱 심각한 수준으로 치닫기 시작했다.

사프란 혁명은 곧 외부세계에 알려졌다. 미국 의회는 2007년 10월 미얀마에 대한 제재를 강화하는 법안을 발의하였고 2008년 6월 22일, 일명 제이드 봉쇄법Tom Lantos Burmese JADE([Junta's Anti-Democratic Efforts] Act)이 의회에서 통과되었다. 경옥과 루비를 비롯한 미얀마산 제품 일체에 대한 수입 금지와 경제제재의 확대, 미얀마 관료에 대한 비자 발급 금지 및 이들의 계좌에 서비스를 제공하는 상대 계좌까지도 규제한다는 내용 등 한층 강도 높은 제재를 명기한 법안이었다.

2008년 5월 미얀마를 강타한 사이클론 나르기스로 인해 14만여 명이 넘는 사상자와 행방불명자, 그리고 이재민이 발생한 가운데 미국의 강도 높은 경제제재까지 가해지자 미얀마 경제는 거의 마비 상태에 이르렀다. 한인 업체들의 상황도 마찬가지였다. 점차 강도를 높여가는 경제제재만으로도 큰 타격이었는데 나르기스는 흡사 턱밑까지 물이 차오른 채 겨우 숨만 붙어있다시피 했던 다수

---

3 실제 미얀마 승려들의 옷 색깔은 자주색이고, 미얀마 같은 대륙부 동남아시아 국가들 가운데는 태국과 라오스, 캄보디아의 승복 색깔이 노란색이 강한 주황빛의 사프란 색상이다.

의 한인 업체들을 익사시켰다 할 정도로 큰 충격을 안겼다. 강풍과 폭우로 공장 지붕이 날아가고 내부가 온통 침수되어 헤어 나오기 힘들 정도로 큰 손실을 입었다는 한인들이 적지 않다. 미얀마 최대도시 양곤의 기반시설 대부분이 파괴되었을 정도였으니 대부분 양곤에 자리했던 한인 업체들 역시 화를 피하기는 어려웠다. 나르기스의 타격으로 많은 한인들이 사업을 접고 미얀마를 빠져나갔는데, 이 시기 미얀마를 빠져나간 한인이 300~400여 명에 이른다.

이처럼 2000년대에 접어들어 미얀마의 경제 상황은 악화일로로 치달았다. 불황은 거의 10년 가까이 지속되었는데, 미얀마 한인들에게서 종종 들을 수 있는 "산전수전 다 겪었다"라는 말로 압축되는 대부분의 고생담이 이 시기에 집중된다. 일거리가 없어 '로컬' 주문까지 맡아 제작해야 할 정도로 한인 봉제업체의 사정은 좀처럼 회복될 기미가 보이질 않았다. 그렇게 10년 가까이 암울했던 시기를 보내던 중 2010년경부터 상황이 호전되었다. 미국과 유럽 외에 다른 시장, 즉 한국의 내수시장이 뚫린 것이다. 당시 한국에 불어 닥친 아웃도어 붐이 위기에 빠진 봉제업체들을 일으켜 세우는 구원의 손길이 되었다. 이어 일본에서도 주문이 들어오기 시작하면서 한인 봉제업체들의 상황은 빠르게 회복되어갔다.

과감한 도전으로 얻은 행운

60대 초반, 남성, 봉제업, 미얀마 거주 23년 차

2008년 5월에 나르기스가 왔는데, 그때 공장을 두 개 하고 있었어요. 하나는 사가지고 이거(선샤인) 하고, 그때 이제 골든샤인이라는 이름을 또 하나 만들어가지고. 근데 태풍이 오는 바람에 잘 돌아가던 게 문제가 생겨버렸어요. 와! 두 개가 다 난리가 났어요. 바람에 지붕 날아가고 안에 있는 물건들 다 적시고 난리가 났어요. 그래도 어떡합니까? 빨리빨리 정리해서 일을 다시 시작했죠. 엄청나게 힘들었지마는 나름 그래도, 그때는 조금 잘 나갈 때니까 빨리 정리하고 하다 보니까 이겨 나왔습니다. 사실 그 전으로 돌아가면, 사실 쌩선 걸린 그 사이에 엄청나게 어려운 기간이 있었어요. 7, 8년간. 그때 내가 살아난 것은 한국 사람들 오더 주는 사람도 있었지마는 실질적인, 금전적인 도움을 준 게 미얀마 사람들이 나한테 도움을 줬어요. 미얀마 친구들을 잘 사귀어가지고 미얀마 사람들한테 돈을 빌려다 쓰기 시작했죠. 물론 이자는 비쌌지만, 매달 5퍼센트 이자를 주면서 빌려다 쓰면서 또 채워나가고 다시 갚고 이런 식으로…. 신용이 그때부터 굉장히 쌓아지게 된 것이, 돈을 빌려와서 못 갚게 되더라도 날짜 되면 딱 원금 들고 가서 갚아주고 다시 빌려오고 이런 식으로 계속 반복을 해가면서 몇 년을 버텨오다 보니까 나중에 가서는 나르기스도 오고 너무 힘들어지고 이자 갚기도 너무 힘들어지고 해가지고 안 되겠다 생각해서 한국에 가서 한국에 있는 집, 아파트 남아있던 거 팔고…. 골든샤인 그것도 팔고, 선샤인 하나만 딱 남기고 모든 것을 다 훌훌 털어버리고 처음서부터 다시 시작하자, 그래가지고 다 없애버리고…. 다 정리해버리고 나니깐 너무 마음이

홀가분하더라고요.

아, 이제 지금서부터 새로운 마음으로 출발하자, 해가지고 정리가 9월 달, 8월
달까지는 끝나고 났는데, 그때 아마 2009년도 10월 달엔가 11월 달엔가 천안
함사태가 났어요.[4] 그때 사고가 났는데, 갑자기 개성공단이 스탑이 되면서 오
더들이 막 이쪽으로 몰려들어 오기 시작한 거예요. (웃음) 야! 이제는 살았다!
그때 조그마한 공장을 가지고 있었는데, 그래도 큰 공장이 꿈인데, 큰 공장을
어떻게 만들 수가 없잖아요? 그래서 방법을 찾았어요. 바이어는 자꾸 몰려오
고 오더는 막 넘쳐나는데, 자기네들도 이미 받은 오더라 어쩔 수 없이 다른 거
하지도 못해요. 그런데 내가 제시를 했죠. 내가 공장만 있으면 니 오더 다 처리
해줄 테니까 공장을 얻게끔 도와주라. 제가 과감하게 도전을 한 거죠. 그렇게
오더 주는 협력업체의 도움을 받아 공장을 확장했죠. 그때 당시에 미얀마에
어떻게 소문이 났냐면, 'ㅇㅇㅇ가 미쳤다. 곧 망한다. 능력도 없는데 저 큰 공장
을 빌려가지고 어떻게 할 거냐.' 그때 당시에는 이게 엄청나게 큰 공장이었죠.
그때 이거 제가 얻었을 때 양곤에서 최고, 개인 공장으로는 최고 큰 공장이었
어요.

서울올림픽이 개최되었던 1988년, 국내 무역회사의 방글라데시

---

4 천안함 사건은 2010년 3월 26일에 발발했다. 대한민국 해군 초계함인 'PCC-772 천안'이 피격되어 침
몰한 사건으로, 정부는 조사 결과 천안함이 조선인민군 해군 잠수정의 어뢰 공격을 받아 침몰하였다고
발표한 바 있다. 그리고 이에 대한 대응으로 동년 5월 24일, 이른바 '5.24 조치'로 불리는 대북제재 조치
를 발표하였다. 남북 교역 중단 및 대북 신규 투자 금지를 포함한 이 조치로 개성공단 내 1,000여 개의 남
북 경협 기업의 가동이 중단되었다. 이 한인이 기억하고 있는 천안함 사건의 사고 시점은 5.24 조치로 인
해 개성공단 가동이 중단되어 주문 물량이 들어온 때였을 가능성이 크다.

지부 직원으로서 첫 해외 파견 근무를 시작한 그가 미얀마에 들어온 것은 그로부터 12년째가 되던 1999년이었다. 무역부 직원으로첫 경력을 끊은 그가 미얀마로 들어와 봉제업체를 경영하게 되기까지의 기간에만도 숱한 곤경이 있었다. 그러나 그게 끝이 아니었다. 미얀마에 들어온 후로 10년 동안 그는 다시 서방국가들의 경제제재와 사이클론이 몰고 온 위기까지 고스란히 감내해야 했다. 그 끝에 그를 구원해준 것은 미얀마 사회의 변화가 아닌 한국에서 일어난 일들이었다. 국민 대다수가 등산복을 일상복으로 입게 해준 아웃도어 붐과 천안함 사건으로 인한 개성공단의 가동 중단이 미얀마 봉제업에 기회를 가져다준 것이다. 경제제재로 힘겨운 10년을 보내야 했던 미얀마의 한인들은 이처럼 부분적인 개방에도 불구하고 여전히 고립 상태에서 벗어나지 못하고 있었던 미얀마에까지 불어온 변화의 바람을 맞으며 몸을 추슬렀다. 그리고 이듬해, 미얀마가 활짝 문을 열었다.

5. 2011년 개혁개방 이후

2009년까지 외교부에 정식 등록된 미얀마 한인의 수는 888명에 불과했다. 하지만 2년 후인 2011년 말이 되자 1,408명으로 늘었고, 2015년에 이르자 전체 한인 수는 3,106명으로 부쩍 증가하였다. 2010년 이후 약 5년간 들어온 한인의 전체 수나 증가 속도

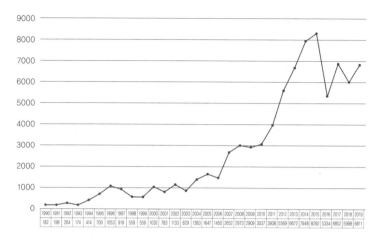

9000																													
8000																													
7000																													
6000																													
5000																													
4000																													
3000																													
2000																													
1000																													
0	1990	1991	1992	1993	1994	1995	1996	1997	1998	1999	2000	2001	2002	2003	2004	2005	2006	2007	2008	2009	2010	2011	2012	2013	2014	2015	2016	2017	2018	2019
	182	198	264	174	414	700	1053	919	559	559	1032	783	1133	829	1383	1647	1450	2652	2973	2909	3037	3938	5569	6672	7948	8292	5334	6852	5998	6811

그림 3 1990~2019년까지 한국 언론을 통해 보도된 미얀마 관련 기사의 시기별 변화
출처: 한국언론진흥재단 빅카인즈(BIGKinds) 키워드 트렌드 분석 데이터

가 이전 20년 동안의 기록을 비상하게 갈아치운 것이다. 이처럼 한인의 수가 급증한 것과 나란히 이 시기 한국 언론에 의해 보도된 미얀마 관련 뉴스 건수 역시 같은 추세를 기록했다는 사실도 눈여겨볼 만하다. 〈그림 3〉을 보면 2011년 말부터 미얀마 관련 기사들의 수는 가파른 증가세를 보여 2015년에 정점에 이르렀던 것을 확인할 수 있다. 이러한 추세는 미얀마에 대한 미국의 태도 변화를 반영한 것이기도 했다. 아세안ASEAN이 미얀마를 회원국으로 받아들인 1997년 이래 미국은 아세안과의 대화를 거절해왔다. 하지만 오바마 정부에 이르러 '아시아로의 회귀Pivot to Asia'를 선언하며 미국이 다시 동남아로 돌아오면서 미얀마와의 관계에서도 변화가 나

타나기 시작했다. 2009년 싱가포르에서 열린 첫 아세안-미국 정상 회의에 참석하는 것을 시작으로 재개된 미국의 동남아 행보가 얼마 가지 않아 미얀마에까지 이어졌던 것이다. 2011년 말 힐러리 클린턴 국무장관이 미얀마를 방문한 데 이어 이듬해 오바마 대통령까지 이 나라를 찾자 국내 언론사에서도 큰 관심을 보이며 관련 기사를 쏟아냈다. "美 '미얀마 지렛대'로 中 견제... '아·태 올인 행보' 가속도"(세계일보 2011.11.25.), "'中 안방' 미얀마에 美 이어 日도 러브콜"(세계일보 2011.12.27.), "'전략적 요충지 미얀마 잡아라' 美·中 기싸움"(한국일보 2012.04.01.), "미국 '미얀마 제재 풀겠다'"(한겨레 2012.04.05.) 등 인도양 진출을 위한 중국의 '진주목걸이' 전략이 가시화되는 상황에서 '전략적 요충지'로 부상한 미얀마에 주목하는 기사들이 짧은 기간 안에 집중적으로 보도되었다.

대한무역투자진흥공사KOTRA에서 발간한 『해외진출 한국 기업 디렉토리』 가운데 필자가 확보할 수 있었던 자료 범위 내에서 미얀마로 진출한 한인 기업의 연간 진출 현황을 표시한 〈그림 4〉는 한인 기업의 미얀마 진출이 2010년을 전후하여 최근 10년 동안 집중적으로 이루어진 현상임을 보여준다.[5]

1990년대부터 2000년대 초반까지 50여 개를 가까스로 넘어섰던

---

5   KOTRA에서 집계한 미얀마 진출 한국 기업의 수는 요식업이나 숙박업 등 서비스업이나 소규모 자영업 부문이 반영되지 않았고, 집계된 중소 규모 이상의 기업체들 가운데도 법인으로 등록되어있지 않은 기업들은 반영되지 않았다. 또한 이전 연도에 집계되었으나 이후 누락된 업체도 있는 등 집계된 데이터에 여러 문제점이 확인되지만, 한국 기업 진출의 대략적인 추세를 파악하는 차원에서는 참조할 만하다.

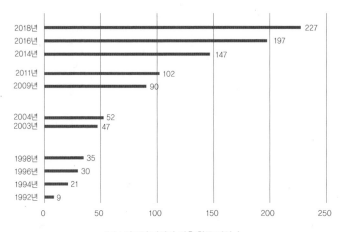

그림 4 연도별 미얀마 진출 한국 기업 수

출처: KOTRA 발간 「해외진출 한국 기업 디렉토리」 연도별 자료를 집계하여 필자 작성

한국 기업의 수는 2000년대 말부터 급증하였고, 이후 10년 사이 두 배 넘게 증가한 것으로 확인된다. 특히 2011년을 기점으로 진출 기업의 수가 크게 증가한 것을 볼 수 있는데, 미얀마의 개혁개방이 그 배경이었으리라는 점을 어렵지 않게 짐작할 수 있다.

또한, 2018년 기준 미얀마 진출 한국 기업의 진출 연도를 집계한 〈그림 5〉는 미얀마의 개혁개방에 대한 한국 기업의 기대감이 어느 정도였는지를 더욱 분명히 보여준다. 특히 2012년과 2013년은 가장 많은 기업이 미얀마에 진출한 해로 기록되었는데, 미얀마의 개혁 의지에 대한 국제사회의 화답, 그중에서도 미국과 유럽연합의 경제제재 해제가 이러한 변화의 주된 배경을 이룬다. 이러한 상황은 특히 미얀마에서의 삶을 경제제재 이전과 이후로 구분할 정도

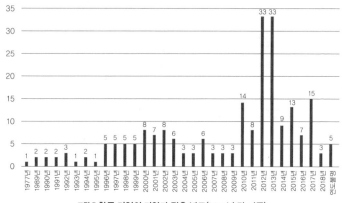

그림 5 한국 기업의 미얀마 진출 년도(2018년 말 기준)
출처: KOTRA 발간 『해외진출 한국 기업 디렉토리』, 2018년 자료 집계

로 경제제재의 타격을 고스란히 감내해야 했던 봉제업체들에는 큰
호재로 작용했다. 2011년 38개였던 한인 봉제업체는 2018년 69개
로 늘었고,[6] 이후 봉제업체들은 2015년 10월부터 발효된 미얀마 최
저임금제에 따른 인건비 상승에도 불구하고 달러 가치 상승이 가
져다준 상쇄 효과에 힘입어 손실을 만회하며 지속적인 호황기를
맞았다. 미얀마 소재 봉제업체들이 글로벌 가치사슬 내에 편입되어
있는 방식, 즉 생산 제품의 거의 전량을 글로벌 브랜드 기업들로부
터 주문을 받아 제작, 공급하고 있어 미국 달러 기반 거래가 이루

---

6 KOTRA에서 발간한 『해외진출 한국 기업 디렉토리』에 등록되어있는 업체 수는 법인 등록을 한 업체들
만을 집계한 것이기 때문에 실제 업체 수와는 차이가 있다. 이보다는 미얀마 현지 한인 봉제업체 대부분
이 소속되어있는 미얀마 한인봉제협회(Korea Garment Association in Myanmar, KOGAM)의 회
원사 수가 실제 수에 더 가까운데, 2019년 8월 기준 봉제협회 회원사 수는 89개 사로 확인된다. 이는 미
얀마 한인봉제협회 계간 소식지 『실과 바늘』의 주소록에 등록된 업체 수를 참조하여 집계한 수치다.

어지고 있는 데서 나오는 효과다.

　비단 봉제업체뿐 아니라 다른 제조업이나 서비스업 부문으로 진출하는 한인의 수도 큰 폭으로 증가하였다. 2010년까지 600여 명 수준이었던 미얀마의 한인 수는 2019년 외교부에 재외국민으로 등록된 수만도 3,029명, 등록되지 않은 수까지 포함하면 5,000여 명으로 추산될 정도로 그 수가 크게 늘었다. 미얀마 진출 초기에는 자원 개발과 봉제업이 주요 진출 분야였지만 최근으로 올수록 다른 제조업 부문이나 물류유통, 서비스업 등으로 그 영역이 확대되어가고 있으며, 대기업이나 공기업, 금융업 분야의 진출도 서서히 늘어가는 추세다.

　이처럼 개혁개방정책이 추진된 이래 '미얀마 러시'라 할 만큼 많은 한인이 미얀마로 들어왔지만, 세상 어디서나 그렇듯 무한한 잠재력을 가졌다는 이 땅에서도 한인 개개인이 부딪쳐야 했던 현실은 녹록지 않았다. 정치개혁과 시장경제로의 이행 노력에도 불구하고 법과 제도는 여전히 불안정하고, 이미 내려진 결정도 수시로 뒤집히는 등 변화 국면의 미얀마에서는 갖가지 위험 요인들이 산적해 있다. 전기나 교통, 물류 운송 시스템과 같은 사회간접자본의 미비에 따른 사업적 제약요인도 외국인 투자 확대를 제한하는 주된 요인으로 작용한다.

　열악한 재정 조건 속에서 경제를 성장시키기 위해 미얀마 정부가 선택할 수 있는 현실적 방도는 정치 및 경제개혁에 대한 약속을 이행하여 국제사회의 신뢰와 지원을 이끌어내고 외국인 투자를 적극적으로 확보하는 것이었다. 하지만 외부 요인에 대한 의존도가 높은 상태에서는 기회의 불균등성이 커지기 마련이고, 특정 업종에 유리한 조건이 다른 업종에는 불리한 여건으로 작용하기 십상이다. 봉제업체와 그 외 부문 진출 한인들이 놓이게 된 상반된 처지가 이러한 상황을 단적으로 보여준다. 전술했듯이 개혁개방 이후 봉제업체들은 미국과 유럽의 경제제재 해제, 외국인 투자 유치를 위한 미얀마 정부의 환율정책 등에 힘입어 이전 10여 년 동안의 손실을 만회할 정도로 호황을 맞았다. 하지만 이러한 상황은 거의 모든 물품을 한국이나 인근 국가들로부터 수입하여 판매하는 다른 한인 업체에는 오히려 큰 부담으로 작용하였다. 봉제업체와 같은 이유, 즉 국제 교역이 미국 달러를 기반으로 이루어지는 까닭에 생기는 어려움으로 미얀마 내수시장을 겨냥하여 진출한 업체 상당수가 필연적으로 직면하게 되는 문제라 할 수 있다. 원료 말고는 제품 생산에 필요한 원자재와 중간자재를 대부분 수입에 의존하는 미얀마의 산업구조와 직결된 것으로, 특히 봉제를 제외한 제조업 부문이 전반적으로 취약한 데서 비롯되는 문제다. 무엇보다 중국과 인접해있다는 사실 자체가 미얀마로서는 거의 '재앙'에 가깝다고 할 정도인데, 미얀마 현지에서 직접 제품을 생산하기보다는 값싼 중국산 제품을 수입하는 쪽이 세관 통과 비용이나 운송 비용을 제하고도 더 많은 수익을 남길 수 있기 때문이다. 미얀마 내수용으로 제품을 생산해오고 있는 한 한인의 말을 들어보자.

미얀마 제조업에 재앙과도 같은 중국

50대 후반, 남성, 제조업, 미얀마 거주 26년 차

중국과 국경을 맞대고 있다는 것 자체가 미얀마는 엄청난 재앙이에요. 제조
업이 살아날 수가 없어요, 중국 땜에… [...] 왜 중국이 여기 국경을 맞댄 게 재
앙이라고 하냐면, 미얀마가 땅덩이가 워낙 넓잖아요? 국경도 길고 종족도 많
고. 그리고 중국에서 여기 오는 데 너무 가까워요. 우리가 처음에는 해피쿡이
라는 주방용품을 100프로 여기서 만들었어요. 근데 내가 해피쿡 주방용품
을 만들어야 하니 직원을 300명을 고용해야 되고, 그렇게 300명을 써서 만들
었어요, 열심히. 근데 중국 캔톤 페어Canton Fair[7]를 갔어요. 근데 우리가 보온
병을 여기서 하나에 7,000짯Kyat에 팔아요. 근데 만달레이를 갔어요. 3,000짯
에 똑같은 걸 파는 거예요. 프라이팬 같은 경우도 우리가 7,000짯, 8,000짯,
1만 짯에 파는데 만달레이에 가면 진짜 비슷한 게 보통 4,000짯, 3,000짯이
에요. 그래서 왜 그런가 하고 가봤더니…. 호스도 우리가 초창기에는 다 했는
데, 만달레이는 호스 시장도 우리가 많이 빼앗겼어요. 대부분 중국 거야, 가보
면…. 왜 그러냐면 거기 슈에리Shweli[중국쪽 지명으로는 루이리Ruili]라고 중
국 국경 거기 가보면요, 중국에서 오버 생산된 물건들이, 땡 물건 같은 것들이
거기 엄청 많이 와 있어요, 국경에…. 자기들이 마트 납품하거나 수출을 하는

---

7 중국 광저우에서 1957년 봄부터 열려온, 중국에서 가장 오래되고 규모도 큰 대표적인 상품교역 박람회
로 매년 2회, 봄과 가을에 개최된다. 중국수출상품교역회(China Export Commodities Fair)로 출발
하여 101회째를 맞은 2007년부터는 중국수입수출상품교역회(China Import and Export Fair)로 명
칭을 변경하여 개최해오고 있다.

거는 정상 제품을 만들고, 수출 오더들이 많이 있잖아요? 중국은 세계적인 공
장이니까. 예를 들어, 프라이팬을 10만 개를 오더를 받았어요. 그러면 생산하
는 과정에서 11만 개가 생산됐잖아요? 근데 10만 개에서 이미 이익이 났잖아
요? 그러면 1만 개에 대해서는 원가만 남으면 땡으로 파는 거죠. 그게 중국 국
경에 가 있어요. 만달레이에서 장사하는 사람들이 그리 트럭 가지고 쓱 가요.
그러면 거기 뭐 없는 게 없어요, 그 시장이. 거기서 자기가 마음에 드는 거, 자
기 팔 물건을 싸게 사 오는 거죠. 국경 올 때는 정식 세금 안 내고 돈 조금 내고
대충해서 싣고 오고…. 근데 우리는 국경을 컨테이너로, 배로 가지고 와야 하
고 세금 내고 와야 되잖아요? 그러다 보니 걔들은 가지고 와서 1,000원씩만
남으면 파니까, 3,000원에 갖다 4,000원에 파는 거죠.

미국과 유럽의 경제제재기 동안 미얀마는 거의 전적으로 중국에
의존하여 근근이 버텨왔다. 최고 4.5퍼센트에 이르는 높은 이자를
지불하고 끌어다 쓴 외채만도 상당하여, 2017년 말 기준 외채 총액
91억 달러 중 42퍼센트에 달하는 38억 달러가량이 중국으로부터
끌어다 쓴 차관이었다(Nan Lwin 2018). 돈만 끌어다 쓴 게 아니라 교
역도 거의 중국에 의존해왔다. 미얀마 정부는 부분적으로 경제를
개방한 1988년부터 국경무역을 합법화했는데(Mya Maung 1998: 184),
2,200여 킬로미터에 달하는 긴 국경을 공유하고 있는 중국과의 육
로 교역이 특히 활발히 이루어지고 있다. 중국과의 국경무역 관문
중 하나인 무세Muse를 통한 교역량만도 미얀마가 국경을 접하고 있
는 5개 국가—중국, 태국, 인도, 방글라데시, 라오스—와의 국경무

역 전체의 70퍼센트에 달할 정도다(KOTRA 양곤무역관 2019.10.08.). 공식적인 통관 절차를 거치지 않는 밀무역도 여전히 성행하여 미얀마에 진출한 제조업체들이 가격 경쟁에 밀려 고전을 면치 못하는 주요인이 되고 있을 정도다. 위에 인용한 한인의 처지가 이러한 상황을 단적으로 보여준다.

이런 상황을 돌파하자면 작전 변경이 불가피하다. 이 한인의 경우 중국 제품과 경쟁하기보다는 중국 내 생산업체를 통해 위탁 생산하여 비용을 절감하는 쪽으로 방향을 돌렸다.

중국으로 인한 위기를 중국을 통해 돌파하다

50대 후반, 남성, 제조업, 미얀마 거주 26년 차

그래서 옛날에는 내가 주방용품을 많이 하다가, 중국의 캔톤 페어가 세계에서 제일 큰 트레이드 페어예요, 캔톤 페어. 110년인가 됐는데, 공산주의 때도 캔톤 페어는 매년 열렸어요. 거기 가면 시진핑도 오고 그래요. 오프닝 세리머니 할 때, 개회사 참여할 때…. 거기 갔는데, 프라이팬 공장도 엄청 많이 나와 있죠. 그래서 그 길로 딱 물어보니까, 한 컨테이너, 내가 만 5,000개를 오더하겠다, 컨테이너 베이스로. 그걸 딱 받아보니까는 수입해서 관세 내고 다 해도 우리가 여기서 만드는 거보다 10퍼센트가 싼 거예요. 우리는 여기서 나오는 게 사람밖에 없어요. 알루미늄 수입해야죠, 코팅제 수입해야죠, 핸들도 수입해야 하고 리베트, 볼트 다 수입해야 되잖아요. 포장하는 박스만 여기에서 사니까. 근데 중국은 자동화가 많이 되어있고 대량 생산을 하다 보니까 품질이 아주 균일하고 그런 건 아주 좋아요. 냄비, 프라이팬 이런 거야 첨단 제품도 아니고. 근데 미얀마 애들은 아무래도 여기가 생산 시설이 열악하고 대량 생산 안 하고 미얀마 애들은 손재주가 안 좋다 보니까, 뭔가 보면 좀 나이스하지가 못해요. 예를 들어, 똑같은 핸드폰이지만 뭔가 이거는 세련돼 보이고 이거는 투박해 보이는 거죠? 그러고도 이건 10퍼센트 더 싸고. 그래서 제가 작전을 바꿔서 80퍼센트를 생산하고 20퍼센트를 수입하던 것을 지금은 80퍼센트를 수입하고 20퍼센트만 생산해요.

1996년 상사 주재원으로 파견되어 미얀마에 왔다가 이후 개인 사업체를 경영하게 된 이 한인의 경우 미얀마 한인 사회 내에서도 매우 성공한 인물로 손꼽힌다. 몇 개 품목에서는 현지 내수시장을 거의 독차지할 정도로 큰 성공을 거두었다. 이른 시기에 진출하여 외국기업들이 보기에는 너무 작아 투자할 가치가 없다고 판단한 영역을 개척하여 시장을 선점해온 결과다. 하지만 이런 업체조차도 미얀마 현지 시장을 점유하고 있는 중국 제품과 경쟁하는 데는 어려움을 겪었던 것이다. 중국산 제품에 맞서는 방법이 결국 스스로 중국 기업을 통해 주문 제작하여 판매하는 것이었다는 사실이 역설적이긴 하지만, 이미 세계의 공장으로서 제품의 양과 질 모두에서 우위를 갖는 중국을 이웃으로 둔 미얀마 제조업이 직면해있는 현실이 어떤지를 적나라하게 보여준다.

미얀마에서 성공적으로 자리 잡은 이 한인 기업만 해도 중국에서 OEM으로 생산한 제품을 미얀마로 들여오자면 세관을 통과하고 운송하는 데 적지 않은 비용이 든다. 이 업체의 경우는 그렇게 하고도 미얀마 현지에서 직접 생산하는 것보다 많은 수익을 남길 수 있었고, 이는 그동안 이 업체가 미얀마 내수시장에서 쌓아온 신뢰와 인지도 덕분이었다. 하지만 그 외에 미얀마 현지에서 생산하는 다른 품목들은 여전히 수입 자재에 의존하는 형편이다. 그의 말대로 미얀마가 제공해줄 수 있는 것은 오직 사람, 즉 저렴한 노동력뿐인 것이다. 바이어가 원자재까지 다 공급하고 임가공만 하는 CMP(Cutting, Making, Packing) 공정이 현지 공장에서 이루어지는 일이 전부인 봉제업의 경우엔 주문에 차질만 없다면 이것만으로도 충분하다. 하지만 직접 자재를 조달하여 제품을 생산하는 다른 제조업이나 이를 운송·유통하는 업체의 경우엔 달러화의 등락에 민감할 수밖에 없다. 이들 업체에는 유감스럽게도 개혁개방 이후 미얀마 짯 대비 미국 달러 환율은 줄곧 상승하여 관리변동환율제를 도입한 2012년 달러당 815짯이었던 환율은 2019년이 되자 그 두 배인 1,600짯에 육박하는 수준으로 올랐다. "봉제업체만 살판났다"라는 일부 한인들의 말은 개혁개방의 들뜬 분위기에 가려져 잘 보이지 않았던 체제 이행기 미얀마가 감수할 수밖에 없었던 불균등한 기회 구조의 단면을 보여준다.

실상은 봉제업체들 역시도 급변하는 국내외 정세 속에서 전망이 마냥 밝지만은 않다. 여카잉주의 로힝자 사태를 둘러싸고 미얀마 정부에 대한 국제사회의 비난이 예상보다 큰 압박요인으로 작용하고 있는 까닭이다. 미얀마 국내 불교도와 무슬림 간의 종교분쟁을 넘어 군부정권 시절부터 줄기차게 제기되어온 이 나라의 인권 탄압 문제가 다시 점화되어 국제사회에서 비난 여론이 들끓고, 급기야 유럽연합이 일반특별관세제도Generalized System of Preference, GSP를 통해 미얀마에 부여해오던 관세 혜택의 철회를 검토하겠다는 압박을 내놓기에 이르렀다. 이에 더하여 낮은 환율로 인한 손실을 보장하려는 방편으로 미얀마 정부가 단행한 전기요금 인상으로 인해 생산비용이 급상승하고, 그 결과 월평균 8퍼센트대의 인플레이션이 지속됨에 따라(2019년 8월 기준) 내국인과 외국인 가릴 것 없이 수익은 물론이요, 생계유지조차 어려워진 형편이다. 개혁개방 초기인 2012년과 2013년에 정점을 찍었던 한국 기업 진출이 이후 소강상태에 접어든 것도 2015년 정권 교체 이후 미얀마 투자 및 사업 환경의 불안정성을 반영한다.

이처럼 국내외적으로 불안정성이 증대되어가는 중에도 미얀마에 진출한 한인 업체들의 사업 전략이 수출이 아닌 내수시장을 공략하는 쪽으로 방향을 전환해가는 현상은 주목할 만하다. 2014년과 2016년 사이 미얀마에 진출한 한국 기업의 내수/수출 현황을 비교한 〈표 1〉과 같다.

2014년까지 한인 기업의 70퍼센트 이상은 미얀마 현지에서 생산한 제품 전량을 제3국에 수출하는 업체들이었다. 봉제업이 대표적이다. 하지만 2년이 지난 2016년의 자료를 보면 수출업체 수가 많이 줄고, 대신 미얀마 현지 내수에 주력하는 업체 수가 25퍼센트에

표 1 미얀마 진출 한국 기업의 내수/수출 현황

내수/수출	2014년	2016년
100퍼센트 주재국 내수	37	86
100퍼센트 제3국 수출	105	73
내수 수출 병행	2	21
미표기	3	17
전체	147	197

출처: KOTRA 『해외진출 한국 기업 디렉토리』 2014년, 2016년 자료 집계

서 약 44퍼센트로 급증한 것으로 나타난다. 수출과 내수를 병행하는 업체들까지 포함하면 전체 중 약 54퍼센트가량의 한국 기업들이 내수시장을 목표로 사업체를 경영하고 있는 것으로 확인된다. 전체 기업 수가 227개로 증가한 2018년 자료에서도 같은 업체들이 그대로 남아있으니(코트라 2018), 미얀마 시장을 상대로 하는 내수업체는 2016년에 비해 늘면 늘었지 줄지는 않은 것으로 추정된다.

이러한 현상은 얼핏 보기에 미얀마가 저임금 생산지로서뿐만 아니라 소비시장으로서도 유망하다는 전망을 반영하는 듯하다. 하지만 세부적으로 들여다보면 내수업체로 집계된 업체들 가운데 상당수가 미얀마에 진출해있는 한인이나 한인 업체, 또는 한국인 관광객을 대상으로 영업하는 업종임을 확인할 수 있다. 이전부터 봉제업체를 상대로 봉제용 기계와 부자재를 조달해왔던 업체들 외에 물류 운송 및 무역서비스, 국내 은행, 법률 및 회계자문, 사업 컨설팅

업체, 그리고 비자 대행이나 여행업과 같이 한인 및 한인 기업, 또는 한국인 관광객 등을 주요 대상으로 하는 사업체들이 내수업체로 등록되어있는 것이다. 미얀마 현지 시장 공략을 목표로 하는 내수업체는 1990년대부터 진출하여 미얀마 현지에서 꾸준히 내수시장을 확보해온 소수의 한인 제조업체와 몇몇 대기업(포스코 계열사, CJ, 롯데 등) 정도에 불과하다.

미얀마 한인 업체의 이러한 특징은 개혁개방 이후 약 2015년경까지 미얀마에 투자하거나 사업 기회를 찾는 한국인들이 증가하면서 관련 서비스업종이 증식된 것이 그 배경이다. 하지만 삼성이나 한화와 같은 대기업이 수년 동안이나 고려한 사업을 포기하고 철수한 사실이 환기시키는 바, 물리적·제도적 기반의 취약성이라는 문제 외에도 2015년 정권 교체 이후 미얀마에서 사업하기가 이전 정부 때보다 더 어려워졌다는 것이 대부분의 한인이 내놓는 평가다. 로힝자 문제는 차치하고라도 이전 정부와 체결한 계약조건들이 정권 교체 이후 무효화되는가 하면, 환율 인상으로 인해 물가가 급등하고 전기요금까지 크게 오르는 등 다방면에 걸쳐 불안정성이 더 커졌다는 것이다. 대기업조차 철수를 결정하는 상황이니 개인들이 내수시장에 진입하여 성공적으로 사업체를 꾸려가기란 더 만만치 않을 것이다. 실제 현지 한인들의 말을 들어보면 미얀마에 도착한 지 얼마 안 되어 당초 계획했던 사업을 접고 한인들을 상대로 하는 서비스업종으로 전환하거나 사업비를 모두 탕진한 채 5년 이내에 귀국하는 사람들도 부지기수라 한다. 대부분 2011년 개혁개방 이후 '기회의 땅'이라는 소문을 좇아 미얀마로 들어왔다가 만만치 않은 현실을 견뎌내지 못한 채 떠나곤 하는 것이다. 이렇게 미얀마로 들어와 실패하고 돌아가는 사람들이 많은 상황을 두고 미얀마에서 약 30년 가까이 살아온 한 한인은 이 나라의 '잠재력'을 보고 들어오는 것 자체가 문제라고 딱 잘라 말한다.

'미얀마가 가진 잠재력'이라는 환상

50대, 남성, 개인사업, 미얀마 거주 28년 차

이 나라에서, 여기를 설명할 때 제일 안타까운 게, 제일 싫어하는 말이 잠재력! 잠재력은 진짜 여기서 없어져야 할 말이에요. 그게 자기 비즈니스랑 무슨 상관이 있어? 아무 상관이 없어요! 환상적인, 실재하지 않는 것이 잠재력이잖아요? 근데 비즈니스는 실재해야지 자기 수익이 되는 것인데…. 실재하지 않는 것을 과대포장할 수 있는 가장 좋은 단어가 잠재력이라는 겁니다. 그것 때문에 여기서 발 못 빼는 사람들도 있고요.

갖가지 위험 요인들이 산재하지만 풍부한 천연자원과 낮은 인건비, 아직 형성 중이며 앞으로 더욱 확장될 것으로 전망되는 소비시장 등 미얀마가 가진 경제적 잠재력이 실재하지 않는 것은 아니다. 하지만 미얀마의 잠재력을 구성하는 다양한 자원들을 사업으로 발전시키기가 매우 어려울 뿐만 아니라 설령 사업으로 성사가 되더라도 외국인으로서 그 결실을 온전히 취하기도 어려운 것이 현지 실정이다. 이러한 현실은 덮어둔 채 잠재력 자체를 실재하는 상품인양 사고파는 행태가 번창하고 있는 데 대한 우려가 이러한 비판의 이유다. 미얀마 한인 사회 역사상 가장 많은 수의 한인들이 집중적으로 유입된 시기인 동시에 가장 빠른 속도로 많은 한인들이 미얀마에서 실패를 맛보고 떠난 것도 같은 시기다. 현지에 대한 정확한 정보보다는 이 나라가 가진 잠재력에만 주목하여 진출한 이들이 그만큼 많았던 것이다. 한국 사회를 떠들썩하게 만들었던 2016년의 국정농단 사태에서도 등장한, 결국 사기였음이 밝혀진 미얀마의 K타운 프로젝트 사건에서도 확인할 수 있듯이 잠재력과 가능성이 과도하게 강조되고 그만큼 거품도 많았던 것이 '황금의 땅' 미얀마 러시의 실상이었다.

20여 년 동안 서서히, 몇몇 한인들의 사랑방 모임에서 출발하여 성장해간 미얀마 한인 사회가 급속히 팽창하고 내적 성격에서도 큰 변화가 나타나기 시작한 것도 이때부터다. 미얀마 한인 사회의 일반 현황과 내부에서 진행되고 있는 통합과 분화 과정에 대해서는 3장에서 좀 더 상세히 들여다보기로 한다.

6. 코로나19와 쿠데타의 이중 위기 속[8]

2017년의 로힝자 사태는 개혁개방 이후 순풍을 달았던 미얀마의

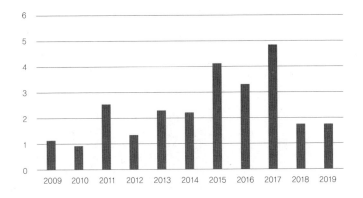

그림 6 미얀마 해외직접투자 유입량(2009~2019)
출처: World Bank(https://data.worldbank.org)

경제성장세에 제동을 걸었다. 군사작전을 직접 지시한 군부의 책임만 물을 수 있었더라면 좋았겠지만, 비난의 화살은 오히려 이를 방조하고 침묵할 수밖에 없었던 아웅산수찌와 NLD 정부에게 더 치명적인 타격을 안겼다. 2019년 말 아웅산수찌가 국제사법재판소에 출두하여 이 사태를 일으킨 군부의 행위를 옹호하고 나섬에 따라 국제 여론은 더욱 나빠져, 2011년 이래 증가세를 보여왔던 해외직접투자는 2017년을 기점으로 급감한 이래 회복되지 못하고 있다 (〈그림 6〉 참고).

---

8 이 절에 포함된 코로나19와 쿠데타 이후 미얀마 현지 한인 현황에 관한 내용은 미얀마 현지 뉴스매체 〈AD Shofar〉의 전창준 대표에게 질문지를 보내 답변을 듣는 방식의 서면 인터뷰를 통해 확인한 사실을 실은 것이다. 까다로운 질문에 꼼꼼하게 응답해준 전창준 대표에게 감사드리고, 현지 현황 외에 덧붙여진 해석이나 소견은 전적으로 필자의 것임을 밝힌다.

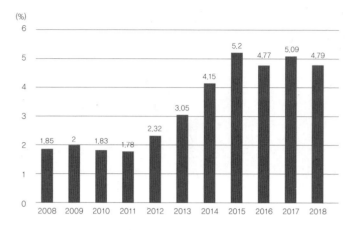

그림 7 미얀마의 연도별 GDP 대비 보건 지출 비율 증감 추이
출처: Statista(https://www.statista.com)

　　오랜 군정 끝에 정권 교체를 이루어내긴 했지만 갖가지 시련이 줄기차게 따라붙었던 NLD 정부의 악운은 여기서 끝나지 않았다. 선거공약으로 내세웠던 3대 개혁과제—경제발전, 헌법개정, 평화협상—를 완수하지 못한 채 1기 민간정부의 임기를 끝마칠 시점이 가까워지자 코로나19 팬데믹이 이 나라를 덮쳤다. 미얀마에 첫 코로나19 사례가 보고된 것은 2020년 3월 중순이었지만, 바이러스의 진원인 중국과 긴 다공성의 국경을 접하고 있는 미얀마에서는 이전부터 의심스러운 호흡기 질환 사망자가 속출하여 흉흉한 소문이 돌았다. 정부가 혼란을 우려하여 확진 사례를 의도적으로 숨겼다는 의혹도 제기되었던 터다. 2010년까지 국내총생산의 1퍼센트대에 불과했던 미얀마의 보건 지출은 이후 조금씩 증가하긴 했지만 현재까지도 5퍼센트를 간신히 넘을락 말락 할 정도로 낮다(《그림 7》 참고). 인력과 물자, 시설 등 보건 인프라 전반이 열악하여 코로나19 감염 확산 물결에 한 번 휩쓸리게 될 경우 헤어 나오기 어려울 정도로 심각한 위기에 처하리라 예상되었다.

검사 건수 자체가 적어 확진 사례 수도 적게 나타날 수밖에 없었다는 사실을 감안할 때 정부가 발표하는 코로나19 현황 수치만 보고 안심할 수 없는 일이긴 했지만, 2020년 중반까지만 해도 미얀마는 다른 국가들에 비해선 비교적 양호해 보였다.[9] 하지만 같은 해 8월 중순 여카잉주에서부터 시작된 2차 파동, 그리고 1년 후인 2021년 6월부터 다시 시작된 3차 파동을 겪으면서 미얀마 상황은 일찍이 예상되었던 비상 국면으로 접어들었다. 코로나19 대응 자체는 물론이고 보건의료 전반에 대한 대응 불능 상태에 빠지게 된 것이다. 산소를 채우기 위해 빈 산소통을 들고 와 하염없이 기다리는 사람들의 긴 행렬은 코로나19로 인해 과부하를 넘어 붕괴 지경에 이른 미얀마 보건의료의 현주소를 단적으로 보여준 예라 할 것이다. 더 큰 문제는 이러한 상황이 2월 1일 발발한 쿠데타로 인한 극심한 정치사회적 혼란 속에서 진행되고 있다는 점이다.

군부가 다시금 쿠데타를 일으켜 정권을 인수한 사실이 확인되자 미얀마 시민들은 즉각 저항에 나섰다. 쿠데타 발발 당일 저녁, 시끄

---

[9] 코로나19 확산 초기부터 2020년 8월 2차 파동이 전개되기까지 미얀마에서의 코로나19 전개 양상과 국가 보건의료 역량, 정부를 포함한 여러 행위자들의 대응 과정에서 나타난 특징과 함의는 졸고 "위기와 기회: 미얀마의 코로나19 대응 특징과 정치적 함의"(김희숙 2020)를 참조하기 바란다.

러운 소리를 내 악귀를 쫓는 전통 의식에서 빌어온 소음 시위를 시작으로 군부의 무력적인 정권 찬탈에 항의하는 시민들의 저항이 펼쳐졌다. 누군가가 처음 시작했을, 어둠 속에서 불을 끈 채 냄비와 프라이팬 등을 요란하게 두들기는 소리의 뜻을 사람들은 바로 알아차렸고, 이내 곳곳에서 동조의 소리가 울려 퍼졌다. 다음날부터는 약속처럼 집에서, 도로에서 일제히 냄비를 두들기고 자동차 경적을 울리는 소음 시위가 같은 시간대에 반복적으로 이어졌다. 2월 3일이 되자 가슴에 붉은 리본을 단 공공병원 의료진들이 세 손가락 경례와 함께 군사정권 아래 복무하는 것을 거부하며 시민불복종운동Civil Disobedience Movement, CDM에 나섰다. 의료진들로부터 시작된 CDM은 곧 전국적으로 확산되어 이 나라의 안정과 발전을 가로막는 원흉이라 할 군부를 타도하고 민주주의를 회복하고자 하는 미얀마 시민들의 저항운동을 지칭하는 용어로 전 세계에 알려졌다.

공공부문에서부터 시작된 시민불복종운동으로 미얀마의 국가 기능은 한동안 마비되었고, 현재까지도 그 기능을 완전히 회복하지 못한 상태다. 군부가 경계를 강화한 양곤, 만달레이와 같은 대도시의 일상은 일견 쿠데타 전 수준을 회복한 것처럼 보이기도 하지만, 코로나19로 인한 경제적, 사회적 충격에서조차 헤어 나오지 못한 채 쿠데타를 맞았던 터였으니 그조차도 이미 정상적인 상태라고는 볼 수 없다. 유엔개발계획United Nations Development Program, UNDP은 코로나19와 쿠데타의 복합적 영향이 지속될 경우 2022년까지 전체

인구의 절반가량이 빈곤선 아래로 떨어질 수 있다는 암울한 전망을 제시하기도 했다(UNDP 2021).

코로나19와 쿠데타에 따른 이중의 위기로 인해 미얀마 경제는 한 치 앞을 장담하기 어려운 상황이다. 개혁개방 이래 급증했던 해외직접투자는 8년 만에 최저치로 떨어졌고, 미얀마에서 활동하고 있는 외국기업 대다수도 추가 투자를 자제하며 예의 주시하고 있다. 세계은행은 2021년 9월까지의 미얀마 경제가 18퍼센트가량 위축되었다고 추산한 바 있으며, 국제통화기금은 상황이 더욱 악화될 것으로 전망하여 미얀마의 2022년 경제성장률 전망치를 −0.1퍼센트로 하향 조정하기도 했다(Nikkei Asia 2021.10.19.).

이처럼 정치적 불안까지 겹쳐 불확실성이 극대화된 미얀마에서 한인들의 사정도 좋을 리가 만무하다. 코로나19가 상륙하기도 전인 2019년 말부터 미얀마는 이미 감염병 사태에 따른 경제적 타격을 받고 있었다. 미얀마와 중국 간의 긴밀한 경제적 관계가 그 배경으로, 중국이 국경을 봉쇄하면서 생산에 필요한 원자재 공급에 차질이 발생한 것이다. 코로나19 팬데믹을 통해 분명히 드러난 글로벌공급망에서 중국이 차지하는 비중은 미얀마에서도 확인되었다. 미얀마의 주력 제조업인 봉제업이 특히 타격을 크게 입었는데, 봉제업의 주축인 한인들에게까지 파장이 미쳤음은 물론이다.

의료 역량이 절대적으로 부족한 상황에서 강력한 물리적 통제에 의존할 수밖에 없었던 미얀마 정부의 방역 전략으로 인해 어려움은 더욱 가중되었다. 감염 확산을 막기 위한 정부의 강제휴업 조치로 인해 공장을 가동할 수 없게 되었기 때문이다. 이에 한국, 미얀마, 중국, 홍콩, 일본의 봉제협회가 모여 양곤 주 정부와 협상하여 보건실태조사 후 공장을 가동할 수 있도록 하고 강제휴업 기간을 단축시키는 등의 성과를 얻어내기도 했지만, 팬데믹이 야기한 전 세계적인 경기침체의 영향은 막아낼 도리가 없었다. 이런 가운데 미얀마 정부의 방역 조치를 핑계 삼아 노동자들의 몇 달치 월급을 체불해오던 일부 봉제공장들이 야반도주하는 일도 발생하여 조업 중단 상황에 대한 실사를 정부에 촉구하는 노동자들의 시위가 잇따르기도 했다. 다행히 한인 봉제업체에서는 그와 같은 사태까지는 발생하지 않았지만, 오랫동안 가동되어왔던 몇 개 업체가 끝내 폐업했다는 소식을 접한바 있다.

봉제업 외에 한인들이 주로 종사하는 서비스업종 대부분도 팬데믹의 여파를 피할 수 없었다. 특히 방역 조치에 따라 매장 내 식사가 제한된 음식점이 큰 타격을 입었다. 밀폐된 방으로 구획되어있는 한식당 특유의 공간구조 때문에 더 취약할 수밖에 없었던 사정도 있다. 다행인 것은 코로나19 발생 전부터 미얀마에서도 'Food Panda', 'Grab Food'와 같은 음식 배달 플랫폼이 대중화되어 이를 활용하여 운영하는 한식당도 늘어나고 있었다는 점이다. 위기를 기회로 삼아 하루 전날 주문을 받아 조리한 음식을 다음 날 배달하는 방식으로 영업하는 반찬 가게도 증가하였다.

2차 파동 때까지만 해도 한인들은 어렵긴 하지만 비교적 잘 버텨냈다. 하지만 3차 파동 때부터는 사정이 달라졌다. 한인들 사이에서도 확진 판정을 받은 후 사망하는 사건이 발생하자 미얀마에서 코로나19에 감염되면 제대로 치료받지 못해 죽을 수도 있다는 불안감이 퍼져나갔다. 이 시기 미얀마에서는 연일 수백 명이 사망하여 양곤에서 가장 큰 화장터조차 수용 한도를 초과하여 관을 둘 장소마저 마련하기 어려운 지경이어서 유가족을 돌려보내고 시신 여러 구를 한 번에 화장하는 상황에까지 이르렀다. 미얀마에서 죽으면 장례조차 제대로 치를 수 없게 될지도 모른다는 불안까지 가중되어, 결국 많은 한인들이 한국으로 돌아가는 결단을 내렸다. 이렇게 돌아간 사람들 가운데는 상황이 호전될 때까지 잠시 귀국한 이들도 있었지만, 아예 사업을 접고 돌아간 이들도 있었다. 그 결과 한때 5,000명을 넘어서기도 했던 한인 수는 급감하여, 현재 1,000여 명 정도의 한인만이 남아있다고 한다. 개혁개방 전과 비슷한 수준인데, 구성원들에 일부 변화가 있긴 하지만 대체로 최근에 들어왔던 사람들일수록 먼저 빠져나가고 오래전부터 터를 닦아온 이들은 여전히 자리를 지키는 경향을 보인다. 이러한 현상은 다시 한번 개혁개방 이후 '잠재력'을 좇아 미얀마로 들어온 이들이 부닥쳐야 했던 현실이 얼마나 녹록지 않은 것이었는지를, 그리고 미얀마에 대한 기대가 얼마나 이 나라에 잠재해 있는 불안정성에 대한 이해를 결여한 것이었는지를 보여준다.

미얀마에서 코로나19의 세 번째 위기는 쿠데타가 발발한 이후 덮쳤다. 2차 파동 때까지만 해도 버텼던 한인들이 이 세 번째 위기를 맞아 귀국길에 오를 수밖에 없었던 것은 코로나19로 인해 죽을 수도 있다는 불안감 때문만은 아니었을지도 모른다. 이러한 상황에 이르게 된 더 근본적인 원인, 즉 1988년이나 2007년 당시보다 더 비장한 각오로 미얀마 시민들이 군부에 맞서고 있는 정치적 역동이 심상치 않고, 따라서 얼마간 숨을 참으며 버틴다고 해서 상황이 호전될 것 같지는 않다고 판단한 결과일 가능성이 크다.

군부가 정치권력을 완전히 장악하고 있던 2010년 이전까지 한인들은 그 시절 미얀마가 제공해주는 기회 조건에 적응하고 사업도 키워갈 수 있었다. 군부가 일사불란하게 사회를 지휘하고 통제하던 그 시절의 미얀마를 사회 각계에서 목소리가 높아진 개혁개방 이후나 민간정부 시기와 비교할 때 오랫동안 이 나라에서 사업을 해온 한인들이 떠올릴 수 있는 말을 꼽는다면 '안정'일 것이다. 로힝자 사태가 초래한 경제적 위기의 책임을 NLD 정부의 무능으로 돌려, 차라리 군부가 정권을 유지하는 편이 나았을 수 있다고 말하는 한인도 필자는 만나 보았다. 군부가 민간정부와 권력을 분점하는 상황을 되돌려 다시 정권을 잡아 영토의 핵심부를 장악한 현재는 어떨까? 안정만 되찾을 수 있다면 다시 옛날로 돌아가도 괜찮다고 생각하는 이들도 있을까? 시민불복종운동으로 시작된 미얀마 시민들의 반군부 민주화운동이 1년을 채워가는 현시점에서 보건대 쿠데타가 촉발한 정치적 대치 국면은 쉽사리 종식되지 않을 것이다. 그 불안정한 상황이 더 오래 지속될 경우 한인들의 처지도 점점 더 어려워질 것이다. 시간이 얼마가 걸리건 어느 쪽으로든 결판은 날 것이고, 그때가 되면 미얀마가 가진 잠재력은 다시 주목 받게 될 것이다. 그러나 그 추가 어느 쪽으로 기울었을 때 이 나라의 시민과 한인 모두에게 더 바람직한 삶을 가져다줄 수 있는지에 대한 숙고와 노력은 필요할 것이다.

3장

한인 사회의 통합과 분화

1. 미얀마 한인 사회 개황

1) 지역별 분포 및 구성 현황

앞서 한인의 이주 역사에서 살펴보았듯이 미얀마가 사회주의체제를 유지하던 1988년 전부터도 많은 수는 아니었지만 정부 기관이나 기업의 주재원으로서, 그리고 개인 사업가로서 진출한 한인들이 있었다. 하지만 한인의 미얀마 진출이 본격화된 것은 1990년대 이후부터다. 특히 최근으로 올수록 그 수가 크게 증가했는데, 1993년부터 2019년까지 미얀마 거주 재외동포 현황을 표시한 〈그림 8〉은 이러한 현상이 최근 10년 이내에 집중적으로 이루어졌음을 보여준다.

2019년 외교부에서 발표한 재외동포 현황 통계자료에 따르면

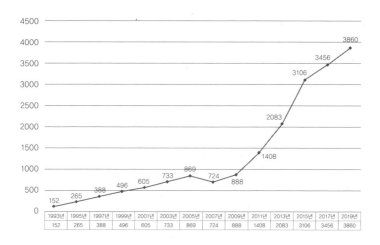

	1993년	1995년	1997년	1999년	2001년	2003년	2005년	2007년	2009년	2011년	2013년	2015년	2017년	2019년
	152	265	388	496	605	733	869	724	888	1408	2083	3106	3456	3860

그림 8 미얀마 거주 재외동포 수

출처: 국가통계포털, 외교부 2019 자료 취합하여 필자 작성

2019년 미얀마에 체류하고 있는 한인 수는 일반 체류자 3,730명, 유학생 112명, 2014년 11월 미얀마 정부가 영주권 취득법을 제정한 이후 영주권을 획득한 18명을 포함하여 총 3,860명에 이른다. 재외 국민등록 대장과 한인회, 봉제협회 등의 한인 단체, 외국인 유학 기 관 등으로부터 모은 자료를 취합한 것으로서, 재외국민등록 수에 포착되지 않은 사람들까지 포함하고 있긴 하지만 이 역시도 추정치 이긴 마찬가지다. 미얀마에 거주하는 한인 관련 자료를 미얀마 정 부가 한국 대사관에 제공하지 않고 있기 때문이기도 하지만, 많은 한인들이 사업상(주로 세금 관련)의 편의로 단기비자로 미얀마에 들 어왔다가 주변 국가들을 오가며 체류 기간을 갱신하고 있어 실거

표 6 **연도 및 거주 자격별 미얀마 체류 한인 수**

연도	총계	일반 체류자+유학생	시민권자+영주권자
2019	3,860	3,842	18
2017	3,456	3,452	4
2015	3,106	3,106	
2013	2,083	2,083	
2011	1,408	1,408	

출처: 국가통계포털(KOSIS, https://kosis.kr)

주자와 일시 체류자를 구분하여 파악하기가 현실적으로 어렵기 때문이기도 하다.

미얀마에 체류하는 한인은 〈표 7〉을 통해 알 수 있듯이 대부분 양곤에 거주하고 있다. 항구도시로서 영국 식민통치 시기 미얀마 최대의 상업 도시로 성장한 양곤이 2005년 군부가 갑자기 네삐도로 수도를 옮긴 후로도 여전히 이 나라의 경제 중심지로서 기능하고 있는 까닭이다. 다른 도시들에 비해 기반시설이 비교적 잘 구축되어있고, 이를 바탕으로 국내외 물류 집합소로 기능하고 있는 만큼 외국인들이 체류하고 사업하기에는, 현재까지는 최적의 장소로 꼽힌다. 하지만 개혁개방 이후 미얀마로 들어오는 한인의 이주 동기나 목적, 업종이 다변화됨에 따라 한인 거주 지역도 양곤을 벗어나 다른 지역으로까지 확장되어가는 추세다. 제조업이나 상업, 서비스업 외에 다른 업종, 예를 들어 농업이나 관광업 등에 종사하거나

표7 거주 지역 및 성별 미얀마 체류 한인 수

거주 지역	성별		계
	남	여	
양곤	2,110	1,570	3,680
만달레이 등 기타 지역	110	70	180

출처: 외교부 2019

선교 등의 특수한 목적을 갖고 들어온 한인들이 이러한 부류에 속한다. 미얀마의 옛 왕도였던 만달레이와 인근에 자리한 샨주의 삔우린, 따운지, 인레, 아웅반 등지에도 약 180명가량의 한인이 거주하고 있는 것으로 확인된다. 이에 따라 만달레이에는 별도로 만달레이지역한인회가 결성되기도 했다.

미얀마 한인 사회의 주요 구성원들은 상사 주재원을 비롯하여 봉제업 등의 제조업체 종사자들, 요식업, 관광업, 무역업 등에 종사하는 개인 사업자, 그리고 선교사 등이다. 2011년의 개혁개방 이전까지는 주로 봉제업체와 무역업 등이 주가 되다가 근래 미얀마에서 건설 붐이 일면서 건설 및 기계 부문 진출이 증가하고 있고, 이외에 물류·유통, 서비스업 부문 진출도 급증하는 추세다.

근래 유입되는 한인 유형 중 눈에 띄는 부류가 선교사 등 기독교의 포교 목적으로 이주해오는 사람들이다. 전체 국민의 약 89퍼센트가 불교도인 미얀마에서 기독교는 약 4.9퍼센트로 소수이며, 주로 소수종족들의 종교로 인식되고 있다. 그러나 미얀마 한인 사회에서 기독교도들은 매우 큰 집단을 형성하고 있으며, 미얀마로 들어오는 선교사 수도 해마다 증가해가는 추세다. 2000년 이전까지만 해도 10여 명의 선교사와 그 가족이 거주하는 정도였지만, 현재는 300명이 넘는 선교사 가족이 미얀마에 거주하고 있다. 테라바다^{Theravada} 불교 전통과 관련된 위빠사나 명상 수행 등을 위해 미얀마를 찾는 한인들도 근래엔 증가하고 있지만 대개는 일시 체류자로, 기독교 선교사들과 같이 미얀마에 다년간 체류하는 이들은 많지 않다.

2) 한인의 법적 지위

1948년 1월 영국에서 독립한 미얀마는 상좌부 불교 또는 테라바다 불교로 일컬어지는 소승불교가 지배적인 종교로 자리 잡은 사회이나 그외에도 여러 종교가 존재한다. 그 비율은 불교가 89퍼센트, 기독교가 6.2퍼센트, 이슬람교가 4.3퍼센트, 그 외 정령숭배 등 토착 신앙 순이다. 공식적으로 135개의 소수종족이 한 영토 안에서 살아가는 다종족 사회이며, 이 중 버마족이 전체의 68퍼센트가량을 차지한다. 문자를 갖고 있지는 않더라도 각 종족이 고유의 언어를 갖고 있지만, 다수를 차지하는 버마족의 언어인 버마어가 공식 국가 언어로 통용된다.

다종족 사회라는 특성에도 불구하고 미얀마에서는 다수를 차지하는 버마족이 지배집단으로서 정치, 경제, 사회, 문화 모든 영역을 망라하여 특권적 지위를 누려왔다. 그에 따라 버마족의 문화 전통을 국가 문화의 중심에 두는 버마족 중심주의 성향 또한 강화되었다. 이는 영국 식민통치 기간 중엔 외세에 맞서 독립을 쟁취하기 위한 상징 자원으로서 힘을 발휘하기도 했지만, 독립 이후에는 밖으로는 극단적인 배외주의, 안으로는 소수종족과의 관계에서 갈등을 촉발하는 주된 요인이었기도 하다. 특히 오랜 세월 미얀마의 정치 권력을 장악해온 군부 지도자들은 강력한 민족주의 성향을 지닌 것으로 잘 알려져 있는데, 군의 정치 개입을 정당화하는 명분으로 이들이 내세우는 주권 수호와 국가 통합이란 이들이 고수하는 버마족 중심주의에 토대를 둔 것이기도 했다. 영국, 일본과 같은 외세의 침략 위험이 사라진 후에도 미얀마 군부가 군의 존재 이유로 삼았던 안보 위기 역시 분리 독립 또는 자치를 요구하는 소수종족과의 관계를 염두에 둔 것이었다고 보아도 과언이 아니다. 2017년의 로힝자 사태는 이러한 문제가 가장 극적으로 표출된 사건으로, 미얀마 역사상 처음도 아니었던 로힝자족 박해의 근본적인 문제는 어떤 이들이 미얀마의 국민으로서 합법적인 지위를 갖는가를 규정한 시민권법에 있다.

1982년에 제정된 미얀마 시민권법은 제1차 영국·미얀마전쟁(1824~1826)을 기점으로 1823년 이전부터 미얀마에 거주한 135개 종족만을 토착민으로 간주하여 '국민'으로 규정하고, 1948년에 시행된 최초의 국적법에 의해 국적을 취득한 사람(주로 인도계, 중국계 그리고 영국계)은 '준 국민'으로, 그리고 법률에 따라 국적을 취득한 외국인은 '귀화 국민'으로 규정하고 있다. 준 국민과 귀화 국민은

3대가 지나야 국민으로 격상될 수 있으며, 그동안에는 공무원 등 관리직에 임용될 수 없고, 국가 예산이 많이 드는 이공계, 의학계 대학에 진학할 수도 없었다. 이러한 제한은 국적법이 규정하고 있는 것은 아니지만, 국적법상의 '구분'이 현실에서의 '차별'로 이어지고 있는 예라 할 수 있다.

로힝자족의 경우엔 이 세 가지 범주 중 어디에도 포함되지 않는 '외국인'으로서, 이들을 비하하여 부르는 '벵갈리', 즉 벵골 사람 또는 방글라데시에서 온 사람이라는 표현 자체가 이를 함축한다. 결혼이나 출산, 이주의 자유와 같은 기본적인 권리를 누릴 수 없음은 물론 교육이나 보건 등 기초 사회서비스로부터도 배제된 채 사회적 낙인 속에서 살아가는 이들의 비참한 삶은 극단적 민족주의에 기초한 미얀마 사회의 배타성이 얼마나 위험한 것인지를 여실히 보여준다.

미얀마 영토 안에서 살아가는 수많은 소수종족 중 하나로도 인정받지 못하고 있는 로힝자족의 현실은 '외국인'으로서 이 나라에 들어와 사는 데 얼마나 높은 사회적 장벽과 제약에 직면할 수 있는지를 말해주는 사례라 할 수 있다. 물론 미얀마보다 부유한 나라에서, 그리고 자본을 들고 이 나라로 들어오는 사람들이 스스로를 로힝자족과 같은 신세라고 여기는 일은 거의 없을 것이다. 오히려 외국인으로서 현지인들보다 더 높은 지위를, 지위까지는 아니더라도 생활 수준을 누리는 것이 마땅하다고 생각하는 편인 것 같다. 하지만 이러한 '품위'란 외국인에게 자동으로 주어지는 게 아니어서, 현지에서 무시당하지 않을 수준으로 품위를 유지하자면 상당한 비용이 든다. 집이나 자동차는 기본이요, 일상적 소비부터 자녀 교육에 이르는 모든 측면에서 그에 상응하는 '수준'을 유지할 것이 요구되는 것이다. 그렇게 할 수밖에 없는 이유는 만약 그렇게 할 수 없게 될 경우 어떻게 될 것인지를 생각해보면 분명해진다. 로힝자족의 처지와 별반 다를 게 없는 것이다. 이 나라에서 외국인들의 법적 지위란 그처럼이나 취약하다.

1988년 이후 시장경제체제로의 전환을 천명하며 자유로운 경제활동을 보장하였다고는 하나 군사정권 시절 정부의 민간에 대한 간섭과 규제라는 큰 틀을 여전히 벗어나지 못하고 있다. 이러한 요소가 복합적으로 미얀마에서의 외국인의 법적 지위에도 영향을 미친다.

미얀마는 외국인의 국내 체류와 관련해 엄격한 정책을 취하고 있다. 미얀마에서 사업을 하기 위해 외국인이 장기간(1년) 체류하려면 미얀마 투자위원회Myanmar Investment Commission, MIC를 통해 투자기업으로 인정받아야만 한다. 또한 미얀마 현지에서 회사를 설립하고 현지인이 아닌 외국인을 고용할 때도 기본적으로 MIC의 허가가 필요하다. 미얀마 정부는 단순사무직이나 생산직의 경우 현지인 채용을 원칙으로 한다. 따라서 현지 한인 기업이 한인을 고용하자면 ① 외국인투자위원회의 추천을 받아, ② 관련 정부 기관의 추천서와 함께, ③ 외국인 근로 고용법에 따라 노동부에 근로허가서를 제출해야 한다. 이때 미얀마 정부는 직종 및 기술 등을 고려하여 최소한의 범위에서 고용허가를 해주고 있다. 만약 더 많은 한인을 고용하려면 외국인투자위원회와 추가 협상을 해야 하는 번거로움이 따른다. 매년 체류 기간을 연장하는 절차도 거쳐야 한다.

2014년 11월 미얀마 정부가 영주권 취득법을 제정함에 따라 한 인도 영주권을 취득할 수 있게 되었다. 5년 기한이지만 5년 후 연 장이 가능하고, 외국인 명의로 주택을 소유할 수 있게 되었기 때문 에 그동안 미얀마인의 명의를 빌려왔던 사람들에게는 반가운 소식 이었다. 현지인 명의를 이용했다가 낭패를 보았다는 한인들의 소식 도 종종 들려오는 터라 관심을 갖는 사람들도 많았다. 하지만 실제 로 영주권 신청을 하는 한인들의 수는 극히 적다. 5년 기한이라고 는 해도 1년마다 1,000달러나 들여 갱신해야 할 뿐만 아니라 비자 기간 연장을 위해 태국 등으로 나갔다 들어오는 일을 휴가로 여기 는 한인들도 적지 않은 까닭이다. 외국인이라도 일정한 조건 아래 콘도미니엄으로 등록된 건물을 소유할 수 있도록 최근에 콘도미니 엄법The Condominium Law이 제정되기도 한 상태여서 굳이 비용을 들여 영주권을 받으려는 한인들은 거의 없다. 영주권 제도가 시행된 지 5년째에 이른 2019년 현재까지 한인 중 영주권을 취득한 사람이 18명뿐인 것도 이런 사정 때문이다.

재미얀마 한인상공회의소Korean Chamber of Commerce Myanmar, KOCHAM 회원 기업과 주요 봉제업체들은 투자기업으로 등록하여 사업을 하 고 있으나 나머지 기업이나 중소 자영업자들은 미얀마 현지인 명 의로 사업을 하는 경우가 많다. 또한 현지에서 사업 허가가 나지 않 는 요식업, 숙박업 등은 당연히 장기비자를 취득할 수 없다. 이런 이유로 한인 대다수가 10주(70일)간 체류할 수 있는 사업비자를 취득하여 10주에 한 번씩 태국 등 인근 국가로 출국했다가 현지 미얀마 대사관에서 비자를 취득하여 다시 미얀마로 들어오는 방법을 택한다. 이러한 절차를 밟지 않은 채 2014년 3월 12일 양곤에서 수년간 불법 체류하고 있던 한국인 일가족 네 명(부부 및 자녀 두 명) 중 세 명이 연행되어 한국으로 추방된 일도 발생하였다(주미얀마 한국 대사관 홈페이지). 한국과 미얀마 간의 인적, 물적 교류가 증가함에 따라 미얀마 정부는 2018년 10월부터 1년간 시험적으로 한국인들이 무비자로 28일간 입국하는 것을 허용하였다. 이후 이 정책을 다시 연장하여 현재까지 무비자로 관광비자 체류 허용 기간만큼 체류가 가능한 상태다.

3) 경제활동

미얀마 내 한인 기업들 가운데 한국에 모회사나 본사를 두고 있는 기업들은 포스코인터내셔널[10]이나 롯데 등과 같은 몇 안 되는 대기업 정도고, 대부분은 현지에서 개인이 단독으로 자기 사업장을 꾸려 성장시킨 중소 규모 업체들이다. 전체 한인 업체의 60퍼센트 이

---

10 1967년 대우실업으로 출발하여 1982년 무역 전담 기업으로 전환하면서 (주)대우로 이름을 변경하고, 이어 2000년 국제무역, 인프라 개발 운영, 자원 개발 등을 주요 사업으로 하는 독자법인으로 출범한 (주)대우인터내셔널은 2010년 포스코 그룹 계열사로 합병되었다. 이후 2019년 다시 한번 이름을 변경한 것이 현재의 포스코인터내셔널이다.

상이 제조업인데, 그중에서도 봉제업이 50퍼센트 이상을 차지한다 (김찬수·이주은 2013). 대우는 미얀마 정부와의 합작을 통해 1991년 부터 봉제공장을 가동해왔지만, 개인이 경영하는 중소업체가 미얀 마에서 봉제업을 시작한 것은 1996년경부터다. 현재 미얀마에는 총 400여 개의 봉제공장이 있는데, 2011년경까지는 한국 봉제회사가 상대적으로 많았으나 이후 중국, 대만 및 홍콩계 봉제회사가 증가 했다. 기타 일본 및 미얀마계 봉제회사도 많다.

2010년경 약 50개소였던 한인 봉제업체는 2019년 약 89개 업체 가 미얀마한인봉제협회Korean Garment Association in Myanmar, KOGAM 회원 사로 가입해있을 정도로 지난 십 년간 그 수가 급증했다. 여기에 자 수나 프린팅 등 봉제 관련 부자재 납품 및 서비스업까지 포함하면 130여 개 업체가 봉제와 관련된 것으로 확인된다. 저렴한 인건비, 섬유쿼터 면제국가로서의 이점, 관세 혜택 등이 미얀마를 봉제업의 마지막 보루로 만드는 기회 요인으로 작용한다. 금융체계가 제대로 정비되지 않아 단순 임가공이 주를 이루는 미얀마 봉제업체들에 인건비는 이윤 창출의 핵심요건이라 할 수 있다. 노동집약적 산업 으로서 봉제업의 이러한 특성으로 인해 임금인상을 요구하는 노동 자들의 파업도 자주 일어난다. 한인 업체들도 예외는 아니어서 대 부분의 한인 봉제업체들이 파업을 경험한 바 있다. 근래에는 글로 벌 브랜드들이 발주 조건으로서 컴플라이언스Compliance 준수 여부 를 엄격히 심사하고 기업의 사회적 책임Corporate Social Responsibility에 관 한 의식도 높아져 상당한 개선이 이루어지긴 했지만 최저임금법이

그림 9 양곤의 한 한인 봉제공장 내부 작업 광경(저자 촬영)

발효된 2015년 이후 임금인상을 요구하는 노동자들의 파업과 시위는 지속적으로 증가해가는 추세다. 외주를 받아 거의 전량을 수출하는 봉제업체 특성상 최근의 달러 가치 상승이 인건비 인상분을 충당해주고 있긴 하지만, 이에 따른 물가상승률이 8퍼센트에 이르는 등 국민들의 생활고가 가중됨에 따라 임금 문제를 둘러싼 노·사·정 협상이 현재보다 더 복잡하게 전개될 것으로 전망된다.

현지 한인 기업이 봉제업을 중심으로 형성되어있기는 하나 업종이 점점 다양화되는 추세다. 한인상공회의소 회원사 리스트를 보면 봉제업 외에도 LG, 포스코, 롯데, CJ, 효성 등 대기업이 진출해있으며, 2013년 우리은행, 하나은행의 진출을 시작으로 신한은행, 국민은행, 기업은행, 부산은행, 산업은행 및 수출입은행이 현지사무소를 개소하여 운영 중인 것으로 확인된다. 이외에 무역, 운송, 관광업, 인력송출 부문에도 점점 더 많은 한인들이 진출하고 있으며, 한인을 대상으로 한 요식업 및 숙박업도 근래 부쩍 증가하는 추세다. 외교부 파악 자료에 따르면 2019년 기준 200여 개의 한인 기업이 진출해 있으며, 이 중 봉제 관련 업체가 120여 개, 대기업 계열사 및 사무소가 20여 개, 금융 업종 13개, 건설 인프라 관련 업체가 10여 개에 이른다(외교부 2019: 82). 미얀마에서 공식적으로 법인 등록을 마친 업체들을 대상으로 집계한 것이므로 실제 한인 업체 수는 이를 훌쩍 상회할 것으로 추정된다.

4) 교육

미얀마 정부의 비자정책으로 인해 단기비자를 갱신해가며 거주하는 까닭에 상당수의 한인이 자녀 교육과 관련해 어려움을 겪고 있다. 미얀마의 교육 여건이 좋지 않아 현지 학교를 기피하는 경향도 보인다. 그에 따라 대다수 한인이 자녀를 현지 학교에 보내지 않고 ISY International School Yangon, YIS Yangon International School, ISM International School in Myanmar 등과 같이 WASC Western Association of Schools and College 인증을 받은 국제학교에 입학시킨다. 미국 국무부가 운영하는 ISY의 경우 입학 시 등록금과 기부금으로 약 5,000달러가 필요하며, 수업료는 유치원 기준 연간 약 4,000달러, 고등학생 기준 연간 약 1만 8,000달러를 납부해야 한다. 또한 싱가포르계 등의 국제학교도 매년 6,000달러 정도의 수업료를 납부해야 한다.

국제학교에 자녀를 보낼 여건이 되지 않는 자영업자나 일부 선교사들은 교회 관계자가 자립적으로 운영하는 소규모 단위 학교에서 어느 정도 자녀를 교육시킨 다음 호주 등에 유학을 보내 재외국민 자격으로 국내 대학에 특례입학을 시키거나 외국 대학에 입학시키는 경우도 있다.[11] 사정이 이렇다 보니 국제학교에 다니는 자녀들은 한국어를 체계적으로 공부하기 어렵다. 또한 부모의 경제적 여건에

---

11 2018년 기준 미얀마에서 외국인 유학이 공식적으로 허용되는 곳은 양곤외국어대학의 미얀마어과뿐이다.

따라 각기 다른 학교에 다니다 보니 학교가 한인 자녀들이 서로 교류하고 또래 집단을 형성하는 주된 공간이 되고 있지는 못하다.

이런 문제 때문에 미얀마 한인들은 한글학교의 필요성을 절감하여 1989년부터 한글학교를 운영하기 시작했다. 한글학교 장소가 마땅치 않자 당시 미얀마 주재 한국 대사관에 부임해있던 김정환 대사가 대사관 건물 뒤 부지에 건물을 지어 한글학교로 사용할 수 있도록 해주어, 이후 1989년부터 2004년까지 저렴한 임대료로 대사관 내에서 한글학교가 유지되었다.

하지만 2004년 이후 탈북자가 증가하여 대사관 내에 탈북자 수용시설이 필요해짐에 따라 한글학교는 2005년, 공사 기간인 1년간 임대료를 보조받기로 하고 외부에서 수업을 진행해야 했다. 공사 완료 후 대사관 건물을 다시 이용할 수 있을 것으로 기대했지만 보안과 진입로 문제 등으로 대사관으로 들어갈 수 없게 되었다. 이후 외부에서 한글학교를 운영하게 되었으나, 임대료 상승 문제로 2년마다 옮겨 다니며 수업해야 하는 처지였다. 이에 주택을 임대·개조하여 연간 3,000달러에 달하는 임대료를 한인회에서 1/3을 지원하고 한글학교가 2/3를 부담해가며 학교를 운영해야 했다.

그렇지만 한인들은 한인회와 함께 임차하여 사용하고 있는 한글학교 건물은 임시방편에 불과했기 때문에 한인 사회의 발전을 위해서는 제대로 된 한글학교부터 건립해야 한다는 생각을 가지게 되었다. 그 결과 2010년 2월 한글학교 건립을 목표로 하는 학교발전위원회를 구성하여 뜻 있는 유지들의 적극적인 협력과 대사관의 협

그림 10 2015년 개관한 코리아센터 건물 외관(저자 촬영)

그림 11 2018년 한글학교 입학식과 졸업식 사진(전창준 「실과 바늘」 편집장 제공)

조로 마침내 2014년 3월 부지를 확보하고(30년 부지 임대 계약), 한국 정부의 지원을 받아 건물을 완공하였다. '코리아센터Korea Center'로 명명한 이 건물은 한글학교는 물론 미얀마 한인회 사무실 등으로도 활용되고 있다. 코리아센터는 향후 한국어 교육 외에도 미얀마어 교육 시설로, 한인회의 문화 및 교양 활동 장소로, 한인 단체 및 관련 기관과의 회의 장소로, 나아가 한국 문화 홍보관 등 미얀마 한인 사회의 복합적 사회문화 공간으로 활용될 전망이다.

한글학교는 현재 유치부부터 중학교 1학년까지 8개 학급이 운영되고 있으며, 총 100여 명의 학생이 이 학교에 다니고 있다. 수업은 매주 토요일에 네 시간씩 이루어지고 있는데, 각기 다른 학교에 다녀 교류할 기회가 적은 한인 자녀들에게는 중요한 친교의 공간으로 기능하고 있기도 하다.

미얀마 한글학교의 교사진은 비교적 안정되어있다고 한글학교 관계자는 자평한다. 약 10년 전부터 교사자격증을 소지하고 있거나 교사 경력이 있는 선교사 부인들이 교사로 봉사하면서 양질의 교사진이 확보되었으며, 이후 일반 학부모도 교사로서 한글학교 운영에 도움을 주고 있다고 한다. 양곤외국어대학에 재학 중인 대학생 서너 명도 도움을 주고 있다. 교사에 대한 보수는 교통비 정도(월 150달러 정도)이며, 현재 11명의 한인이 교사로 봉사하고 있다. 매년 6만 달러 정도의 경비가 드는데 그동안 재외동포재단으로부터 연간 6,000달러를 지원받았으나 매년 조금씩 올라 2014년 이후 1만 4,000달러를 지원받고 있다. 이 한글학교는 2010년 국무총리상을 수상하기도 했다.

5) 종교활동

미얀마 한인 사회에서 가장 큰 종교집단은 기독교 단체다. 1995년
경부터 미얀마에는 한인 선교사가 개인 혹은 한국 교단과 선교단
체로부터 파송되어 활동 중이다. 한국 교단과 선교단체가 외국에
파송한 선교사 수는 2013년 12월 말 현재 169개국에 2만 5,745명인
데 그중 동남아시아에 파송된 선교사는 18.76퍼센트인 약 4,830명
이다(C채널뉴스 2014.01.17.). 이처럼 한국이나 미국에서 파송된 경
우도 있지만 미얀마에서 개인적으로 종교활동을 하는 선교사도
많다.

　미얀마에서는 1962년의 쿠데타 전까지만 해도 미국의 선교사
가 적극적으로 포교를 하여 한국보다 기독교의 바탕이 튼튼했다고
한다. 하지만 네윈의 군사정권은 외국인 선교사를 추방하는 등 기
독교 억제정책을 폈고, 이러한 정책적 기조는 지금까지도 이어지고
있다. 공식적으로 기독교 선교사는 법적으로 체류는 물론 활동에
도 제약을 받는다. 과거엔 지방에서 선교 활동을 하다 경찰에 체포
되는 일도 발생하곤 했다. 대다수가 불교도인 지역주민들의 제보에
따른 것이곤 했는데, 불교 외에 다른 종교에 대해선 그리 관대하지
않은 사회 분위기를 읽을 수 있는 사례라 하겠다.

　미얀마 정부의 엄격한 규제와 기독교에 대한 부정적인 사회적 시

선으로 인해 현지에서 기독교 선교 활동을 하기는 쉽지 않다. 이 때문에 선교사들은 유치원, 기숙사, 고아원, 재봉, 컴퓨터, 미용학원, 한글학교, 의료 봉사 등 간접 접촉을 통해 선교 영역을 조심스럽게 확산시켜나가고 있다고 한다. 선교 대상 또한 버마인이 아니고 소수종족인 경우가 많다. 최근 미얀마 정부도 외교 문제 등을 고려하여 교회에 대한 견제를 완화했고, 한인 교회도 현지 경험을 축적해감에 따라 별 마찰 없이 활동하고 있다고 한다. 현재 한인 개신교 교회는 양곤지역에 세 개가 있는데, 미얀마한인교회에 200~300명, 양곤한인교회에 100~150명, 미얀마한인연합교회에 50~100명의 신도가 있다. 대부분 한인이지만 한인과 결혼한 이들을 비롯한 현지인들도 일부 있다. 개신교회 외에 양곤한인성당에 다니는 가톨릭 신자들도 상당수 있다.

미얀마로 들어오는 한인은 날로 증가하고 있고, 특히 이러한 증가세는 최근 몇 년 동안의 기간에 집중되었다. 이 같은 증가 현상은 한국을 비롯하여 이들의 경유지였을 수 있는 주변 국가들에서의 배출요인과 맞물려 발생하는 현상일 수 있어 면밀한 관찰과 분석이 필요한 대목이다. 특히 미얀마에 장기거주하고 있는 한인의 주요 진출 분야가 봉제업이라는 점에서 더욱더 그러하다. 최근 베트남을 포함한 주변 국가들에서 지속적인 임금 상승을 경험한 한인 기업들이 미얀마로 들어와 계속 증가하는 것이다.

그러나 이외에도 신흥시장인 미얀마에 진출하려는 업종은 근래 매우 다양해지고 있으며, 그에 따라 한인 사회는 이전까지와는 다른 복잡한 생태계로 구성되어가고 있다. 최근 급증한 한인을 포함하여 미얀마에 거주하고 있는 한인들의 사회경제적 특징과 상호 간의 관계, 그리고 다양한 성격의 사회적 관계가 중첩되어있는 사회적 공간으로서 미얀마 한인 사회의 특징적 면모 등을 살펴보는 것이 이 복잡한 생태계를 이해하는 데 필수적일 것이다. 이를 위해 우선적으로 한인 사회가 형성, 지속되어온 역사와 그 내부에서 일어난 사회적 과정에 대한 이해가 요구된다.

2. 주요 한인 단체와 한인의 상호작용 공간

미얀마 한인 사회는 형성된 역사는 짧지만 매우 응집력 있는 활동상을 보여주고 있다. 그 구심점 역할을 한 것은 재미얀마한인회(이하 한인회)로 한인회가 주관하여 개최하는 한가위 대잔치, 송년 행사, 한인 골프대회와 같은 공식행사에 참여하는 한인 수가 700여 명에 달하고, 부인회나 교회, 성당, 봉제협회 등과 같은 소규모 집단별 현지 봉사활동에도 적극적으로 참여하고 있는 것으로 보인다. 한인회가 연중행사로서 기획하여 추진하는 공식 일정들은 미얀마 현지의 다양한 영역에서 활동하는 한인 및 한인 단체들이 한 공간에 모일 기회를 만들어냄으로써 힘든 타국에서의 삶을 서로 위로하는 한편 정보를 공유하고 사회적·경제적 관계를 형성하는 토대가 되고 있다. 미얀마 현지 사정을 재빠르게 포착하여 어려움에 처한 현지 지역주민들에게 물자와 자금을 지원해주는 사회 봉사활동도 한인회의 조직력을 바탕으로 이루어진다.

미얀마 한인회가 처음 결성된 것은 대우가 미얀마에 진출한 1985년이다. 하지만 당시 미얀마에 거주하고 있던 한인 수는 30여 명이 채 넘지 않았고, 1988년까지도 한국공관과 상사 직원 가족 등 43명 정도(전북일보 1988.08.13.)에 지나지 않았던 터라 당시 결성된 한인회는 사무실도 없이 박정규 씨 집을 사랑방 삼아서 모이던, 사실상 친목 모임 정도의 성격을 띠었던 것으로 보인다. 실물은 남아 있지 않지만 1994년과 1995년에는 한인회보도 2회 발간한 적이 있다고 한다.

별다른 공식 활동 없이 친목 모임 수준으로 한인들 간의 관계가 유지되었던 한인회가 다시 조직된 것은 1997년이다. 물론 이때도 사무실은 없었지만, 한인회장을 선출하는 등 미얀마 한인의 공식조직으로서 면모는 갖추었던 것 같다. 1992년 코오롱 상사의 주재원으로 파견되었다가 이후 코오롱을 사직하고 미얀마에 정착하여 무역업 등 개인사업을 시작한 유선하 씨[12]가 초대 한인회장을 맡았다. 한인회의 재결성과 함께 오늘날까지도 맥이 이어지고 있는 한인회보의 제1호 또한 발간되었다. 워드프로세서로 타이핑하여

---

12 미얀마에서 영업 중인 한인 기업 스카이인터내셔널 대표인 유선하 씨는 현재 미얀마의 대표적 불교 성지이자 관광지인 짜잇티요를 오가는, 길이 1,200미터 길이의 케이블카를 설치하는 사업을 수주하여 현재 공사가 진행 중이기도 하다. 20년 넘게 미얀마에서 활동하고 있는 원로 중 한 사람으로서 미얀마 한인 사회에 기여한 바가 매우 크다. 어느 정도 안정적으로 자기 사업을 꾸릴 수 있을 만한 사람이나 맡을 수 있다는 한인회장직을, 그것도 한인 사회 초기 형성 시기에 4년 동안 맡아 이끌어온 인물이기도 하다.

제 1 호

ASIANA AIR LINE

그림 12 1997년 발행된 제1호 한인회보

복사한 것을 묶은 형태였는데, 초대 회장을 맡았던 유선하 씨는 이 첫 번째 한인회보에서 "잠시 잊고 지내온 우리 이웃이 그립습니다" 라는 제목의 발간사를 통해 "비록 짜임새 없는 회보지만 걸음마를 처음 배우는 아기라고 생각하시고 서로 이웃들의 향기나마 조금씩 음미하는 계기를 마련코자 하는 조그만 소망입니다"(한인회보 제1호 1쪽)라는 글과 함께 동포 사회의 화합을 강조했다.

한참 후인 2004년, 제3대 한인회장으로 선출된 김만영 씨(코오롱 과장 출신으로 미얀마 입국)의 글도 이 첫 번째 한인회보에서 찾아볼 수 있다. "고국의 아이에게"라는 제목 아래 "아이야, 異國의 생활이 결코 외로워서만은 아닐 텐데 가끔은 이렇게 향수에 젖는 것은 왜 일까? 멀리 떠나와 아스라이 퇴색한, 그러나 항시 포근한 그 고향을 나는 항상 사랑하기 때문이 아닐까?"(한인회보 제1호 5쪽)라는 내용 을 담고 있는 그의 글에는 타국에서 홀로 살아가는 외로움과 고향 에 대한 그리움이 교차하는 삶을 살아가야 했던 당시의 소회가 담 겨있다. 현재와 같이 교통수단과 정보통신기술이 발전하여 거리에 상관없이 실시간으로 연락을 취하고 정보를 주고받을 수 있는 환경 이 아니었던 시절 재외한인 동포의 의식세계를 엿볼 수 있는 자료 로서 가치가 있다.

한인회보의 내용은 기본적으로 미얀마 적응과 일상생활에 필요 한 다양한 정보와 회원들의 투고, 그리고 한인회(대사관 및 한인 사회) 동정, 미얀마어 강좌 및 광고로 구성되었다. 단출한 수준이었지만 현지 사정이나 언어에 익숙지 않은 한인들에게는 중요한 정보지이자 현지에 진출한 업체들을 홍보하는 역할을 수행하였다. 『뉴라이프New Life』라는 새 이름을 내건 최근의 한인회보에서도 이러한 기본 골격은 유지되고 있지만 개인의 내면세계를 적은 글보다는 미얀마 현지 및 기업 활동 관련 전문 정보, 인터뷰 내용 등이 주를 이룬다. 정확한 정보와 객관적인 사실만을 전달하겠다는 의지가 분명히 포착된다. 광고가 부쩍 증가하고 업종 역시 매우 다양해지고 있는 것도 근래 한인회보에서 볼 수 있는 주된 특징이다.

2000년부터 한인회는 한인회 사무실을 마련하고 조직을 재정비하여 다시 한번 정식 발족하였다. 한인회 정관도 이때 제정되었다. 사무실 임대료와 경비는 회장이 기부하였고, 당시 재미얀마 한국 대사관의 동포 담당 업무를 맡았던 편해용 영사도 한인회 활동을 거들었다. 이렇게 한인회가 다시 정비되면서 부인회 활동도 시작되었다. 부인회 회원들은 풍물과 꽃꽂이 강습 등의 활동에 참여함으로써 개인의 문화적 욕구를 해소하는 동시에 회원들 간의 사회적 관계를 유지해갔다. 이후로도 부인회는 매년 11월경이면 당시 대사관 내에 자리하고 있던 한글학교에서 바자회를 개최하여 자체 경비를 마련하거나 모금한 금액을 현지 사회에 기부하는 등과 같은 활동에도 참여하고 있다.

경제적 이유가 이주의 주요 동기인 한인들로서는 각자 자신의 사업에 전념할 수밖에 없다. 그렇기 때문에 적지 않은 자비 출연은 물론 상당한 시간과 노력이 필연적으로 요구되는 한인회장직을 맡기란 쉽지 않은 일이다. 한인 사회를 위해 적지 않은 자기희생이 따르

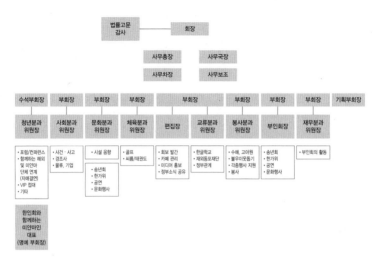

그림 13 재미얀마 한인회 조직도

출처: 한인회 인터넷 카페(http://cafe.daum.net/myanmarhanin/Koeo/18) 참조하여 작성

* 각 직책을 맡은 인물의 이름과 해상도 문제로 각 분과별 활동 내역에서 읽을 수 없는 내용은 삭제함

는 직인 터라 한인회장 선거에도 선뜻 나서는 사람이 없어 한 번 한인회장직을 맡게 되면 보통 3년에서 4년 정도는 연임하는 경우가 많았다. 한인회장 선거는 매년 12월에 치러지며, 이듬해인 1월부터 한인회장의 임기가 시작된다.

미얀마 한인회 조직 구성에서 볼 수 있는 특징은 〈그림 13〉에서 볼 수 있듯이 한인회장 외에 수석부회장을 포함 여덟 명의 부회장단이 선임되고, 이들의 책임 아래 여러 전문 분과를 구성하여 분야별 전문성과 역할을 명확히 정하고 있다는 점이다. 2018년 1월에 출범한 제16대 한인회의 경우 청년문화, 사회분과, 문화분과, 체육

분과, 한인회보 편집장, 봉사분과, 부인회장, 재무분과로 분과가 구성되어있다. 두 번째 특징은 한인회 운영 관련 실무가 사무총장과 사무국장이라는 두 개의 분리된 체제로 구성되어있다는 점이다. 대외활동 관련 업무와 사무 행정 관련 업무를 분리함으로써 업무 과중으로 인한 부담을 줄이면서 효율성을 높이기 위한 구분이라고 한다. 세 번째 특징은 한인 임원 외에 미얀마인을 명예 부회장으로 포함시키고 있다는 점이다. 미얀마 현지 사정 관련 도움을 얻기 위해서기도 하지만 미얀마에 사는 한인들은 미얀마 사람들과 함께한다는 상징적 의미도 담고 있다.

미얀마 한인들의 공식 단체로서 한인회는 그동안 미얀마에 거주하고 있는 한인들이 불의의 사고를 당하거나 어려움에 처했을 때 재빨리 한인들 간에 상황을 공유하고 사건·사고를 수습하고 필요한 경우 모금운동을 전개하는 등 동포집단의 일원으로서 한인들을 지원하는 역할을 수행해오고 있다. 한인회 사무실과 한글학교 등으로 활용되고 있는 코리아센터가 건립될 수 있었던 것도 한인회가 구심점이 되어 힘을 모았던 덕분이다. 교통사고를 당해 위급한 한인을 항공사와 교섭하여 무사히 한국으로 이송하여 치료를 받아 목숨을 구할 수 있게 한 일 등 낯선 이국땅에서 한인들이 겪는 다양한 어려움을 해결한 사례는 일일이 손으로 꼽기 어려울 정도다. 2018년에 필자가 한인회 간부들을 만나서 들은 얘기 중 가장 자주 언급된 것은 K-Pop 공연 사태이다.

수년 전부터 미얀마에서 한류 콘텐츠는 큰 인기를 불러 모으고 있다. 근래에는 한인 엔터테인먼트 업체들도 생겨나 한국의 오디션 프로그램 형식의 행사들도 종종 개최된다. 한류 가수를 초청한 K-Pop 공연은 그 가운데서도 가장 크게 공을 들여 기획한 행사였다. 미얀마에서의 한류 인기는 싸지도 않은 입장권이 매표가 시작되자마자 바로 매진될 만큼 높았다. 그런데 공연 개최를 일주일 앞둔 시점, 관련 업체 한인 한 사람이 입장권 판매 금액의 일부를 횡령하여 종적을 감추는 사건이 발생했다. 비상사태였다. 공연이 취소될 위기에 처하자 팔을 걷고 나선 것이 한인회였다. 사건이 발생하자 이 소식은 한인 커뮤니티 내에서 빠르게 전달되었고, 이 공연이 취소되어서는 안 된다는 회원들의 의견이 수렴되었다. 공연 취소로 인한 입장권 금액 환불이라는 금전적 문제보다도 미얀마 사람들이 한국과 한국인에 대해 갖고 있는 이미지 실추가 더 중요한 문제라는 인식이 한인들 사이에 공유되었던 것이다. 횡령으로 인한 비용 부족분을 충당하고 행사장을 마련하는 데 한인 사회 전체가 움직였다. 봉제업체를 필두로 한인 사회 전체가 적지 않은 비용을 부담하는 한편 부인회에서는 급히 바자회를 조직하여 떡볶이나 김밥, 어묵 등과 같은 한류 드라마 덕분에 미얀마에서도 잘 알려진 한국 음식을 만들어 팔아 추가로 비용을 보탰다. 많은 한인들이 각자의 일을 제쳐둔 채 몇 날 며칠 밤을 새워 작업한 끝에 공연은 예정된 날짜에, 그것도 성공적으로 개최될 수 있었다.

누구를 만나건 "되는 것도 없고 안 되는 것도 없는 나라가 미얀마"라는 말을 한 번쯤은 꼭 듣게 되는 것이 미얀마 한인 사회다. 다른 곳에서는 통하는 논리나 방법이 이곳에서는 통하지 않는다는 뜻이기도 하지만 그러한 현실의 불확실성을 극복할 방도가 없지도 않다는 뜻이다. 성별이나 나이와 관계없이 미얀마 한인들이 입버릇처럼 되뇌는 말이 되었을 정도로 불확실성과 기회가 뒤섞여있는 미얀마에서의 삶에 대한 한인들의 태도를 설명해주는 표현이라고도 할 수 있다. 크고 작은 사건·사고가 끊이지 않는 미얀마지만 K-Pop 사태와 같이 대대적으로 한인이 참여하여 사건을 해결한 사례는 미얀마 한인 사회에서도 흔치 않은 일이었고, 이 사건에 대한 한인들의 자부심은 대단히 크다. 뒤에서 설명하겠지만 이 사태를 반드시 해결해야 한다는 미얀마 한인들의 자각 또한 중요한 의미가 있는 것이기도 했다. 어찌 되었건 이 사건은 분명 "안 되는 것도 없다"라는 것을 입증한 사례로서 한인들 사이에 기억되고 있다. 적어도 필자가 인터뷰한 한인회 간부는 이와 유사한 여러 사례를 들려주며 규모는 작지만 어느 곳의 한인 사회보다 강한 응집력과 결속을 보여주는 동포집단으로서 미얀마 한인 사회에 대한 자부심을 드러냈다. 뒤에서 설명하게 되겠지만 실제 그가 말한 '한인 사회'란 한인들 전체를 아우른다기보다는 한인회 임원들의 네트워크가 중심이 되는 소규모 집단에 가깝다. 하지만 현지에서 어려움을 겪게 된 한인들이 가장 먼저 소식을 알리는 곳이 한인회고, 대사관 등과 비상연락체계를 활용하여 상황 수습에 나서는 것도 한인회라는 사실은 부정할 수 없다.

한인회 회원들은 연회비로 30달러(2018년 16대 한인회 출범 이후

50달러로 인상)를 내며, 회비를 낸 사람에 한하여 한인회장 선거/피선거권이 주어진다. 하지만 미얀마에 거주하는 한인들 모두가 한인회비를 내는 것은 아니다. 4,000여 명 정도에 이르는 미얀마 한인들 가운데 약 700명에서 800명 정도가 회비를 내고 있는 형편이어서 한인회 재정에서 차지하는 비중은 미미하다. 사실상 한인회비는 멤버십 유지를 위해 납부하는 상징적 비용이지 실제 한인회를 운영하는 재정의 원천이 되지는 못한다. 이를 보여주는 사례가 한인회 공식 행사장에서 이루어지는 재미얀마 한국 대사의 한인회비 전달식이다. 이 전달식은 미얀마 한인 사회의 구성원임을 표현하는 일종의 의식으로서 이루어지는 측면이 크다. 즉 재정 상황을 투명하게 공개한다는 의미보다는 한인 사회의 구심점으로서 한인회의 중심적 위상을 공식적으로 드러내기 위한 상징적 행위에 가깝다.

한인회에서는 매년 전체 한인들이 참여할 수 있는 여러 형태의 대규모 행사를 주최하고 있다. 한가위 대잔치와 송년회, 골프대회, 현지의 불우이웃 및 수재민 돕기 등의 활동이다. 해마다 개최되는 송년회나 한가위 대잔치의 경우 양곤 시내의 고급호텔이나 한인이 운영하는 대형 업소에서 개최되는데, 참가 한인이 600~700여 명에 이른다. 한 사람이 먹는 한 끼 식사비용만도 한인회비를 훌쩍 넘어서고, 참가자들 모두에게 선물도 제공된다. 행사를 개최하는 데 들어가는 전체 비용만 보아도 한인회비가 한인회 재정의 주요 원천이 아니라는 것은 누가 보아도 명백하게 알 수 있다. 한인회의 역량이 드러나는 곳이 이 지점이다.

그림 14 미얀마 한인회의 현지 지원봉사활동
(전창준 「실과 바늘」 편집장 제공)

한인회 사무실과 한글학교를 겸한 코리아센터 운영비를 포함하여 각종 한인 행사를 개최하는 데는 상당한 비용이 들어간다. 재외동포재단으로부터 매년 3,000달러를 지원받고 있긴 하지만 한글학교 운영비만으로도 빠듯하다. 따라서 멤버십 비용으로서의 성격에 가까운 30달러의 한인회비 외에 다른 자금원이 필요하다. 한인회는 회장을 비롯하여 한인회 조직의 임원들이 가진 역량을 최대한 동원하여 자금을 마련한다. 매달 발간되는 한인회보에서는 주요 한인회 행사에 성금을 낸 한인 명단과 금액을 공개하여 더 많은 미얀마 거주 한인의 적극적인 참여를 독려하고 있다. 주로 여러 대를 거듭해오는 동안 한인회 운영에 참여해온 임원들과 대사관, KOCHAM, KOTRA 양곤무역관 등의 공관원들, 그리고 미얀마에서 비교적 안정적인 궤도에 진입한 업체가 주요 후원자들이고, 이외에 한인을 상대로 영업해야 하는 업체들도 성금 모금에 참여한다. 행사 때마다 공개되는 성금 후원자들 명단은 미얀마 한인 사회의 주축 인사들과의 네트워킹 범위를 확인할 수 있는 방법이기도 하다.

미얀마 한인회에서 역점을 두는 것은 한인들 간의 교류와 소통이다. 다양한 분야에서 바쁘게 경제활동에 전념하고 있는 한인들의 특징을 고려하여 현지 한인들의 활동 상황을 알리고 다양한 정보를 교환할 수 있도록 하는 데 많은 노력을 기울이고 있다. 이를 위해 한인회는 한인회 홈페이지(www.myanmarhanin.com)를 개설하여 한인회 소식과 각종 정보를 전달하는 한편 한인들 간의 현지 정

보 공유를 위해 한인 온라인 카페(http://cafe.daum.net/myanmarhanin)
도 열어 운영해오고 있다. 한인회 카페에는 한인회의 공지사항뿐
아니라 미얀마 현지에서 생활하는 데 필요한 정보와 현지 소식, 구
인구직란, 중고물품을 거래할 수 있는 벼룩시장 게시판 등이 개설
되어있다. 준회원 이상이면 대부분의 게시물을 열람할 수 있기 때
문에 현지 한인뿐 아니라 한국 등 미얀마 외부에서도 미얀마에 관
한 정보를 얻을 수 있다. 회원 수가 1만 2,000여 명에, 하루 방문자
수만도 1,000명을 넘어설 정도로 카페는 활성화되어있다. 온라인
카페를 통한 정보 제공 외에도 한인회에서는 한인회원들의 사건·
사고나 경조사 관련 소식 등을 회원들에게 이메일로 보내주고 있기
도 하다.

　온라인상에서 정보를 제공하는 외에도 한인회에서는 매달 한인
회보『뉴라이프』를 발간하여 각종 소식을 전해주고 있다. 한인회
소식과 한인 소식, 대사관과 KOICA, KOTRA, KOCHAM 등의
주요 기관 활동 내역과 이들 기관에서 제공하는 현지 사업정보 등
을 수록하고 있으며, 미얀마 현지 소식과 한인 및 미얀마 현지에서
주목할 만한 단체나 기업 대표자와의 인터뷰, 칼럼 등도 수록하고
있다. 한인 업체들의 광고도 상당한 지면을 차지하며, 광고 수익은
한인회 운영에 필요한 비용의 공급원 가운데 하나이기도 하다. 한
인회보는 한인회의 온라인 카페에서 파일로 내려받을 수도 있는데,
미얀마의 인터넷 사정이 좋아짐에 따라 전자책 형태로도 제작되
어 제공되고 있다. 2013년까지 계간지 형태로 발간되던 한인회보는

2014년부터 매달 발간되는 월간지로 전환되었다.

한인회가 미얀마 거주 한인 동포를 대표하는 공식조직으로서 위상을 갖는다면, 미얀마 진출 한인 기업의 주축이라 할 수 있는 89개 봉제업체들이 회원사로 가입해있는 KOGAM은 미얀마 한인 기업을 대표하는 협의체로서 위상을 갖는다.

일찍이 대우가 1991년에 미얀마 정부와 합작으로 봉제회사를 설립한 이래 개인 사업자가 미얀마 현지에서 봉제업을 시작한 것은 1996년경부터이다. 앞서 한인 이주의 역사에서 간략히 살펴보았듯이 봉제업은 미얀마 진출 한인 기업 가운데 가장 크고 영향력 있는 업종이다. 봉제업체들이 미얀마 현지 사회에서 갖는 의미 또한 적지 않다. 미얀마의 임가공 기업 총 472개 가운데 105개를 제외한 367개 기업이 봉제기업이다. 그중 100여 개가 한국 봉제업체로 전체 봉제업체에서 창출하는 35만여 명 가운데 약 26퍼센트에 달하는 9만 2,000여 명의 고용창출이 한인 봉제업체에 의해 이루어지고 있기 때문이다. 미얀마 봉제협회Myanmar Garment Association, MGMA와 KOGAM 가입업체 정보 자료 통계여서 협회 미가입 업체까지 포함하면 한인 봉제업체에 종사하고 있는 미얀마인 노동자 수는 이 수치를 훨씬 상회할 것으로 추정된다.

이처럼 한인 봉제업체가 미얀마 산업의 중요한 일부로 자리를 잡게 된 데는 개별업체들의 노력도 컸지만 상호 간에 긴밀한 협력 관계가 구축되어있는 것도 중요하게 작용했다. 진출 시기는 저마다 다르지만 미얀마의 한인 봉제업체들은 2001년부터 협회를 창설하여 미얀마 현지 정보와 봉제 관련 정보, 기술을 공유하는 한편 화재나 자연재해로 인해 어려움에 처한 회원사들을 도와왔다. 한인 봉제업체가 미얀마 한인 사회의 든든한 버팀목이 될 정도로 발전할 수 있었던 것은 회원사 간의 이러한 협력 관계가 뒷받침된 덕분이다.

미얀마 KOGAM의 다양한 활동은 2014년부터 계간지 형태로 발간되는 협회지 『실과 바늘』을 통해 확인할 수 있다. 2015년부터 실시되고 있는 최저임금법과 서구 선진국의 경제제재 해제 이후 요구되고 있는 기업의 사회적 책임 관련 소셜컴플라이언스 규정 등 봉제업에 직접적인 영향이 있는 사안에서부터 '미얀마 한인 비즈니스 매거진'이라는 부제에 걸맞게 미얀마에 거주하는 한인들의 경제 활동에 도움이 될 만한 다양한 정보들이 수록되어있다. 이처럼 『실과 바늘』이 미얀마 현지 현황과 한인들의 생활에 유익한 각종 정보를 알차게 수록할 수 있었던 데는 창간호 때부터 편집장직을 맡아 백방으로 뛰며 미얀마 사회 각 부문에 대한 정보를 수집하고 인터뷰한 전창준 씨의 공을 빼놓을 수 없다.

그간 별도 사무실을 가지고 있지 않았던 봉제협회는 2019년부터 사무실을 마련하고 현지인 사무원을 채용하여 회원사 간의 네트워킹과 정보 공유를 더욱 체계화하고 있다. 사무실을 마련한 후로는 계간지로 발간되는 『실과 바늘』을 보완하여 일주일 단위로 미얀마 현지 소식과 봉제업체는 물론 한인 기업 활동에 유익한 정보를 전달하는 『KOGAM News Letter』를 온라인으로 발행하고 있다. 미얀마 KOGAM 외에도 KOCHAM, KOTRA 양곤무역관,

세계한인무역협회OKTA의 미얀마지회 등이 한인의 미얀마 진출 관련 현지 정보를 제공하고 있다.

한인회가 주도하는 공식행사들이 가장 많은 한인을 한 장소에 불러 모으는 일종의 의례로서 동포 사회의 결속을 주기적으로 강화하는 기능을 수행한다면, 한인 사회 내부에서 결성된 소집단 활동들은 개별 한인들의 일상적 상호작용을 매개하는 사회적 장으로서 의미를 갖는다. 출신학교별 동문회나 해병전우회, 향우회, 주재원 모임 등과 같은 다양한 소모임이 결성되어있는데, 이러한 모임들을 두루 망라하여 한인들 간의 관계 맺기가 이루어지는 장이 되고 있는 것은 종교활동 공간이다.

선교사들의 활동은 미얀마 여러 지역을 아우르고 있지만, 교회 공동체의 구심점이라 할 수 있는 교회는 양곤 지역에 집중되어 있다. 한인 대다수가 양곤에 거주하고 있기 때문이다. 현재 양곤에는 다섯 개의 한인 교회—미얀마한인교회, 양곤한인교회, 한인연합교회, 양곤베델교회, 양곤한인중앙교회—가 설립되어있으며, 각각의 한인 교회에 100~200명 정도의 교인들이 있다. 1998년에 설립된 양곤한인교회를 보면 일요일의 '주일예배' 외에도 '수요예배', '목요기도회'가 있고, 월요일부터 목요일까지 매일 새벽 5시 30분에는 '새벽기도회'가 열린다.

대략적으로만 잡아도 500여 명의 한인이 교회에 다니고 있으니, 미얀마에 거주하고 있는 한인 중 적게 잡아도 10명 중 한 사람은 기독교인인 셈이다. 각기 다양한 생업에 종사하는 사람들이 한 공간에 모여 예배뿐 아니라 식사도 함께하고, 현지 봉사활동과 같은 활동에도 공동으로 참여하다 보니 같은 교회에 다니는 교인들끼리는 웬만한 사정들을 다 공유한다. 혼자 미얀마에 살고 있는 남성 교인들에게는 김치와 같은 한국식 반찬거리도 나누어주는 등 교인들끼리의 관계는 신앙생활 차원에서뿐 아니라 일상적인 교류까지를 포함한다.

물론 교회에 다니고 있는 모든 한인들이 독실한 기독교도인 것은 아니다. 한국에서 생활하는 것이 어려워 막연한 기대감을 안고 미얀마로 왔다가 안착하지 못한 사람들도 교회를 찾는다. 한 교회의 교인이 들려준 일가족의 사례가 그러한 경우에 해당한다. 이 가족의 경우 자녀들을 학교에도 보내지 못할 정도로 형편이 어려워 교인들의 도움을 받아 근근이 생활해야 했는데, 결국 범죄에 연루되어 남편은 쫓겨 다니고 아내는 아이와 함께 투옥되는 처지에까지 이르게 되었다고 한다. 교인들이 교대로 면회를 가 감옥에서 지내는 데 필요한 물품과 돈을 대주는 등 도움을 주었지만, 끝내는 미얀마 정부로부터 강제 출국당하여 한국으로 돌아가고 말았다. 이 가족 외에도 생활하는 데 도움을 얻기 위해 교회를 찾는 사람들이 종종 있으며, "그런 사람들은 딱 보면 알지만" 교인들은 미얀마라는 낯선 땅에 와 고생하는 한국 사람의 처지를 외면할 수 없어 각자 할 수 있는 만큼 도와준다고 한다.

"되는 것도 없고 안 되는 것도 없는 미얀마"에서 산전수전 다 겪었다는 한인들 가운데는 미얀마에 와서 교회에 다니기 시작했다는 사람들이 제법 많다. 대개 정착 초기 이러저러한 어려움을 겪고 있던 시기에 알게 된 한인들의 소개로 나가게 된 것이 계기가 되곤 하지만, 이후 신앙생활을 지속하게 되는 것은 각자의 특별한 경험과 해석의 과정을 통해서다. 가장 대표적으로 꼽을 수 있는 경험이 '새벽기도'다.

흥미롭게도 미얀마에 와서부터 교회에 나가기 시작해 확고한 종교적 신념을 갖게 되었다는 한인들에게서 새벽기도회에 꾸준히 나간 후로 신념을 갖게 되었다는 이야기를 종종 듣게 된다. 미얀마에서 한국 음식점을 경영하고 있는 한 한식당 주인의 경우가 그러한 사례 중 하나다. 그녀의 경우 미얀마에 온 초기 몇 년 동안 갖가지 고생을 했다고 한다. 한국화장품을 판매하기도 하고 분식집을 운영하는 등 "뭐가 될지 모르니까 이것저것 해"보며 상황이 나아지길 기다렸지만, 미얀마에서 어려운 현실을 헤쳐나가기가 쉽지 않다고 한다. 하여 한때는 집에 미얀마 사람들처럼 불상을 모셔두고 기도하기도 했다. 그러던 어느 날 한국인 지인의 손에 이끌려 교회에 나가게 된 후로 그녀는 기독교에 귀의하였다. 교회에 다니기 시작한 초기 그녀는 100일이 넘도록 하루도 빠지지 않고 새벽기도회에 나가 기도했다고 한다. 그렇게 새벽기도회에 나가고 난 후 오래 지나지 않아 그녀의 표현에 따르면 '새벽기도빨'이 나타나기 시작했다고 한다. 식당 운영 상태가 좋아지기 시작했고, 나중에는 장사를 접고 귀국하는 냉면집의 요리비법을 사 냉면을 메뉴에 올리게 되었는데 이것이 '대박'을 쳐 매상이 크게 올랐다고 한다. 이외에도 비슷하게 귀국하는 한인의 마사지 가게를 인수하여 여기서도 매출을 꽤 올리고 있다고 한다.

새벽기도회에 나가면서 미얀마 생활이 나아지기 시작했다는 사람들의 이야기는 상당히 극적인 데가 있다. 교인 대부분이 모이는 주일예배와 달리 새벽기도는 "하나님과 나, 둘만의 대화"로 간주된다. 이 대화를 통해 이들은 누구의 매개도 없이 자신에게 직접 전달되는 계시와 소명을 들었다고 말한다. 기독교도가 아닌 필자로서는 이러한 경험을 이해할 길이 없다. 다만 불행하게 미얀마 생활을 접고 한국으로 돌아가야 했던 한 가족의 사례에서 드러나는 바의 교회라는 종교 공간을 통해 형성된 사회적 관계망이 미얀마에서의 삶을 조금은 매끄럽게 만들어주었던 것은 아닐까 유추해볼 따름이다.

사실 교회 공동체에 속함으로써 개인이 얻을 수 있는 이점은 많다. 한국 음식점과 같이 현지 한인이 주요 고객인 업종들의 경우 일정한 고객층이 형성되지 않으면 버티기가 힘들다. 한류 붐을 기대하고 미얀마에서 장사를 시작했다가 버티지 못한 한인 업체들이 성공할 수 없었던 이유 중 하나로 현지 한인들이 하는 말이 "주인 내외가 열심히 할 생각이 없었던 것 같다"라는 것이다. 한인을 대상으로 하는 한인 업체들이 열심히 해야 했던 일은 단지 일에 관한 것만은 아닌 것 같다. 일과 관련한 아이디어나 기술도 중요하지만 다른 한인을 대하는 태도와 서비스 등 관계를 유지하는 방식에서도 노련한 사람이 좋은 평판을 얻고 결과적으로 사업도 잘 꾸려갈 수 있는 것이다. 집 안에 모셔두고 홀로 기도를 올리는 부처님보다 하나님의 '영빨'이 더 잘 먹히는 것도 어쩌면 이런 이유에서인지도 모른다. 신적인 존재의 가르침을 듣고 때로 직접 대화를 나누기도 하는 종교 공간이지만 사회적 관계가 형성되고 확장되는 사회적 공간으로서 교회가 수행하는 역할이 중요한 것은 비단 미얀마에서만은 아닐 것이다.

현지의 부동산 사정 때문에 미얀마의 한인 교회들 가운데는 양곤 외곽지역으로 새 공간을 마련하여 옮겨가기도 한다. 같은 이유로 과거에는 양곤의 밍글라돈 공항 근처에 집중되어있던 한인 거주지도 점차 싼 임대료를 찾아 분산되어가는 추세이다. 그 결과 이전까지 다니던 교회와 거주지가 멀어져 자동차로 거의 두 시간 가까이 먼 거리를 달려 교회를 다니는 가정도 많아졌다. 이처럼 거주지와 교회가 멀어졌음에도 불구하고 특정 교회의 교인들은 가까운 거리에 있는 한인 교회가 아닌 원래 다니던 교회에 나가고 있다. 신앙생활 공간이기도 하지만 교회를 중심으로 형성되는 커뮤니티가 갖는 사회적 중요성을 확인할 수 있는 지점이다.

한인 가족의 자녀 세대들이 또래 집단을 형성하는 공간으로서도 교회와 같은 종교 공간이 갖는 의미는 중요하다. 미얀마에서 각기 다른 학교에 다니고 있는 한인 자녀들로서는 동년배의 한인들을 만날 기회가 매우 제한적이다. 요즘처럼 주거 지역이 곳곳에 분산되어있는 상황에서는 더욱더 그러하다. 이런 이유로 교회에서 이루어지는 중고등부 합창대나 수련회 등은 이들 자녀 세대들이 자신들이 겪는 경험을 공유하고 관계를 형성해가는 중요한 장이 된다. 사회적 공간으로서 후속세대의 사회화 기능을 담당하기도 하는 교회의 역할은 타국인 미얀마의 한인 사회에서 점점 더 커지고 있는 것으로 보인다.

소승불교의 전통을 간직하고 있는 나라인 만큼 불교에 관심을 가진 한인들도 있어 양곤 시내의 한 불교 사원 한 켠에 한인 법당을 마련하여 법회를 갖고 수행의 시간을 갖는다. 하지만 한인 법당에 다니는 한인은 소수에 지나지 않으며 사회적 교류의 장으로서보다는 개인적인 수행과 명상 공간으로서의 성격이 더 짙어 보인다.

3. 분화: 한인 사회의 중심부와 주변부

1990년대부터 약 20여 년 동안 규모나 내적 성격 면에서 큰 변화 없이 유지되어왔던 한인 사회가 큰 변화를 맞게 된 것은 한인 수가 급증하기 시작한 2011년부터다. 미얀마 이주 동기나 진출 업종, 사회경제적 배경 등이 다양한 한인들이 유입됨에 따라 한인 사회 내부에서도 일정한 분화가 이루어지기 시작한 것이다. 우선 눈에 띄는 것은 유입된 시기에 따라 한인 사회를 구성하는 한인의 층위가 나뉜다는 점이다. 이는 단지 먼저 들어와 살던 사람과 나중에 들어온 사람들 간의 차이, 즉 체류 기간의 차이와 관련된 사회관계의 강도 차원에서의 차이만은 아닌 것 같다. 그보다는 유입된 시기별 미얀마로 들어온 동기와 사회경제적 배경 차이가 더욱 주된 요인인 것으로 보인다.

먼저 시기별 유입 특성과의 연관성을 살펴보면, 앞서 시기별 한인 사회의 특징에서 일부 설명한 바와 같이 2010년 이전에 들어온 한인들이 주로 봉제업을 비롯한 제조업 부문이 중심이었던 것과 달리 이후에 들어온 한인들은 주로 서비스업종이 주를 이룬다. 대기업보다는 중소 규모의 사업체들이 주를 이루는 까닭에 미얀마 한인 사회는 베트남이나 인도네시아 등 주변국에 비해 한인들 간의 사회경제적 격차가 아주 크지는 않은 편이다. 하지만 업종별로는 얼마간의 차이가 감지된다. 투자금 규모나 현지인 고용 정도, 사업장 경영과 관련된 한인 업체들과의 관계 등에서 제조업 부문의 한인들이 한인 사회는 물론 미얀마 현지 사회와의 밀착도가 더 높은 반면, 이후 들어온 서비스업종의 경우 대부분 영세하거나 한인들과의 관계에 거의 전적으로 의존하는 경우가 많다.

온라인 커뮤니티의 한 형태로서 최근 특히 활성화된 카카오톡 단체대화방(이하 단톡방)의 대화 내용이 대부분 광고로 채워지고 있는 것이 이러한 경향을 확인할 수 있는 단적인 예다. 2019년 5월 기준 1,850여 명이 참여하는 가장 큰 한인 단톡방을 살펴보면, 미얀마 거주 한인들이 현지 생활에 필요한 정보를 교류한다는 본래의 취지가 무색하게 대부분 업체 광고로 도배되다시피 한다. 광고 자제를 당부하는 글들이 계속해서 올라오고, 최근에는 요일별로 '광고 없는 날'을 지정하여 이를 위반하는 업체들에 다수가 공개적으로 규칙 준수를 당부하고 있는 것이 조금 효과를 내고 있긴 하지만 여전히 위반하는 업체가 많다. 대부분 음식점 광고가 주를 이루는데, 같은 업종이라도 최소 10년 이상 미얀마에 거주한 한인들이 단톡방에 광고를 게시하는 일은 거의 없다. 이렇게 음식점 광고를 올리는 업체 가운데는 본래 다른 사업을 하려고 들어왔다가 일이 잘 풀리지 않자 음식점을 낸 경우도 적지 않다. 처음 미얀마에 왔을 당시 계획했던 사업이 현지 사정을 제대로 파악하지 못하거나 사기를 당하는 등으로 실패하게 되자 한국 음식을 찾는 한인을 상대로 음식점이라도 내 근근이 버티는 것이다.

유입 시기별로 한인 업체들의 성격에 차이가 있고, 그에 따라 한인 상호 간에 관계 맺는 양상에서 차이가 나타나고 있는 것도 사실이지만, 한인들 간에 비교적 강도 높고 지속적인 관계가 유지되고 있는 것으로 확인되는 한인 사회 '중심부'에서는 이와 다른 특징도 포착된다. 미얀마에 정착한 시기와 무관하게 앞서 안정적으로 정착한 한인들과의 관계를 바탕으로 유입된 한인들의 경우 자연스럽게 중심부로 진입한다는 점이 그 특징이다. 봉제업체나 한국계 은행 등의 직원 등이 이미 정착한 한인들의 커뮤니티에 진입하는 경우가 이러한 사례의 일반적인 예에 해당한다.

하지만 이와 다른 사례도 발견된다. 먼저 롯데나 포스코, CJ, 한국토지주택공사[NB] 등과 같은 대기업이나 공기업 소속 주재원들의 경우가 그 하나로, 이들 역시 기존 정착 한인 기업체의 직원들과 마찬가지로 한인 사회 중심부로 쉽게 진입한다. 대기업, 공기업 수준이 아니더라도 비교적 큰 자본금을 투자하여 현지 사회를 주요 대상으로 사업체를 운영하는 경우도 이와 유사하면서 조금 다른 사례로 꼽을 수 있다. 대표적으로 식당업을 예로 들 수 있다. 이 사례에 해당하는 몇몇 식당들의 경우 2010년 이후 급증한, 거의 전적으로 한인을 대상으로 한 한국 음식점들과는 달리 처음부터 미얀마 현지 사회를 대상으로 수익을 창출하겠다는 뚜렷한 목표를 정해 영업을 개시한 업체들이다. 이들 업체의 경영자들은 '비한국인', 즉 미얀마인, 중국인, 일본인 등 모든 외국인을 단골로 만드는 것이 목표라고 말한다. 한국인은 이미 고객으로 확보하고 있는 셈이니 외국인으로까지 고객층을 넓히겠다는 뜻이다. 이를 달리 말하자면 한국인, 외국인을 막론하고 그들이 판매하는 음식을 일상적으로 소비할 수 있을 정도의 구매력을 갖춘 이들을 대상으로 한다는 뜻이다. 요컨대 분명한 계층 지향성을 띠고 있다는 것이 이러한 업체들의 특징이며, 한인 사회의 중심부는 이들을 기꺼이 그들의 사회적 교류의 장으로 끌어들인다.

처음 한인 사회가 형성될 당시에는 주재원이나 공장 경영자, 식당이나 운송업 등 소규모 자영업자들이 서로의 이주 동기나 사회경제적 배경을 가리지 않고 친분을 형성해왔다. 한인 사회의 중심 구성원이라 할 수 있는 봉제업체 경영 한인들조차 오랜 기간 어려움을 겪었던 터라 비슷하게 고통의 시기를 경험했던 한인들 간에는 일정 수준의 공감대와 연대의식이 존재한다. 하지만 구성원 전원의 합의와 동의를 바탕으로 규칙과 제도를 구비한 정치체로서 공동체의 존립 여부는 대체로 규모의 문제가 되기 십상이다. 2010년 이후 미얀마로 유입된 한인 수는 급증했지만, 하나의 조직화된 사회체로서 미얀마 한인 사회가 이들 모두를 구성원으로 입회시키기에는 역량도, 의지도 부족했던 것 같다. 한인회 운영방식에 대한 일부 한인들의 불만으로부터 이를 확인할 수 있다.

필자가 만나 보았던 현직 한인회의 임원들은 미얀마 한인 사회가 전 세계 어느 곳보다 결속력이 높고 한인회가 그 중심적 역할을 충실히 수행하고 있다고 자부한다. 가령 한인 한 사람의 공금횡령으로 무산될 뻔했던 미얀마 최초의 K-POP 콘서트를 한인들의 도움을 받아 성공적으로 개최한 일이나, 현지에서 한인들이 겪는 여러 형태의 사건·사고를 처리하고 추석이나 연말 송년회 등과 같이 한인들이 참여하는 공식행사 등을 개최하는 것 등을 그 예로 꼽는다. 실제 많은 노력과 비용이 투입되는 여러 형태의 행사와 위민활동들을 수행하고 있고, 대사관을 비롯하여 다수의 한인 업체들과의 연락망도 잘 구축하고 있는 점 등으로 볼 때 미얀마 한인들의 대표조직으로서 한인회가 정상적으로 기능하고 있다는 점은 의심의 여지가 없어 보인다.

하지만 한인 사회의 '구심점'으로서 한인회가 역할을 제대로 수행하고 있는가에 대해선 의견을 다툴 여지가 있다. 한인회와 관련하여 활발히 활동하는 한인들과 이들을 연결하는 네트워크는 비교적 견고해 보인다. 이 네트워크는 연 50달러의 회비를 납부하여 한인회 주소록과 비상연락망에 등록한 한인 전체를 아우르는 것은 아니다. 한가위 행사나 송년회같이 전체 한인들을 대상으로 열리는 공식행사에 후원금을 내는 개인이나 업체들의 연결망이 대체로 이 네트워크와 겹친다. 출연 금액의 많고 적음을 떠나 미얀마 한인 사회의 공적 조직으로서 한인회에 지속적으로 관심을 갖고 여러 행사에 참여하는 한인들이 그 중심에 자리하는 것은 이상한 일이 아니다. 항공권을 포함하여 후원업체들이 내놓는 경품들은 다수의 한인들에게 큰 도움이 되기도 한다. 불만은 대개 한인회 조직 구성과 운영방식에로 향한다. 한인회장 선출과 관련하여 제기된 불만이 그 대표적인 예다.

한인회장의 임기는 2년으로 매년 말 송년회를 겸한 정기총회에서 신임회장을 선출한다. 미얀마 한인회가 구성된 이래 한인회장 자리는 사실상 봉사직에 가까운 것이었다. 각종 한인 행사에 적지 않은 비용을 출연하고 한인들과 관련한 각종 사건·사고를 해결하는 데도 적지 않은 시간과 노력을 들여야만 하는 자리기 때문이다. 이런 이유로 오래전부터 서로 알고 지내온 한인들 사이에서 경제적으로 안정을 이룬 사람들을 추대하여 한인회장직을 부여했던 것이 오랫동안의 관행이었다.

하지만 최근 몇 년 전부터는 상황이 달라졌다. 한인회장을 맡겠다고 자발적으로 나서는 사람들이 생겨난 것이다. 처음 회장직을 맡겠다고 나선 이가 나왔을 때는 문제가 되지 않았다. 그런데 2017년에 세 사람이 한인회장직 출마를 선언하고 나서면서 파란이 일었다. 결국 임원들이 회의를 열어 두 사람에게 출마 포기를 요구하고 한 사람을 신임회장으로 결정했는데, 선출이었다기보다는 임원들의 지명에 의해 신임회장이 결정된 셈이었다. 한인회는 "후보가 나뉘면 한인 사회가 분열될 수 있기 때문에"라며 이 같은 결정의 이유를 설명했다. 하지만 이 소식이 한인들 사이에 퍼져나가면서 한인회에 대한 불만이 여러 사안으로 확대되어갔다. 예를 들어, 이전까지 연 30달러였던 한인회비가 2018년 송년회에서 갑자기 50달러로 올랐다고 공표하는 등 정기총회를 소집하여 결정해야 할 사안이 송년회 박수 행사로 끝난 데 대한 비난이 단톡방에서 터져 나왔고, 이에 공감하는 한인들도 적지 않았다. 한인 사회 통합이라는 목표는 분명했지만, 이를 달성하기 위해 사용된 방법은 한인회 운영과 관련하여 더 결정적인 영향력을 행사하는 특권층의 존재를 노출시킨 셈이 되고 말았다.

한인회에 대한 불만이 한인회 임원 전체에 대한 불만인 것은 아니다. 사람들은 "몇몇 완장 찬 사람들이 문제"라며 한인회 운영이 투명하게 이루어지지 않는 책임을 몇몇 인물들에게 돌린다. 한인회가 주재원이나 기업 경영자 등 그들이 가진 경제력을 기반으로 이루어지는 것에 대해 사람들이 불만을 제기하는 것이 아니다. 오히려 재력과 역량을 갖춘 인물이 한인회를 이끌어줄 것을 다수가 희망하기도 한다. 그러나 그것이 이른바 '노블레스 오블리주'가 아닌, 개인의 이해관계와 명예욕을 과시하는 수단이 되어서는 안 된다는 규범적 규칙(Bailey 1969)이 암묵적으로 요구되는 것이 한인회와 같은 공적 조직이다. 근래에는 몇몇 한인들이 한인회 임원 활동 이력을 개인사업의 자원으로 활용하고 있다는 비난도 떠돈다. 이러한 비난이 돌고 있다는 것 자체가 아직은 미얀마 한인들이 한인회가 수행해야 하는 규범에 대해 민감하다는 사실을 반영한다고 볼 수 있을 것 같다.

미얀마 한인 사회의 분화는 한인회 조직과 일반 한인들 간의 갈등 차원만을 가리키는 것은 아니다. 사실 한인회에 대한 불만은 미얀마 한인을 대표하는 공식조직에 대한 기대로부터 나온다는 점에서 오히려 한인회의 구심력이 약화된 데 대한 불안의 표현이라고 해석할 수도 있다. 그리고 이러한 불안은 미얀마 한인의 일상에서 이미 상당 부분 진행된 분화를 한인회가 통찰하지 못하고 있거나 아니면 오히려 강화하고 있다는 점이 원인일 수 있다. 대한민국 국민으로서의 정체성과 자부심을 배양하는 역할로서 한인회가 자신의 소임과 존재 이유를 인식하고 있을 뿐 개별 한인들의 실생활을 떠받치는 사회관계의 장이 세분화되어가고 있는 데 대해서는 무관심하거나 어떤 측면에서는 스스로 이러한 분화를 조장하고 있기까지 한 것이다. 한인회장이 자신이 다니는 교회 구성원들이나 기독교인들을 중심으로 한인회 조직을 구성하고 있다는 주장이 후자의 예에 해당한다. 한인회 조직 전체로 보아서는 사실과 다른 주장이지만, 미얀마 한인 사회에서 종교가 소집단으로의 분화를 촉진하는 주된 힘으로서 작용하고 있다는 점에서 보자면 틀린 말도 아니다.

미얀마 한인들의 사회관계가 종교를 주된 매개로 형성되어있다는 점은 전체 한인 수에 비해 많다고 생각될 정도의 종교단체들이 존재하는 데서 확인된다. 특히 기독교의 진출이 두드러져 현재 양곤에만도 다섯 개의 개신교회와 한 개의 가톨릭교회가 들어서 있어 상당수의 한인이 각기 나뉘어 종교활동을 하고 있다. 한인 사회의 구성원 가운데 선교사 집단이 큰 무리를 형성하고 있는 것도 특이한 점이다. '미선회'라는 약칭을 가진 미얀마 선교사회가 조직되어 있기도 한데, 가족 단위로 구성된 '유닛unit'이 현재 190여 개에 이르니, 4인 가족을 평균으로 보면 800여 명 가까이 되는, 미얀마 한인 사회에서 가장 큰 집단이다.

한인들의 종교활동, 특히 기독교 교회에 다니는 사람들의 관계에 주목할 필요가 있는 것은 교회의 분화가 곧 교인들의 분화로 이어지는 경향을 보이기 때문이다. 처음 한 곳이었던 개신교회가 두 곳, 세 곳으로 늘어나 현재 다섯 곳이 들어섰고, 이에 따라 한인들도 나뉘었다. 교파 성격이 다른 경우도 있지만 같은 교파에서 갈려나가거나 새로 들어선 경우도 있다. 교인들은 보통 거주지가 변경되어도 처음 다니던 교회를 계속 다니는 경향이 있긴 하지만 목사나 지인을 따라 교회를 옮겨가기도 한다. 단지 종교적인 이유만이 아니라 미얀마 생활에 적응하는 과정에서 필요한 도움을 얻기 위해서거나 사업상의 필요 등 현실적인 이유로 교회에 다니는 한인들도 적지 않은 듯하다. 이처럼 교회라는 공간이 갖는 사회적 교류의 장으로서의 성격에 주목해보면 교회의 공간적 분화가 한인 사회 분화를 촉진하는 한 요인으로 작용하고 있음은 분명해 보인다.

종교활동과 관련한 분화뿐 아니라 소득에 따른 거주공간의 분화도 근래 미얀마 한인 사회에서 가시화되는 움직임 가운데 하나다. 한인 사회 형성 초기 대부분의 한인은 공항 근처에 집중적으로 거주했다. 그러나 개혁개방 이후 양곤의 부동산 가격이 천정부지로 치솟으면서 한인 거주지가 분산되어왔는데, 최근엔 다시 소득별로 거주공간이 분화되는 양상이 두드러지게 나타나고 있다. 이러한 공간상의 분화가 한인 상호 간의 사회관계에 미치는 영향은 한인 사회의 확장 국면에서 좀 더 뚜렷해질 것이다.

4장

한인의 현지 인식과 현지인과의 관계

1. 한인 사회의 '파트너' 담론

경제적 자원의 분배 권한을 가진 유력자—보통은 정치계의 실권자인—의 지원을 받아 성공의 기반을 닦은 사례들은 한국 재벌기업의 성장사를 비롯하여 전 세계 어디에나 존재한다. 해외 진출 한인의 경험에서도 이러한 사례는 확인된다. 가령 인도네시아 해외투자 선구자들의 회고록에서도 그러한 예가 등장한다(서지원·전제성 2017 참조). 일본과 한국, 인도네시아를 아우르는 초국적 비즈니스 네트워크의 주요 위치들에 자리하여 중요한 시기마다 힘을 실어주는 유력자들에 관한 서사가 이들 해외 진출 선구자들의 생애사 속에서 전개되곤 한다.

미얀마 한인들의 사례에서는 인도네시아에서와 같은 초국적 네트워크나 한국과 미얀마 양국 정부의 최고 권력자들이 포함되어있는 대서사는 발견되지 않는다. 미얀마 초기 진출자 중 한 사람으로 1983년 아웅산 사태가 발발했던 당시 한국 대사관의 무관으로 미얀마에서 복무하다가 퇴역 후 미얀마로 돌아와 사업을 했다는, 오래전부터 미얀마에 들어와 살던 한인들 사이에서 '박 장군님'으로 불렸다는 인물이 그에 근사한 사례를 보여준다. "아웅산 사태 당시 한국 측 생존자였던 합참의장을 업고 병원으로 뛰어갔던 분"이라고 알려진 그는 군 장성 출신이라는 배경 덕분이었던지 당시 미얀마에서는 아무나 가질 수 없는 큰 재산이었던 '라인 전화'를 군부에서 설치해주었을 만큼 군부 인맥이 두터웠던 인물이라는 게 사람들이 전하는 말이다. 그랬던 만큼 그가 하는 일도 일반 한인들과는 달라 현재는 미얀마에서 대기업으로 성장한 한 회사와 사업 관계를 맺어 당시 한인들로서는 상상도 못 할 정도로 큰돈을 벌기도 했다고 알려져 있다. 그와 같은 교분이 이 인물의 탁월한 사업적 역량 덕분이었는지, 아니면 쿠데타를 통해 집권한 군사정권 인사들 간의 공감대를 바탕으로 하는 것이었는지는 알 수 없지만, 어쨌거나 미얀마에서 성공하려면 군부 인맥을 뚫어야 한다는 파트너 담론의 시조 격인 인물임에는 분명해 보인다.

그런데 박 장군 수준의 인맥까지는 아니라도 오랜 세월 군부가 정치는 물론 경제 전반을 독점적으로 지배해온 미얀마였던 만큼 군 출신의 정부 관료나 최소한 그런 사람들과 모종의 관계 범위에 있다는 현지인과의 관계를 넌지시 언급하는 사람들을 심심치 않게 만나게 되는 것이 미얀마 한인 사회다. 현지 사정에 밝다는 한인에게 속아 투자금을 날린 한인이 같은 수법으로 다른 한인을 꾀어 옭아매고는 빠져나가는, 이른바 '폭탄 돌리기'에서도 현지인 유력자와의 관계는 곧잘 미끼로 활용된다. 미얀마에서 오래 살아온 한인들은 그것이 '전형적인 사기 수법'임을 단박에 알아차린다고들 하지만, 이러한 수법에 넘어가는 일은 꾸준히 발생하여 사기꾼의 신상을 폭로하며 피해 사실을 호소하는 글들이 한인들의 온라인 대화방에 종종 올라오곤 한다.

이처럼 성공한 사례나 실패한 사례 모두에서 실재하거나 부재하는 현지인 파트너의 존재가 감지되곤 하는데, 현지인 파트너 없이는 안정적으로 사업을 추진하기가 거의 불가능한 미얀마의 비즈니스 환경이 가장 큰 요인이 되고 있다. 단 1퍼센트의 지분만 보유해도 외국기업으로 간주되어[13] 현지 기업보다 높은 세금과 전기요금을 부담해야 할 뿐만 아니라 토지 소유나 사업 품목과 관련해서도 규제를 받는 등 현실적 제약이 따르는 까닭에 현지인 명의를 빌리거나 파트너 관계를 맺어 현지 업체로 사업장을 운영하는 것이다. 경제개방이 이루어진 1988년 이후 미얀마에 진출한 초기 한국 기업들 가운데 합작회사 형태로 사업을 시작한 사례가 많은 것도 이런

---

13 미얀마 정부에서는 이러한 제한을 완화하여 2018년부터 영국 식민통치기(1914년)에 제정된 회사법을 개정하여 35퍼센트 이하의 외국지분 보유율을 가진 기업은 국내기업으로 인정하는 새로운 회사법을 시행 중이다. 이에 따라 향후 외국인에 의한 미얀마 현지 기업의 인수합병, 합작회사 설립 등이 증가할 것으로 전망된다.

이유에서다. 당시만 해도 미얀마에는 대부분 국영기업뿐이었고, 또한 민간기업이라고 해도 퇴역군인들이 운영하는 미얀마경제지주유한회사Myanmar Economic Holdings Limited, MEHL나 미얀마경제회사Myanmar Economic Corporation, MEC 같은 군부 소유의 기업들뿐이었던 터라 대개 정부 또는 군부가 이들 기업의 로컬 파트너가 되었다. 가령 미얀마 진출 선두기업에 속하는 대우의 경우 봉제, 합판 제조, 전자제품 조립생산 사업에서 각각 미얀마 국방부, 공업부, 산림부 산하 국영기업들과 합작으로 사업체를 경영해왔으며, 다른 한국 기업들에 대한 정보에서도 동일한 합작 파트너사의 이름을 찾아볼 수 있다(KOTRA 1994 참고). 당시 미얀마의 정치·경제·사회 조건 속에서 외국기업이 로컬 파트너 없이 안정적으로 사업을 추진하기란 거의 불가능한 일이었고, 합작기업은 이를 해결하는 손쉬운 방법으로 선호되었다(Speece & Phyu Phyu Sann 1998: 20).

하지만 합작회사와 같이 공식적인 파트너 관계를 맺을 수 있는 여건을 갖추지 못한 개인 사업자들로서는 미얀마 정부나 군부와 관계 맺는 다른 방법을 선택할 수밖에 없었다. 미얀마의 고질적 병폐로서 지적되곤 하는 정실인사, 족벌주의, 부패가 한인들에게는 그러한 기회를 제공해주었다. 다소 길지만, 그 전형적인 방식을 보여주는 사례로 미얀마 한인 사회에서 "파트너 잘 만나 성공한" 대표적 인물로 자주 거론되는 한 한인의 미얀마 진출 초기 경험담을 소개한다.

그때 그 시절, 일이 성사되던 방식

50대 후반, 남성, 제조업, 미얀마 거주 26년 차

미얀마 와서 3개월 동안 실적이 하나도 없었어요. 그때 파트너를 잘 만났어요, 현지 파트너를. 우연히 부산에 있는 거래처가 해파리를 수입해달라고 해서 해파리 공급업자를 좀 찾아달라고 했더니 우리 직원이 아는 친구를 데리고 왔어요. 근데 얘네 장인이 라카인 스테이트의 해군 제독이에요. 비행기를 타고 응아빨리에 갔어요. 근데 한국에선 해파리를 원형 그대로 팔아요. 근데 여기선 갈고리로 찍어서 잡아요. 일본이나 태국은 잘라서 파니까. 근데 한국은 원형 그대로 파니까 찢어진 건 상품 가치가 없는 거죠. 그래서 그건 안 됐어요. 근데 당시엔 응아빨리에 비행기가 두 번밖에 없어가지고 거기서 바닷가재 잡고 하면서 놀고 있는데, 파트너가 자기 배로 새우잡이를 하고 있는데 한번 볼 거냐 하는 거예요. 가보자 해서 다시 배를 타고 30분 정도 갔더니 자기배에서 새우를 잡고 있더라고요. 근데 그게 군함인 거예요. 야, 이거 군함 아니냐 했더니 군함 맞대요. 왜 네가 군함으로 새우를 잡냐 했더니, 자기 장인이 커맨던데 자기가 1년에 만 불 주고 빌렸대요. 그니깐 군대에서 수익사업을 하는 거죠. 자기 사위한테 배 빌려주고. 대포 이런 거는 비닐로 싸놓고 군함으로 새우를 잡는 거죠. 근데 이놈이 배를 17년 탔는데 배 타다가 너무 힘드니까 자기 장인 배를 빌려서 새우잡이를 한 거예요. 그래서 새우는 잘 잡히냐, 했더니 잡히긴 하는데 어부들이 다 떼먹고 돈이 안 된다는 거예요. 야, 그러면 너네 장인이 육군사관학교 나왔냐 물어보니 3기야. 그때 제너럴 마웅에가 1기고. 그래서 인제 갑자기 생각이 나서, 그럼 너네 장인 친구들이 다 높은 자리에 있냐 그랬더니 다 장관이고 장군이고 그렇다는 거야. 그러면 나하고 무역을 좀 하자. (파트너가 묻기를) 무역을 어떻게 하는 거냐? 내일 양곤에 가서 내 사무실에 와라, 나랑 무역을 좀 할 테니까. 그랬더니 알았다고 하고 다음 날 왔더라고요. 그때는 시중이, 비즈니스가 없어서 정부 입찰이 대부분이었어요. 마켓이나 그런 게 별로 없었어요, 거의. 시중 경기가 없었으니까. 장관 월급이 40불이었으니까. 나는 4,500불 받는데 장관이 40불이야.

그래가지고 각 부처에 입찰하는 리스트를 만들어봤죠. 그때 건설부에 아스팔트 입찰 건이 있었어요. 그래서 내가 걔네 장인한테, 너네 장인이 건설부 장관 아느냐고 물어봤더니 안대요. 그럼 건설부 장관 좀 한 번 소개시켜달라고, 가서 만날 테니까. 그랬더니 전화해놨으니까 가서 만나봐라 그러는 거예요. 그때만 해도 장관을, 가면 무조건 만날 수 있었어요. 지금은 만나기 정말 어려운데…. 시바스 리갈 한 병 사가지고 가서 만났어요. 그 사람이 딴쉐 고향 사람이고 되게 오래 했어요. 왜 왔냐? 우리 장인이 라카인 스테이트의 보족(제독) ○○○이라고. 아, 네가 ○○○ 사위냐? 반갑다고…. 그러고는 이 사람 누구야? (한국 기업) □□의 제너럴 매니저인데 건설부하고 사업을 좀 하고 싶어서 왔다. 무슨 사업인데? 이번 달에 아스팔트 입찰이 있는데 우리가 좀 따게 해주면 좋겠다 (했더니) 전화번호를 적어주는 거예요. 자기 사위 집 전화번호. 장관이 직접 나설 순 없으니까. 전화하고 집에 갔더니 사위가 나와요. 가서 저녁 먹으면서, 이번 달 입찰이 있는데 네가 우리한테 입찰 정보를 주면 톤당 5불을 주겠다고 했어요. 그때 만 톤 입찰이 있었어요. 톤당 5불이면 5만 불이에요. 장관 월급이 40불인데 5만 불이면 얼마예요? 갑자기 이놈 눈이 번쩍 뜨이는 거예요. 어떻게 하면 되는데? 다른 사람이 얼마 써냈는지를 알려 달라. 그러면 내가 그보다 싸게 써내서 되면 너한테 5불씩 줄 테니까. 알았다고 하더니, 다음날이 입찰하는 날이면 그 전날 밤에 누가 띵동 해서 나가보니깐 파트너 랑 장관 사위가 입찰서류를 다 들고 왔어요. 다른 회사가 낸 입찰서류를 다 들 고. 그거 보니깐 효성, 현대, 대우, 싱가폴 회사 뭐 다 있는 거죠. 내가 다 가격을 본 다음에 그거보다 적게 써내서 된 거죠. 그때 납품하고 나서 5만 불을 현찰 로 갖다 줬죠. 눈이 떠옹 해가지고…. (웃음) 상관 반절, 남은 거로 파드너, 장관 사위, 건설부 직원 두 명, 네 명이 나눠 가진 거죠. 그때는 100불만 해도 미얀 마에서 엄청 큰돈이었어요. 그다음부터는 뭐 철근 있고 아스팔트 (입찰) 있다 고 나한테 알려주고, 시멘트 입찰 있다고 알려주고….

경쟁자들의 입찰가를 미리 알고 더 낮은 가격을 써내어 입찰을 따내는 방식은 사실 이 일이 이루어진 1990년대 초는 물론이고 오 늘날까지도 완전히 근절되지 않은 채 암암리에 이루어지는, 현지 사회에서는 이미 널리 알려진 부정거래 관행의 전형적인 형태다 (Andrews & Khin Thi Htun 2017b: 237-238). 위에서 예로 든 한인 사업 가의 경우 이때의 거래에서 쌓은 신뢰 관계를 바탕으로 이후로도 여러 건의 입찰을 성사시켰다고 했다. 한 번 거래 관계가 형성되고 성공적으로 서로의 이해관계가 충족되고 나자 다음은 거의 자동으 로 반복되는 거나 다름없었다. 나중에는 모 부처 장관 부인의 주치 의라는 이까지 그를 찾아와 장관 부인과의 거래를 부추기며 다리 를 놓는 등 직간접적인 사회적 관계망이 활성화되어 그의 사업을 도왔다.

이러한 사례는 비공식적으로 제도화된 미얀마의 비즈니스 네트워크가 가동되는 배경과 방식을 잘 보여준다. 거래를 성사시키는 데 필요한 네트워크를 활용할 수 있는 능력을 가진 자에게 접근할 수 있는 경로를 확보하는 것이야말로 미얀마에서 성공 비결일 수 있음이 이러한 경험을 통해 학습되는 것이다. 그리고 그것은 상호 학습 과정이기도 했을 것이니, 정치 권력과 결탁하여 그들에게 일정한 사례(뇌물)를 지급하는 대신 정치적 보호와 경제적 특혜를 제공받아 지대^{rent}를 실현함으로써 자본을 증식시키는 동남아 진출 기업의 일반적 행태(신윤환 1993: 308)가 미얀마로 이식되는 과정을 보여주기도 한다.

하지만 그가 미얀마에서 대규모 정부 입찰에 접근할 기회를 잡을 수 있었던 것은 현지의 거래 상대가 그의 제안을 받아들일 만큼 신뢰할 만한 배경, 즉 한국에 자리 잡은 모기업 덕분이었다. 이후 IMF를 맞아 그가 속해있던 회사의 미얀마 쪽 사업팀이 해체된 후로는 그러한 종류의 거래 기회가 다시는 오지 않았다. 또한 "그때만 해도 장관을, 가면 무조건 만날 수 있었"지만 이후로는 그와 같은 거물급 인사들을 만나 거래하기가 쉽지 않아졌다. 대신 그는 이 과정에서 현재까지 '가족 같은' 관계를 유지하고 있는 파트너를 만났고, 그의 파트너는 외국기업에는 장벽이 높은 미얀마 내수시장에 현지 기업 자격으로 진입할 기회를 열어주었다.

그렇다고 해서 그의 성공 비결이 다수의 한인이 강조하는 것과 같이 순전히 파트너를 잘 만난 덕분이라고만 보는 것은 그가 지난

20여 년간 기울여온 노력과 열정을 간과하는 일일 것이다. 개인 사업가로서 그의 성공은 본업이었던 무역이 아니라 제조업을 통해 이루어졌는데, "예금을 톨톨 털고 한국에서 혹시나 국민연금을 당겨받아 보탤 궁리까지 해가며" 조금씩 번 돈을 계속 생산기반을 확충하는 데 투자한 것이 오늘날의 성공에 더 중요한 밑거름이 되었기 때문이다. 제조업 기반이 없어 거의 모든 내수재를 수입에 의존하는 미얀마에서 그는 매 순간 현지에서 일상적으로 사용되는 물품을 대체 생산할 방법을 궁리하여 이를 실행에 옮겼고, 그 결과 "시장이 작아 들어와 봤자 별로 먹을 게 없다"라며 외국기업들이 들어오지 않던 현지 내수시장을 선점할 수 있었다. 외국기업에 불리한 내수시장에 현지 기업 자격으로 진출할 수 있었다는 점에서 현지인 파트너의 기여는 작지 않았지만, 외국기업에 비해 유리한 입지를 차지하는 현지 기업들이 모두 성공하는 것은 아닐 것이니, 그의 성공을 순전히 파트너 잘 만난 덕으로 돌리기는 어렵다. 그보다는 끊임없이 미얀마의 국내외 정세를 주시하면서 시장을 꼼꼼히 관찰하고 미얀마 사회의 문화와 물질적 요구가 맞닿는 지점을 포착하여 사업 아이템과 생산방식을 결정하고 이를 실행에 옮겨온 그의 노력이 더 크게 평가받아야 마땅하다.

그럼에도 불구하고 많은 한인들이 미얀마 현지 사회가 제공해 줄 것으로 기대하는 기회 요인에 더 주목하는 까닭은 전처럼 선물 하나 들고 가서 장관을 만날 수 있는 기회는 줄어들었지만 대신 '정부 커넥션'을 활용할 수 있는 여지가 오히려 전보다 더 커진 데 있다. 역설적이게도 2000년대부터 점진적으로 진행된 미얀마 국영기업의 민영화가 퇴역군인이나 정치인이 민간기업과 결탁하여 정실 자본을 확대하는 부작용을 낳았던(장준영 2013: 228) 것이 그 배경이다. 이러한 부작용은 뜻밖에도 민간부문에서 인적 관계를 기반으로 하는 비즈니스 네트워크를 활성화시키는 기회 요인으로 작용하였다. 미얀마 정부와 군부는 민간부문에서 국가가 보유한 자원과 정보에 접근할 수 있도록 보장해주는 '구조적 구멍'(난 린 2001: 29)으로서 여전히 건재하며, 현지 기업들과 거래를 해본 경험이 있는 한인들은 이를 잘 알고 있다.

　미얀마에는 "코끼리를 가진 자가 사탕수수를 얻는다"라는 속담이 있다. 힘이 있는 사람을 알아두면 여러모로 이점이 있다는 뜻이다. 대개는 부정부패와 관련된 것이기 십상인 이러한 관계는 비단 사회주의와 군부독재를 경험한 미얀마뿐 아니라 어느 사회에나 존재한다. 다만 그것이 어느 정도로 사회 속에 깊숙이 착근되어 사회관계의 모든 차원에 영향을 미치느냐, 즉 강도의 차이만이 있을 뿐이다. 반 세기가량 '버마식 사회주의'라는, 전 세계적으로 유례를 찾아볼 수 없는 기이한 체제를 통해 군부가 국가 자체를 전유해온 미얀마에서는 그 강도가 여느 사회에 비할 수 없이 컸으며, 한 번 고착화된 제도적 관행은 제도 자체의 경로 의존성으로 인해 정권이 바뀐 현재까지도 지속되고 있다(Bissinger 2014). 그리하여 미얀마에서 사업가의 운이란 좋은 인맥을 갖고 있느냐에 따라 좌우되며(Kyaw Ying Hlaing 2002: 97), 외국인 사업가들에게 이는 곧 '정부 커넥션이 좋은' 로컬 파트너를 만나는 것을 의미한다는 것이 상식으로 통하기에 이르렀다. 한인들 역시 이러한 상식을 공유하여 그와 같은 루트를 확보하기 위해 분투하는 사람들이 적지 않다. 하지만 이미 사업영역을 다방면으로 확장해온 미얀마의 민간기업에 손을 내미는 외국인 투자자들은 많고, 미얀마 정부 또한 기존의 회사법을 개정하여 외국자본과 현지 기업과의 합작을 권장하고 있어 소액 자본으로 진출한 한인 기업들이 발을 디딜 틈은 점점 더 사라지고 있다. 미얀마에 주재원으로 와서 현지인들과 교류를 하면서 이른바 '하이랭크high rank' 현지인들의 네트워크에 들어가 비자 문제를 비롯하여 현지에서 살아가는 데 아무런 어려움이 없도록 각종 지원을 받으며 살고 있다는 한 한인은 이렇게 말한다.

아무나 접근할 수 없는 미얀마의 '하이랭크'

40대 후반, 남성, 미얀마 거주 17년 차

미얀마에는 계급이 있어요. 계급 사회예요. 대부분의 미얀마 사람들은 인정하지 않겠지만 카스트가 있는 거죠. 여기 오시는 한국분들이 처음엔 하이랭크가 아니잖아요. 저도 그렇고. 첨에 여기 온 사람들이 사기를 많이 당했다고 하는데, 그게 뭐냐면, 그 사람들은 하이랭크에 있는 미얀마 사람들을 못 만난 거거든요. 대부분 다 그 아래 사람들을 만나요. 저도 16년 전에 미얀마 왔을 때 그랬고, 대부분 다 노동자들이고…. 그런데 제가 기업의 주재원으로 와서 책임자로서, 기획단장도 하고 하면서 정부 사람들부터 시작해서 주욱 올라간 건데, 만나 보면서 이 사람들이 저한테 신뢰를 준 거죠. 미얀마에도 하위 부류, 상위 부류가 있어요. 상위 부류는 되게 젠틀하고 자존심도 있고, 속이거나 그런 거 없어요. 왜냐하면 그 사람들도 다 부유하니까. 그러니까 그렇게 해서 만들어진 네트워크가 여기서 성공한 한국 사업가들이 갖고 있는 네트워크예요. 그건 억지로 만들려고 하면 링크가 될 수 없는 거죠. 그 사람들이 먼저 상대를 오랜 시간을 두고 연구합니다. 그래서 자신들의 네트워크에 끼워줄지 말지를 보는 거죠. 처음부터 하이랭크 만나려고 해도 그 사람들이 안 만나주죠. 여기 와있는 한인분들 중에 사기당했다, 속았다 하면서 욕하는 분들이 있는데, 그건 죄송한 말씀이지만 그분이 현재 그 수준밖에 안 되기 때문이에요. 그분이 미얀마에서 가지고 있는 경제적 상황, 그분이 미얀마에 거주한 역사, 그분이 알고 있는 미얀마에 대한 정보, 이런 것들이 상당히 잘못된 거죠. 그러다 보니 밑에 있는 사람들만 만날 수밖에 없는 거예요. 밑에 있는 사람들, 사실 교육도 덜 받았고, 뭔가 시스템도 모르고 가난하고 하다 보니까, 서로서로 물고 뜯는 거밖에 없는 거예요.

역설적이게도 '하이랭크'와의 관계를 강조하는 이러한 파트너 담론은 그 상대인 한인들을 구분하는 논리로 전환된다. 처음부터 하이랭크에 선을 대려는 사람들은 결코 그들을 만날 수 없고, 다만 그들이 오래 관찰한 결과 네트워크에 들일 만한 사람들만을 선별적으로 들인다는 것이다. 이 주장대로라면 미얀마의 비즈니스 세계를 움직이는 비공식적 제도가 만들어내는 기회 구조는 마찬가지로

'하이랭크' 자격을 갖춘 이들에게만 열려있는 것일 가능성이 크다. "앞으로는 대기업 말고는 진출할 만한 분야가 거의 없다"라며 퇴직금과 같은 소액 자본을 들고 미얀마로 들어오는 한인들에게는 이 나라가 더는 기회의 땅이 될 수 없을 것이라던 KOTRA 양곤무역관 직원의 말도 이와 유사한 전망을 보여준다.

그럼에도 불구하고 새로운 기회를 찾아 미얀마로 들어오는 한인들의 발길은 끊이지 않고 있다. 필자가 만났던 한 30대 한인 남성은 미얀마로 온 이유를 다음과 같이 말한 바 있다.

아직은 새로운 미래를 꿈꿀 수 있는 곳 미얀마
30대, 남성, 미얀마 거주 5년 차

한국은 장기판에서 사는 거 같고 여기는 바둑판에서 사는 것 같아요. 장기판은 딱 정해져 있잖아요? 상, 졸, 차, 마가 각자 가는 길이 정해져 있잖아요? 졸에서 마나 차로 넘어가기는 힘들잖아요, 인생이…. 신분 상승하기가 되게 힘들어요. 근데 여기는 가능성이 더 많은 것 같아요. 돈이 좀 더 많고 적고의 차이지, 다 똑같은 돌이에요.

미얀마가 가진 잠재력이 허상에 불과하다는 일침에도 불구하고 수많은 수를 고려할 수 있는 바둑판으로 인식되고 있는 미얀마는 갈 길이 정해져 있는 한국과는 달리 아직 많은 가능성을 가진 곳임

엔 분명해 보인다. 그리고 '하이랭크'의 네트워크가 아니더라도 현지인과의 관계가 그러한 가능성에 접근할 기회를 제공해줄 수 있는 여지도 여전히 많다. 하지만 그러자면 먼저 현지인과의 관계를 새롭게 정립하는 데서부터 출발해야 할 것 같다. 성공한 사람들과 '하이랭크'의 관계를 한편에, 그리고 서로 물고 뜯는 나머지 사람들의 관계를 다른 한편에 배치하려는 인식이 위의 한인뿐 아니라 다수의 한인들 사이에서도 공유되고 있기 때문이다.

2. '하이랭크'와 '로컬': 한인의 양면적 현지 인식

미얀마 한인들의 파트너 담론은 이른바 '하이랭크' 또는 '에이 그레이드ᴬ ᵍʳᵃᵈᵉ'로 불리는 미얀마 사회의 기득권층과 여기 속하지 않는 대다수의 현지인 일반에 대한 상반된 인식을 보여주기도 한다. 미얀마 사람들의 심성 구조를 일반화하는 문화적 설명이 이러한 평가의 바탕을 이루는데, 가령 미얀마 사회의 문화적 배경, 특히 불교가 현지인들의 '빌어먹는 문화'나 현세에서 성공하는 것에 크게 연연하지 않는 태도를 길러냈다는 등의 말이 대표적이다. 필자가 양곤에서 만났던 두 명의 30대 중반 청년들이 들려준 아래 이야기에서도 이러한 경향이 포착된다.

불교와 '빌어먹는 문화'

A: 36세, 남성, 자영업, 미얀마 거주 10년 차
B: 35세, 남성, 자영업, 미얀마 거주 8년 차

A: 여기는 빌어서 먹는 문화가 있잖아요? 여기서 '빌어먹다'라는 건 그거잖아요, 시주를 받고 공양을 받고 하는 건데, 그러다 보니 "너는 잘살잖아. 나는 두 명을 줄 수 있지만 너는 여섯 명을 줄 수 있잖아" 그래요. 자기랑 다른 사람이 있잖아요? 그러면 그 사람을 추켜세우면서 너는 더 많이 도와라, 나는 두 명만 도우면 된다, 이런 것들이 다 베이스에 깔려있는 거 같아요.

B: 불교, 불교문화가 너무 안 좋게 정착화된 케이스예요. 너무 극강 불콘데, 노력을 안 해요. 거기서 벗어나야 되는데, 기본 불교 베이스를 못 벗어나요. 이번 생에는 이렇게 나와서 그냥 이렇게 살아도 여기까지, 있는 한도에서. 예를 들어 20만 원을 벌면 할 수 있는 수준에서 1,000원, 2,000원 기부를 해야 되는데 몇만 원석 기부를 하는 거예요. 이번에 이렇게 하면 다음 생에는 잘 될 거다. 현 상태에서 올라갈 생각을 안 해요.

A: 인제 이거는 없는 친구들 얘기예요.

B: 예, 없는 친구들이…. 잘 사는 사람들은 (기부도) 더 많이 하면서 더 노력해요.

각각 한국과 외국에서 대학을 마친 후 미얀마로 온 지 10년이 된, 미얀마에서 다시 양곤외국어대학교를 다녀 가까이 지내는 미얀마인 지인도 많고 이 나라 문화에 대한 이해의 중요성을 거듭 강조하기까지 했던 청년들이었다. 그럼에도 불구하고 이들조차 현지인들이 가진 '마인드'의 문화적 기반을 이들의 종교적 관행에서 찾아 '빌어먹는 문화'로 규정하는 왜곡된 인식을 보여준다. 미얀마 불교도의 공양 관행을 사회 일반으로 확장하여 '빌어먹는 문화'로 규정하는 것이나, 이를 "부유한 사람일수록 더 많이 내야 한다"라는 이 나라 사람들의 사회문화적 규범과 연관시키는 것은 피상적인 이해라 할 수 있다. 개혁개방 이후 급속한 사회변동을 경험하며 새로운 가치관을 주입받은 미얀마의 젊은 세대에서도 자기 문화와 사람들에 대한 부정적 평가를 찾아볼 수 있는 것이 사실이지만, 이들조차도 이러한 평가는 부당하다고 여길 법하다. 미얀마 사회에 대한 불교의 영향, 특히 경제 행위에 미치는 부정적 영향에 대한 서구 학자들의 연구(예를 들어, Pfanner 1962; Pfanner & Ingersoll 1962; Spiro 1966 등)에서 나타나는 일반화 경향이 이들의 인식에서도 걸러지지 않은 채 흘러나온다.

이 나라 사람들이 보여주는 문화적 관행을 전체 문화의 부분에 지나지 않는 종교로 환원시키는 일반화보다 더 우려스러운 것은 이러한 부정적 평가가 '잘 사는 사람들'에 대해서는 면제되고 '없는 친구들'에 대해서만 적용된다는 점이다. 기부와 같이 동일한 의도를 가진 종교적 실천이라도 가난한 사람들의 그것은 문화적 타성에 젖은 비합리적 행위로 치부되는 반면 부유한 사람들이 하는 같은 행위는 더 많이 노력한 결과로서 얻은 부를 내놓는 관대한 행위로서 긍정적으로 평가되는 것이다. 부유한 이들의 보시와 기부는 그들이 세속에서 추구하는 경제적 이해관계와 충돌하지 않는, 내세에서의 구원이라는 목적 외에는 바라는 것이 없는 보다 순수한 형식의 종교적 행위로서, 흡사 서구의 개신교적 세계관과 동일한 원리를 가진 것으로서 평가된다. 부유한 이들의 종교에서는—그것이 불교든 기독교든 가릴 것 없이—베버식의 논리, 즉 자본주의 정신을 태동시키는 종교윤리(베버 2010)를 찾아볼 수 있다고 말하는 셈이다.

직접적으로 불교의 영향을 언급하고 있지는 않지만, 아래의 언설 역시 현지인들의 심성 구조를 문제 삼는 문화 담론으로 볼 수 있다.

현지인들의 외국인 '간보기'에 대한 불쾌감
46세, 남성, 자영업, 미얀마 거주 8년 차

미얀마 사람들은 절대치에 대한 개념이 없어요. 항상 상대치! 간 보기를 잘해요. 무슨 일을 하면, 예를 들어 벽돌을 여기서 저기까지 옮겨 달라고 하면 얼마를 달라고 해야 하는데 견적을 안 줘요. 얼마를 줄 거냐 그래요. 항상 상대방의 상황을 훑어보고는 거기서 최상을 찾아. 우리가 일을 주면 이 일은 이정도 비용이 든다고 해야 맞는 건데, 한국 사람처럼 자기 수익이 픽스되면 누가 와서 사건 똑같은 가격으로 나가야 되는데, 애네들은 돈이 많으면 더 내야한다는 이상한 심리를 갖고 있어요. 외국인은 호텔비도 더 받고 그러잖아요. 왜 더 받느냐 그러니깐 외국 사람들은 돈이 많으니까 더 내야 한다고 그렇게 말을 해요, 미얀마 사람들이… 항상 간 보려고 하고… 그런 게 쌓이다 보니까 미얀마 사람에 대한 선입견이 생겨. 경계하게 되고. 그러면 미얀마 사람도 그걸 느끼고 내게 거리감을 두게 되고. 그런 악순환이⋯.

현지인과의 거래 과정에서 마주치게 되는 상황을 미얀마 사람들의 심리로 확장하여 해석을 내리고 있는데, 앞의 사례와 유사하게 "더 많이 가진 자가 더 많이 내야, 도와야 한다"라는 현지인들의 문화적 규범으로 외국인에 대한 부당한 착취를 정당화한다는 인식을 보여준다. 호텔비를 비롯하여 현지인보다 외국인에게 더 많이 부과하는 각종 요금은 더 많이 가진 자가 더 많이 내는 것을 당연히 여기는 이곳 사람들의 '이상한 심리' 때문이 아니라 이 나라 정부에 의해 제도화된 규칙이다. 또한 위의 사례에서 한인이 '간 보기'라고 칭한 현지인의 행위는 어쩌면 사업 경험이 부족하거나 미얀마 사회 특유의 분절적이고 더딘 일 처리 관행에서 기인하는, 대개는 말단 직원이 결정을 내릴 수 없는 상황에서 이루어지는 행위일 수 있다. 쌍방 모두에게 안타까운 일이지만 대개는 일 경험의 부족이나 제도화된 관행에서 비롯된 문제일 가능성이 크지 '빌어먹는 문화'나 이 나라 사람들 특유의 심리적 바탕에서 기인하는 문제로 치부할 일은 아니다.

대체로 '로컬'에 대한 저평가에 기초해있는 이 같은 문화 담론의 문제점은 낯설거나 이해하기 쉽지 않은 현지인들의 행동 특성을 너무도 간단히 지역 문화로 환원시킨다는 데 있다. 필자가 보기에 한인들이 보여준 여러 형태의 문화적 설명은 미얀마와 한국의 문화

차이보다는 자본주의 문화 또는 계급문화 차이에 가깝다. 한류 덕에 미얀마에도 잘 알려진 김밥과 떡볶이, 비빔밥 등 한국 음식을 판매하는 식당을 냈다 실패한 원인이 "미얀마 사람들은 오래전부터 중국, 인도 음식문화의 영향을 받아왔기 때문에 이들의 식생활에 한국 음식이 파고들 여지는 없기 때문"이라고 결론 내린 한 한국 음식점 사장의 현지 인식도 이러한 측면을 간과하고 있다.

미얀마의 음식문화에 파고든 중국과 인도의 영향은 그의 말대로 지대하다. 하지만 미얀마 사람들의 일상에 스며든 중국이나 인도 음식의 영향과 외식으로서 소비되는 음식은 다른 성격을 갖는다는 점을 그는 간과하고 있다. 한국 음식에 대한 소비 여부가 순전히 '입맛'에 좌우되는 게 아니라는 사실은 근래 양곤에서 최신 소비문화의 전파공간으로 자리 잡은 한 고급쇼핑몰에 입점해있는 한식당의 성공에서 드러난다. 떡볶이나 김밥에서부터 육류요리에 이르는 다양한 음식들을 내놓고 있는 이 식당에는 현지인들로 가득하기 때문이다. 현지인들이 이곳을 찾는 이유가 음식 맛 때문만은 아닐 것이다. 그보다는 그들이 한류를 통해 본 한국의 문화란 잘 사는 나라의 세련되고 고급스러운 분위기를 발산하는 문화인 것이지 떡볶이나 김밥 같은 음식 자체는 아닌 것이다. 넓고 깔끔한 인테리어를 갖춘, 사람들이 붐비는 양곤 시내 곳곳에 자리한 '롯데리아'가 한류 공간으로서 더 큰 인기를 끌고 있는 것도 같은 맥락이다.

한인들이 보통 '파트너'로 지칭하는 '하이랭크' 사람들에 대한 인식에서는 이러한 성격이 분명히 드러난다. 미얀마에 와서 이런 부류의 사람들을 만난 한인들은 이들의 존재에 대해 두려움에 가까운 감정을 갖게 되었다고 말하곤 한다. 미얀마 이주 초기 한국의 중고버스 무역사업을 하며 현지인 사업가들과 거래를 하다 이후 이들과 파트너 관계를 맺게 되었다는 한 한인의 경험담을 그 예로 들 수 있다. 그가 느낀 두려움은 무엇보다 자신이 미얀마보다 몇 배는 잘 사는 한국에서 왔다는 사실은 아무런 의미도 없었을 만큼 이들이 부유한 사람들이라는 데 있었다고 한다. 이들과 거래를 위해 만날 때마다 그는 그들이 자신을 속으로 조용히 탐색하면서 가늠하고 평가하고 있다는 것을 느꼈고, 그때마다 주눅이 들었다고 말했다. 그가 이들과의 관계에서 느끼는 주눅을 극복하기까지는 꼬박 일 년이 걸렸는데, 그가 찾은 방법이란 이들이 가진 문화적 기준에 맞게 행동하는 것―바로 영어를 사용하는 것이었다.

그가 상대했던, 미얀마에서 하이랭크로 분류되는 현지인들이 가진 문화적 기준이란 한인들이 일반적으로 싸잡아 현지인들을 평가할 때 사용하는 기준, 즉 불교 바탕의 심성 구조와는 무관한, 일종의 계급문화적 특성을 갖는다. 달리 표현하자면 현지 관료나 기업인 등 미얀마 사회의 엘리트층이 가진 문화 자본과 아비투스 (habitus, 부르디외 1996[1979])가 그가 파트너로서 만난 현지인들의 문화라고 할 수 있겠다. 앞서 3장에서 소개한 한인의 진술에서도 찾아볼 수 있는 '하이랭크'의 품위라는 게 그러한 아비투스가 드러나는 양식일 것이다.

그런데 '로컬'에 대한 한인들의 문화 담론은 현지에서 직면하는 현실의 벽이 실제로는 한인들 자신의 역량과 더 깊이 관련된 것임을 가린다. 즉 현지 시장의 소비 욕구에 응답할 만한 자원이 부족한 그들 자신의 한계를 '로컬'의 문화 탓으로 돌리는 것이다. 사실 현지인들의 입맛을 탓하는 한인들 역시 양곤의 고급쇼핑몰에 입점해있는 한국 음식점이 성공할 수 있었던 것이 다름 아닌 자본력에 있다는 사실을 모르지 않을 것이다. 한국인과 미얀마인의 공동투자로 설립된 이 음식점은 이른바 '기업형 음식점'으로, 미얀마에 진출했을 당시의 계획이 좌초된 후 한인들을 상대로 하는 음식점이나 서비스업으로 전환한 다른 한인들의 경우와는 출발점부터 달랐다. 확장성에 한계가 있는 한인을 주요 고객으로 삼기보다는 '비한인', 즉 국적을 불문하고 미얀마에 거주 또는 체류하고 있는 사람들 가운데 중급 이상의 문화 소비 욕구를 가진 계층을 목표대상으로 출발한 것이다. 고가의 임차료를 지불하는 최고 상권에 자리할 뿐 아니라 한국과 유사한 기후조건의 미얀마 고지대에서 계약재배를 통해 식자재를 공급받을 수 있다는 점에서 이 음식 기업이 가진 자본력은 곧 음식의 질까지 확보할 수 있게 해준다.

"애초에 다른 한식당들과 경쟁할 생각이 없기 때문에 식당 홍보 광고를 할 필요도 없다"라는 경영주의 의도와는 달리 웬만한 일상 용품과 편의시설을 다 구비한 대형쇼핑몰에 입점한 덕에 이 식당에는 미얀마 사람들이나 중국인, 일본인 등 비한인들 외 한인들의 이용도도 매우 높다. 의도와는 달리 다른 한식당을 이용할 수도 있었을 한인 고객들도 적잖이 흡수하고 있는 것이다. 그럼에도 불구하고 작은 한식당들로서는 이 음식 기업을 경쟁상대로 여기지 않는다. 작은 구멍가게와 기업의 경쟁이란 처음부터 가능하지 않다는 자기 인식이 존재하는 것이다. 이런 가운데 현재 한인들이 운영하는 작은 식당들은 계속 늘어나 2013년 17개이던 것이 2019년 들어 86개로 늘어났다. 대부분 한인을 대상으로 하는 식당들로, 전체한인 수나 근래 미얀마로 유입되는 한인의 증가 속도에 비해 지나치다 싶을 정도로 많다. 흡사 기어츠가 식민지시기 인도네시아에서 관찰했던 바의, 거대 플랜테이션에 잠식되고 남은 자투리땅을 쪼개고 다시 쪼개어 일구는 농업의 내향적 정교화(기어츠 2012)에 비견할 만한, 한인 사회의 인볼루션involution을 보는 듯하다.

'하이랭크'와 '로컬'을 각기 다른 잣대로 평가하는 미얀마 한인들의 현지 인식에서는 한편으로 '하이랭크'의 부와 품위 앞에서 주눅 들고 그들의 시선 아래 평가당하는 무력감이, 다른 한편으로는 '로컬'의 소비 욕구를 충족시킬 만한 경제력이 없는 자신들의 처지에 대한 인식이 묻어난다. '하이랭크'의 비즈니스 네트워크에 접근할 기회는 제한적이고, 대신 일상적으로 접촉하는 현지인들과의 관계에서는 크고 작은 갈등이 빈발하는 탓에 외국인으로서 이 나라에서 살아가면서 발생하는 문제의 본질을 문화 차이로 해석하는 경향이 나타나곤 한다. 미얀마보다 잘 사는 나라에서 온 외국인으로서 현지인보다 높은 계급적 지위를 누리기는커녕 일상적으로 현지인과 접촉하는 과정에서 때로는 위계의식에 도전받는 일도 발생한다.

주객전도? 외국인으로서 받은 차별의 경험

60대 초반, 남성, 자영업, 미얀마 거주 19년 차

외국인들은 여기서 (현지인들이) 키우는 짐승보다도 직급이 낮아요. 언젠가 우리 집 게이트맨이 문(아파트 정문)을 안 열어줘. 출입증 날짜가 지났다는 거야! 주객전도도 유분수지, 입주자가 돈을 걷어서 월급 주는 문지기인데 문을 열어주지 않아. 경찰까지 불러 싸우고 나서야 들어갔어요. 완장 차면 이것들이 눈에 뵈는 게 없어. 그게 미얀마예요. 완장을 채워주니 눈에 뵈는 게 없어. 지가 대장이야. 우리가 외국인이니 깔아뭉개는 거지. 지 말 들으라는 거야.

경비원과의 사소한 다툼에서도 '완장'으로 표상되는 현지 국가의 모습을 떠올리는 것은, 미얀마라는 특수한 공간이 아니더라도 일상공간에서 발생하는 갈등을 민족과 국적을 통해 해석함으로써 관계를 재구성하고 서열화를 실천하는(구지영 2014: 157) 재외한인들의 일반적인 행동 양태이기도 하다. 하지만 이러한 상황은 '하이랭크'의 네트워크에 들어간 덕에 현지에서 생활하는 데 아무런 불편 없이 지낸다는 다른 한인들의 처지와 비교되어 상대적 박탈감을 가중시킨다. '하이랭크'와 '로컬'로 양분된 한인의 현지 인식은, 이런 점에서 미얀마 사회의 기회 구조에 대한 강한 기대감이 존재하는 가운데 이에 대한 접근이 허용되지 않는 상황에서 느끼는 불균등한 관계에 대한 인식이 모습을 드러내는 두 가지 양상으로 볼 수 있을 것이다.

2장에서 다룬 최근 한국 기업의 진출 형태에서 살펴보았듯이 근래 미얀마로 진출하는 한국 기업은 내수시장에 주력하는 추세를 보인다. 많은 한인들이 저평가하는 '로컬'의 구매력이 점차 높아지고 있는 데 따른 현상이다. 그러나 이들의 내수시장 공략 대상이 이전에 와있던 한인들로 전환되지 않기 위해서는 '하이랭크'와 '로컬'로 양분된 현지 사회에 대한 인식에 대한 변화가 먼저 이루어질 필요가 있다. 현지인과의 일상적인 접촉에서 크고 작은 갈등이 빈발하는 것은 사실이지만, 외국인에게 부과되는 각종 규제를 회피하려는 대다수 한인이 가장 크게 의존하고 있는 현지인 부류는 '하이랭크'의 기득권층이 아닌 일반인들이기 때문이다. 실제 대부분의 한인이 자기가 고용하고 있는 '로컬' 직원 명의로 사업체를 운영하고 있고, 개혁개방에 대한 높은 기대감으로 양곤의 부동산 가치가 천정부지로 치솟았던 시기 외국인에게 접근이 허용되지 않는 부동산에 투자하여 한인들이 부를 축적할 수 있었던 것도 대부분 그들이 직원으로 두고 있는 현지인들의 명의를 빌린 덕분이었다. 그러나 고용 관계가 양자를 묶는 계약의 주된 양식인 까닭에 이러한 관계를 파트너 관계로 인식하는 한인들은 많지 않다. 그보다는 "앞에서는 간이고 쓸개고 다 빼줄 것처럼 접수할 때까지 기다렸다가 때가 되면 먹어버리는" 잠재적인 약탈자로 인식하는 경우가 더 많다. 명의를 빌리되 법적 효력을 갖는 차용증을 써두곤 하는 것도 이런 까닭에서다. 실제 한인들 가운데 현지인에게 당해 미얀마에서 억울하게 옥살이를 하게 된 사례와 같이 현지인과의 관계에서 불미스러운 일이 종종 발생하기도 한다. 하지만 이러한 상황들을 지켜보는 한인들은 그러한 사태의 책임이 한인들 자신에게도 있다고 말한다.

현지인에게 돌아갈 몫 인정하기
50대, 남성, 개인사업, 미얀마 거주 28년 차

사기당하는 사람들은 사기당할 만한 일을 현지인들에게 맡겨서 그렇게 되는 거예요. 욕심을 부려서 그렇게 되는 거기도 하고요. 저 같은 경우엔 우리 직원이 자기가 하는 일에서 생겨나는 수입은 그냥 먹게 해줘요. 지도 고생했으니까 그 정도 부수입은 있어야죠. 그렇게 해두면 다른 일 갖고 장난치는 일은 안 하죠. 일이 틀어지면 자기 수입도 날아가니 열심히도 하고요.

'하이랭크'의 비즈니스 네트워크, 그리고 그들 개개인이 가진 품위야말로 경제자본과 사회자본, 그리고 문화자본 간의 전환 가능성에 관한 부르디외의 논의를 훌륭히 입증시켜주는 사례라 할 것이다. 하지만 '하이랭크'의 품위가 푼돈을 빼먹기 위해 거짓말하고 속이는 '로컬'의 행태보다 고결하다고 말할 수는 없다. 그들이 품위를 유지할 수 있게 만들어주는 자원이란 필시 "들어가고 싶다고 해서 들어갈 수 있는 게 아닌", '비즈니스 네트워크'라는 말로 포장된 더 큰 도둑질과 부정거래에서 나온 것이기 때문이다. 이러한 사실을 외면하거나 오인하고 비용을 치르는 일이야말로 미얀마 사회의 불균등한 기회 구조를 재생산하고 강화하는 결과를 낳을 수 있다. 성공하지 못한 한인 대다수가 좌절감과 박탈감을 맛보게 되는 근본적인 원인이 바로 그 불균등한 구조에 있기도 하다. 그러니 한인 자신이 가진 역량과 노력에 대한 결실을 얻고자 한다면 이 구조에 매달리기보다는 깨려는 노력을 기울일 필요가 있다. '하이랭크'를 살찌우기보다는 한인들이 일상적으로 접촉하는 '로컬'을 지원하고 이들과 광범위한 차원에서 호혜적 관계를 구축하는 것이 한인들 자신을 위해서는 물론 미얀마 사회의 불균등성을 개선하고, 나아가 한국과 미얀마 양국 관계를 더욱 증진시키는 데도 바람직할 것이다.

5장

초국적 경험공간의 새로운 정체성과
한인 사회의 미래

1. 디지털 시대의 '상상된 공동체'와 한인의 국가 정체성

2014년 이후 미얀마 한인 사회 내 한인들 간의 상호작용 방식에서
나타난 중요한 변화는 디지털 매체를 활용한 상호작용이 매우 활
성화되었다는 점이다. 특히 스마트폰과 같은 모바일 기기의 사용이
일상화되면서 이를 활용한 소셜네트워크 활동이 한인들 사이의 주
된 소통방식으로 자리를 잡았다. 2013년경까지만 해도 미얀마의
통신 사정은 극히 열악했다. 국영 통신기업 한 곳이 통신서비스를
독점하고 있어 휴대전화의 심SIM 카드 가격만 해도 한화로 100만
원을 호가할 정도였고, 2013년 경부터 조금 내리긴 했지만 여전히
25만 원 정도로 비쌌다. 그래도 사업상 휴대전화가 꼭 필요했던 한
인들은 울며 겨자 먹기로 비싼 심 카드를 사서 휴대전화를 개통해

야만 했다. 그렇게 비싸게 개통한 휴대전화도 일반 전화 기능 외에 인터넷 사용은 거의 꿈도 꾸지 못할 만큼 속도가 느려 메일 하나 받는 데도 진땀을 빼곤 했다. 그러다 2014년부터 외국계 민간통신 업체가 들어오기 시작했고, 심 카드 가격이 5,000원대로 급락하더니 현재는 1,500원이면 전화를 개통할 수 있게 되었다. 더불어 통신 서비스의 질도 놀라울 정도로 향상되어 미얀마의 농촌 마을에서도 휴대전화로 페이스북 등을 통해 정보를 얻고 사람들과 소통하는 모습이 일상화되었다. 미얀마에 거주하고 있는 한인들이 휴대전화를 통해 활발히 교류하게 된 것도 이 무렵부터다.

앞서 한인회에 관한 소개에서 한인회 홈페이지와 온라인 카페에 관해 기술한 바 있다. 온라인 카페의 경우 여전히 하루 방문자 수가 1,000여 명에 달하지만, 이보다 더 실질적인 교류의 공간으로서 기능하고 있는 것은 소셜미디어 공간이다. 한인들의 주된 교류공간으로 이용되고 있는 것은 카카오톡의 단체대화방이다(이하 단톡방). 몇몇 한인들에 의해 형성되어 오픈채팅방이나 참여 코드를 입력하여 들어가는 일반대화방 등 몇 개의 주요 단톡방—'재미얀마 한인 홍보 및 정보 교류방', '미얀마 주재 교민 벼룩시장', '재미얀마 정보 공유방' 등—이 개설되어 한인들은 이를 통해 연락을 주고받고 정보를 공유하고 있다. 가장 큰 단톡방의 경우 회원 수가 2018년 3월 기준으로 970여 명이며, 지인의 소개로 초대되어 들어오는 사람들도 날이 갈수록 늘어나는 추세이다. 특정 업소나 인물, 기업, 정보에 대해 문의하면 다른 한인들이 보고 실시간으로 답변해주고 있어 필요한 정보를 얻으려는 사람들에게는 유용한 공간이다.

하지만 애초에 정보 공유나 교류를 목적으로 개설되었던 이런 단톡방들은 점차 한인업소들을 홍보하는 공간이 되어가고 있다. 그러다 보니 현지에서 발생한 주요 사건이나 한인회에서 올린 공지글은 금세 파묻히고 만다. 몇 해 전 한 한인 봉제업체 공장에서 발생한 화재사건 소식과 이를 위한 모금운동이 전개되었던 당시의 상황이 그 한 예다. 주말 새벽에 발생한 화재 소식은 다음 날 이른 아침 한인회를 통해 단톡방에 공지되었고, 공장이 전소하다시피 한 심각한 사태에서 한인회는 교민을 돕기 위한 모금운동을 제안하였다. 몇몇 회원들이 소식을 보고 상황을 확인하는 글이 몇 개 올라왔지만, 얼마 지나지 않아 업소 광고들이 연이어 올라와 화재사건 글은 일부러 한참을 거슬러 올라가 찾아보지 않으면 보지 못할 정도가 되고 말았다. 물론 소식을 들은 교민 중 관심을 가진 사람들은 개인적으로 한인회나 지인에게 연락하여 상황을 알아보았겠지만, 단톡방에서는 더 이상 이 사건이 화제에 오르지 않았다.

이처럼 광고 비중이 점점 더 심각한 수준으로 늘어나자 단톡방들에서는 업소 홍보 사진이나 글을 특정 요일에만 올리자는 내규를 정하고, 홍보물을 올린 이들에게 이를 상기시키곤 한다. 하지만 홍보물을 올린 당사자들은 사과의 말과 함께 경기 침체로 사정이 어려우니 양해해 달라거나 홍보 요일을 더 늘려달라고 요구하고 있는 상태다. 유사업종 간 홍보 경쟁도 종종 확인된다. 홍보뿐 아니라 정치 관련 글들로 인한 신경전도 종종 발생한다. 한국에서의 전 대통령 탄핵국면, 그리고 대선 시기 동안에는 정치적 성격의 글이 난무하고 교민들 간에 험악한 말들이 오가는 등의 상황이 발생하기도 했다.

사정이 이렇다 보니 원래 있던 단톡방을 빠져나가 지인들끼리 새로운 단톡방을 만들어 정보를 공유하기도 한다. 이렇게 만들어진 단톡방들의 경우 공지로 "#홍보금지#정치&종교글금지#매일안부인사금지#미얀마관련없는좋은글금지#"와 같은 해시태그를 달아 대화방 규칙을 알리고 대화방 출입도 인증받은 사람들로만 제한하고 있다.

베네딕트 앤더슨Benedict Anderson(2018[1983])의 '상상된 공동체imagined community'에 관한 논의는 정보통신기술의 발전이 세계 각지 디아스포라의 삶과 상호작용 방식에 가져온 변화와 관련하여 빠지지 않고 인용되곤 한다. 이 경우 정보통신기술은 민족주의의 확산 과정에서 인쇄자본주의가 담당했던 역할을 대신하여 멀리 떨어져 있는 개인이나 집단을 서로 연결시키는 매개체로서, 즉 인쇄자본주의를 대신하여 "상상된, 얼굴 없는 익명의 동포들"(앤더슨 2018: 232)을 한 민족의 구성원으로서 다시 호명하는 역할을 수행하는 것으로서 가정되곤 한다. 정보통신기술의 발전이 디아스포라 집단 모국과의 관계, 사회적 결속, 문화적 정체성의 재생산에 미친 영향에 주목하는 일련의 연구들이 이러한 가정을 바탕으로 정보통신기술의 사회 통합 기능을 강조하기도 했다(예를 들어 Alonso and Oiarzabal 2010; Brinkerhoff 2009; Keles 2016; Komito 2011; Lee 2017; Oh 2016; Shen

Ding 2008).

하지만 정보통신기술의 사회 통합 기능을 강조하는 이러한 연구들과는 반대로 인터넷을 통한 초국적 연계(혹은 출신국과의 연계)의 강화가 오히려 현지 사회에의 동화와 통합을 가로막기도 하며, 때로는 디아스포라 집단 성원 간의 갈등과 충돌, 분열을 촉진하고 정치적 반목을 낳기도 한다는 점을 지적하는 연구도 있다(예를 들어 Mahmod 2016; Kendzior 2011).

이처럼 의견이 갈리지만 필자가 관찰해온바 미얀마 한인 단톡방의 경우를 보면 통합과 분화라는, 일견 상충하는 듯 보이는 두 과정이 동시에 진행되는 것으로 보인다. 예를 들어 개개인의 정치적, 종교적 의견 등 한인들 간 갈등을 유발할 수 있는 요인들을 배제하는 대화방 규칙을 제정하고 소통의 조건으로서 암묵적으로 전제된 '동포의식'을 바탕으로 의례적이고 공적인 공간으로 자리매김하려는 노력들은 통합의 시도라 할 수 있다. 그러나 이와는 다른 한편으로 구성원들 간의 갈등과 대립도 심심치 않게 목도된다. 그럼에도 불구하고 이 공간 안에서 발생하는 긴장과 갈등이 통제하지 못할 수준으로 발전하는 일은 발생하지 않는 듯하다.

디아스포라 집단 내부에 갈등이 발생하는 주된 원인 중 하나는 모국의 정치적 균열구조가 디아스포라 집단 성원 간에도 재현되는 경우다. 그런데 미얀마 한인 사회와 같이 한인 사회의 형성 역사가 짧고 규모 또한 크지 않은 경우에는 고국에서의 정치적 갈등이나 지역 간 갈등이 한인 사회 내부로까지 옮겨와 재현되더라도 전체 한인 사회를 분열시키는 수준으로까지는 발전하지 않는 양상을 보인다. 기본적으로는 통합적 기능을 수행하는 공간으로 남아있으면서 갈등의 원인으로 작용한 요인들을 중심으로 새로운 소집단이 분화되어나가는 형태로 통합과 분화가 동시에 진행되는 모습을 보여준다.

미얀마 한인들의 소셜미디어 공간은 디지털 시대의 '상상된 공동체'로서 동포집단의 사회적 상호작용의 장이 어떠한 관심사를 중심으로 통합 또는 분화되어가며, 각각의 공간을 지탱하는 규범과 가치는 무엇인지를 드러내 준다. 그리고 이러한 분화에도 불구하고 확인되는 한 가지 사실은 개인들 간의 갈등과 반목에도 불구하고 '동포 사회'라는 통합적 사회공간으로서 한인 사회를 유지해야 한다는 원칙이 구성원들 간에 공유되고 있다는 점이다.

미얀마 한인들의 소셜미디어 공간에서 볼 수 있는바 통합 지향적 상호작용은 정보통신기술의 발달이 가능케 한 모국과의 연계가 이주자들의 국가 정체성을 약화시킬 수도 있다는 주장과는 달리 실질적인 상호작용과 관계없이 '동포'임을 확인하는 개인들 간의 사회관계가 어떻게 이루어지는 것이 바람직한지를 상기시켜주며 국가 정체성을 강화하는 측면이 있다. 그 수가 많고 적음을 떠나 현지에서 직접 접촉하여 관계를 맺기 쉽지 않은 한인들을 서로 연결시키고 관계를 쌓아갈 기회를 제공해주기 때문일 것이다. 교통통신수단의 발달은 이주자들이 초국적 삶을 살아가는 것을 가능케 한 핵심 동력이었다. 새로운 기술이 열어놓은 이 새로운 공간에서의 상호작용에 주목하여 앞으로 더 많은 연구가 이루어질 필요가 있다.

2. 1.5세대, 2세대, 혹은 '1/2 코리안'의 미래

미얀마에 거주하는 대다수 교민은 정착 이민자가 아니라 경제활동을 위해 일시적으로 거주하고 있는 체류자형 이주자의 면모를 보인다. 한국에 있는 가족과 떨어져 단신으로 미얀마에 와서 지내는 사람들이 많고, 가족과 함께 온 경우라도 한국의 집을 정리하지 않고 들어온 이들도 많다. 근래 미얀마로 들어오는 한인 중에는 양국을 오가야 하는 사업 아이템을 택해 들어오는 사람들도 적지 않다. 한인 단톡방에 올라오는 수많은 광고 중에 한국에서 쌀과 식자재 등을 공수해와 현지 교민들에게 판매하는 사람들의 광고가 적지 않은 것도 이러한 경향을 반영한다. 한국을 자주 왕래하지 않는 사람들이라도 한국과의 관계는 여러 형태로 유지하고 있다.

하지만 최근 들어서는 한국 생활을 정리하고 미얀마에 아예 정착한 사람들도 늘고 있다. 자녀들이 장성하여 독립할 수 있는 나이가 되었기 때문에 한국으로 돌아갈 이유가 없다고 말하는 사람들도 적지 않다. 필자가 만난 한 한인의 경우 약 20년 전 미얀마에 와 자녀들을 미얀마의 국제학교에서 교육시킬 때까지만 해도 한국의 살림집을 그대로 둔 채 일 년에 한 번씩 한국을 오갔는데, 이후 장남이 일본에서 대학을 마친 후 싱가포르에 있는 기업에 취업하고 나자 한국에 있는 집을 정리하고 미얀마에 정착하였다. 이러한 사례는 자녀들을 동반하여 미얀마로 온 한인들이 한국과의 관계를 정하는 데 그들 자신보다는 자녀들과 관련하여 결정하는 경우가 많다는 것을 보여준다. 물론 처음부터 자녀들의 미래를 염두에 두고 미얀마로 온 한인들의 경우 자녀들이 국제학교를 마치고 난 후 특례입학으로 한국의 유수 대학에 진학할 것을 기대하는 경향이 있기 때문에 한국의 집을 정리하지 않는다.

많은 한인들이 최종적으로는 한국으로 돌아가는 것을 목표로 삼고 있지만, 근래 미얀마 정착을 꿈꾸거나 한국이 아닌 다른 나라에서의 미래를 꿈꾸는 사람들도 점차 늘어나고 있는 현상은 주목할 필요가 있다. 12년 특례를 받을 수 있음에도 불구하고 자녀를 미국이나 캐나다 등의 대학에 진학시키거나, 대학 진학 단계 이전에 태국이나 싱가포르 등 미얀마보다 더 좋은 환경을 가진 교육기관으로 보내어 교육시키는 이들도 점차 늘고 있다. 부모와 자식이 한국이 아닌 서로 다른 이국땅에서 살아가는 것이다. 필자가 만난 한 선교사 가정의 경우 어려서 미얀마로 와 살다가 미국에서 대학을 다니고 있는 딸이 방학 동안 부모가 있는 미얀마로 돌아왔다며 소개시켜준 일이 있었다. 이들은 곧 함께 태국으로 2주간 가족여행을 떠날 것이라고도 했다. 이렇게 한국도 아니고 미얀마도 아닌 제3국을 택하여 자녀를 교육시키는 부모들은 자녀들이 한국을 최종 목적지로 선택하는 삶을 살지 않아도 괜찮다고 생각하고 있으며, 자녀들 역시 한국으로 돌아갈 필요가 없다고 말하기도 한다.

물론 이와는 다른 의견을 가진 한인들도 많다. 한국으로 돌아가서 살 필요는 없지만 자신이 한국인이라는 정체성을 분명히 자각할 필요는 있다고 보고, 적어도 가정에서만이라도 한국어와 한국 문화를 익히고 이해하도록 교육하는 부모들도 많다.

국제학교에 다녀도 한국인으로서의 정체성은 유지해야

40대 중반, 남성, 개인사업, 미얀마 거주 10년 차

우리 애는 얼마 전에 학교에서 세계사 수업을 받기 전까지 자기나 자기랑 어울려 친하게 지내는 친구들이 어느 나라 사람인 줄도 몰랐대요. 친하게 지내는 친구가 있다길래 "걔는 어느 나라 사람이야?"라고 물었더니 그런 거 모른다고 그러더라고요. 그냥 서로들 영어 쓰고 하니까 그런 개념이 없는 거예요. 근데 저는, 애를 국제학교에 보내긴 했는데요, 그리고 학교 고를 때 가장 신경 쓴 것이 학비나 이런 것보다도 한국 애들 가장 적게 다니는 국제학교를 골라 보냈는데요, 그건 애가 한국 사람들이랑만 어울릴까 봐 그런 거였어요. 폭넓게 사람을 만나고 교류할 줄 알아야 한다고 생각해서…. 그런데 국제학교 다니는 한국 애들이 영어는 잘하는데 한국어는 기본적인 단어 뜻도 모르는 걸 보고 깜짝 놀랐어요. 애들이 '하수구'라는 말의 뜻을 모르는 거예요. 우리 애가 나중에 꼭 한국에 돌아가 살 필요는 없지만 그래도 한국인이라는 정체성 없이는 어디에서든 살아가기 힘들 거라고 봐요. 그래서 집에서는 반드시 한국어로 말하고 한국어로 된 책을 읽도록 하고 있어요.

부모의 양육방식이 자녀의 국가 정체성 형성과정에 미치는 영향이 큰 만큼 부모 자신의 국가 인식과 정체성을 이해하는 것이 후속 세대의 정체성을 이해하는 데도 필요하다는 점을 시사하는 사례이다.

그런데 미얀마에서 현지인과 결혼하여 가정을 이룬 경우엔 부모 자신의 국가 정체성이 자녀에게까지 계승되길 기대하기 어려울 수 있다. 부모의 국적이 서로 다르다 보니 자녀들로서는 어느 쪽에 더 강한 애착과 소속감을 두어야 할지를 성장하는 과정에서 선택하거나 미결정 상태로 남겨둔 채 살아가기도 하는 것이다. 국가 정체성과 관련한 부모 자신의 양육관이 영향을 미침에 따라 다르기도 할 것이지만, 앞으로 어디에서 살아갈 것인지를 고민하는 자녀의 입장이 더 큰 영향을 미칠 수 있다. 미얀마에서 살아가면서 한국인 아버지나 어머니가 특별히 한국인이라는 정체성을 심어주고자 애쓰는 환경에서 자라난 경우가 아니라면 미얀마 사회의 일원으로서 살아가는 편이 그 자녀들에겐 더 자연스러울 수 있다.

미얀마 현지에서 다문화 가정을 이루고 있는 한인은, 특별히 의도한 바가 있거나 경제 형편이 나쁘지 않은 한, 대개 자녀를 국제학교에 보낸다. 미얀마 학생들이 다니는 현지 학교가 아니라 국제학교에 다닌다는 점에서, 그리고 국제학교에 다니는 미얀마 학생들이 대개는 중류층 이상의 경제적 배경을 갖고 있다는 점에서 이들 다문화 가정의 자녀들은 현지 사회에서 어느 정도 특권적 지위를 누린다고 말할 수 있다. 하지만 만약 이들이 한국에 가서 살게 된다면 처지는 달라질 수 있다. 미얀마에서 국제학교에 다닐 정도의 경제 수준을 가진 한인 다문화 가정의 자녀가 미얀마에서 누리는 특권적 지위는 일종의 계급적 성격을 띠는 것이라 말할 수 있다. 하지만 한국에서는 이것이 한국과 미얀마 간의 국가 간 위계 또는 민족적 위계로 전환될 가능성이 있다. 위축감이나 열등감, 심한 경우에는 차별까지 경험하게 할 수 있을 이러한 전환을 이들 다문화 가정의 자녀들은 달가워하지 않을 것이다. 미얀마 여성과 결혼하여 슬하에 두 자녀를 둔 한 한인의 말에서 이에 대한 고민을 엿볼 수 있다.

1/2 한국인: 미얀마에서 살아가는 다문화 가정 자녀의 정체성

50대 후반, 남성, 개인사업, 미얀마 거주 29년 차

애가 대학 결정할 때가 됐는데, 저는 한국의 송도국제학교에 보낼 생각을 했거든요. 근데 애가 한사코 싫다는 거예요. 자기는 한국 가서 살기 싫다고, 미국으로 보내 달라는 거예요. 그도 아니면 싱가포르나 홍콩 대학교 보내 달라고… 결국은 미국으로 보냈죠. 지금 방학이라고 미국에서 학교 같이 다녔던 친구들하고 미얀마에 와있거든요? 걔들이랑 방콕에 비티에스 공연 보러 가겠다고 해서 표 끊어주고… 그니깐 한국 가수나 그런 건 좋아해도 막상 한국에 있는 대학교는 가기 싫다고 해요. 애가 고등학교 졸업할 때 찍은 사진이 있어요. 한국 애 한 명이랑 찍은 사진인데, 거기에 '1+1/2 Korean'이라고 적혀있는 거예요. 지도 아는 거죠. 자기가 이분의 일 코리안이라고… 그게 또 애들

다닌 학교에서는 졸업식 때 졸업가운 목에 띠를 두르게 하거든요? 국적별로 띠 색깔이 달라요. 그러니까 우리 애는 한쪽은 미얀마, 한쪽은 한국 띠를 두른 거죠. 그러니 애들이 그런 순간에 자기가 어떤 사람인지를 생각하게 되는 거죠….

방탄소년단을 비롯한 K-Pop 문화나 한류 콘텐츠는 즐기지만, 한국에 있는 대학에 진학하는 데 대해서는 강력히 저항한 이 한인 자녀는 해외 대학에 진학하는 것을 선택했다. 흡사 최인호의 소설 『광장』을 떠올리게 하는 제3국행이다. 하지만 이 한인 자녀가 내린 선택은 미얀마냐 한국이냐를 두고 고민한 결과라기보다는 미얀마의 국제학교에 다니는 학생들이 공유하는 유행에 가까웠다. 국제학교 학생들 사이에서의 대학 진학 유학은 때에 따라 달라진다. 어느 해에는 영국 유학 바람이, 어느 해에는 미국 유학 바람이 불어 학생들의 목적지가 쏠리곤 한다. 이 한인의 자녀도 그런 유행을 따라 미국을, 만약 그것이 어렵다면 차선으로 홍콩이나 싱가포르에 있는 대학에 보내 달라고 요구한 것이다.

국제학교 학생들 사이의 진학 관련 유행은 서구식 교육에 대한 선호를 분명히 보여준다. 미국식, 또는 영국식 학제로 교육을 받고, 고교 재학 중에 이수한 고교심화학습과정advanced placement, AP을 대학 진학 후에도 학점으로 인정해주는 등과 같은 제도적 특권이 그러한 선호 배경 중 하나일 수 있다. 하지만 이 한인의 자녀가 유독 한국행에 대해서는 분명한 거절 의사를 표했다는 사실도 가벼이

보기는 어려울 것 같다. 졸업식 날 한국인 친구와 찍은 사진에 적어 넣은 '1+1/2 Korean'이라는 문구에서 드러나는 자신에 대한 인식, 즉 반쪽 한국인이라는 자각을 감지할 수 있기 때문이다. 미국이나 영국, 혹은 제3국에서 자신은 그저 외국인 중 하나일 뿐이지만 한국에서는 완전한 외국인도, 그렇다고 온전한 한국인도 아닌 모호한 위치에 걸쳐 있는 존재가 될 수 있다는 우려가 자리하는 것은 아닌지 생각해볼 만하다.

한인 자녀 세대의 경험과 정체성은 부모들보다 복잡할 수 있다. 이들 중에는 부모와 함께 미얀마에서 성장하기도 하지만, 현지 적응 문제나 교육 등의 이유로 떨어져 한국에서 지내기도 한다. 유년기를 미얀마에서 보낸 후 성인이 되어 한국이나 제3국에서 대학을 다니고 취업하는 경우도 적지 않다. 그러므로 이들이 생애주기 속에서 경험하는 국가는 하나 이상일 수 있으며, 따라서 이들의 정체성은 국가 정체성으로만 환원시켜 설명할 수 없는 다층적인 성격의 것일 수 있다는 사실이 고려될 필요가 있다. 한국인으로서의 국가/민족 정체성에는 영향을 받지 않더라도 이들이 주로 살아가는 사회의 문화 환경 안에서, 또는 초국적 성장 과정에서 경험하고 체득하게 된 정체성이나 삶에 대한 지향성을 갖고 있을 수 있다.

미얀마에서 살아가는 한인 자녀들이라도 이주 시기나 부모의 사회경제적 배경에 따라 성장한 환경이나 경험이 다를 수밖에 없고, 그러다 보니 한인 자녀들끼리 빈번히 만나 생각과 정서, 정체성을 공유하거나 또래의식을 형성하기도 어려워진다. 가령 1.5세대, 즉

한국에서 나서 일정한 나이까지 성장하다가 미얀마에 온 아이들과
미얀마에서 나고 자란 2세대 아이들이 성장 경험이 다르고, 그러다
보니 현지에서의 적응 양상이나 또래 관계를 형성하는 데 있어 차
이를 보인다. 한인 자녀들이 다니는 국제학교도 학비나 미얀마 학
생들의 비율, 교육 내용 등으로 가시화되는 '등급' 차이를 경험하게
한다. 갓난아기 때 선교사인 부모를 따라 미얀마에 와 현지인들이
다니는 국제학교에 다닌 한 한인 자녀의 경험이 이를 말해준다.

한인 자녀가 다른 한인 자녀들과의 관계에서 경험하는 문화적 차이
19세, 남성, 한국 대학 진학 예정, 미얀마 거주 19년 차

저는 처음에 와서 환경적으로는 그렇게 힘들지 않았다고 말씀을 드렸잖아
요? 환경적인 거보다는 사람과 사람 사이? 저는 그게 좀 많이 힘들었어요. 제
가 처음에 다녔던 학교는 국제학교지만 거기는 한국 학생들이 한 명도 없었어
요. 한국 학생 자체도 한 명도 없었고, 외국 학생 자체도 한 명도 없었고, 다들
미얀마 애들이었거든요. 이름은 국제학교고, 정원이 한 1,500명 되는 되게 큰
학교, 국제학교 중에서는 제일 큰 덴데, 다 미얀마 학생들이었고 저만 유일한
외국인이었어요. 처음에는 그 사이에서 적응하기가 힘들었고요, 나중에 거
기가 적응이 됐을 때는, 거기가 다 미얀마 애들밖에 없다 보니까, 오히려 미얀
마 애들이랑 더 놀다 보니까 나중에는 한국 애들이랑 적응하기가 더 어려워
지더라고요.

[오히려 한국 아이들이랑 문화적 차이 같은 게 느껴졌겠어요?]

네. 오히려…. 처음에는 미얀마 학생들한테서 그걸 느꼈다면은, 나중에는….

제가 처음에 미얀마 학생들이랑 놀 때는, 그때는 아직 한인 사회가 그렇게 크지가 않았거든요. 한인학교(한글학교)도 있었는데, 한인학교는 그래봤자 일주일에 한 번 가고…. 그때는 별로 한인 사회라고 하기도 그랬고요. 그래서 처음에는 미얀마 사회에 적응하기가 힘들었다고 한다면 나중에는 거기 적응해서 한국 아이들과 어울리기가 힘들었어요.

한국에 있는 대학에 다니기 위해 곧 한국으로 떠나게 될 것이라던 이 청년의 경우 어려서부터 미얀마 학생들과 함께 어울려 지내면서 다른 한인 자녀들을 만날 기회가 없었다. 한인 교회에 다니기는 하지만 학생부 모임이 활발해진 지 몇 해 되지 않았던 터라 교회에서도 다른 한인 자녀들과 교유할 기회도 많지 않았다. 한인 자녀들 가운데 이 청년과 같이 아주 어린 나이에 미얀마에 온 아이들은 많지 않다. 10세 전후의 유년기를 한국에서 보낸 후 미얀마에 온 경우가 많다. "인터넷도 좋고 전기도 안 나가고 게임도 잘되는" 환경에서 자라다 온 아이들의 경우엔 미얀마에서 경험하는 거의 모든 것들이 한국에서의 생활과 비교되는 까닭에 적응에 더 큰 어려움을 겪는다고 한다. 하지만 갓난아기 때부터 미얀마에서 살아온 이 청년에게는 비교의 대상이 되는 한국에서의 경험이 없었다. 그런 이유로 유일한 외국인으로서 현지 아이들 틈에서 학교에 다니며 미얀마 문화에 익숙해지자 그렇지 않은 환경에서 자란 한인 자녀들의 경험 세계에 적응하는 데 더 큰 어려움을 겪었다는 것이다.

어느 국제학교에 다니든 한인 자녀들은 경제적으로 중류층 이상인 미얀마 학생들과 함께 학교에 다니게 된다. 이들이 경험하는 미얀마 사회는 그래서 부모들이 경험하는 것과는 사뭇 다르다. 앞서 인용한 학생이나, 비슷한 조건의 국제학교에 다닌 다른 한인 자녀 역시 다른 한인 자녀와의 관계에서는 별다른 차이를 느끼지 못했다고 말했다. 대신 고급 승용차를 타고 등교하는 현지인 학생들의 행동이나 소비문화에 더 큰 격차를 느꼈다고 답했다. 앞서 4장에서 기술했던, 한인들이 소위 '하이랭크'로 지칭하는 미얀마 상류층과의 관계에서 느끼게 되는 위화감을 자녀들은 학교생활에서 일상적으로 느꼈던 것이다. 한국의 경제적 위상과 이 나라에서도 큰 인기를 끄는 한류 덕에 한인 자녀들에 대한 현지 학생들의 태도는 우호적인 편이라고 한다. 하지만 한인 자녀들은 종종 단순히 '문화적 차이'로 치부하기만은 어려운, 미얀마 학생들이 누리는 엄청난 부와 그로부터 자연스럽게 배어나는 행동양식을 가까이에서 지켜보며 위화감을 느낀다. 그 안에서 한인 자녀들이 자신이나 다른 국적, 특히 막대한 부를 과시하는 현지인 학생을 어떻게 인식하며 이를 바탕으로 어떠한 정체성을 형성해갈 것인지는 알 수 없다. 미얀마의 기득권층으로서 생득적 특권을 누리는 현지인 학생들과의 관계를 통해 축적된 사회자본이 향후 한인 자녀들의 삶에서 중요한 힘을 발휘하게 될지도, 혹은 전혀 상관없는 것인지도 알 수 없다. 자녀들을 국제학교에 보낸 부모들의 생각과 기대가 무엇이었건 결국 선택은 그들 자신에게 달려 있다.

필자와 인터뷰했던 이 청년이 다니는 교회에는 같은 해 졸업한 학생들이 세 명 더 있었다. 한국으로 진학하는 이 청년을 제외한 나머지 학생들은 모두 홍콩에 있는 대학으로 진학할 예정이라 했다. 한 명은 그 이유를 알 수 없고 다른 한 명은 12년 특례 자격을 충족하지 못해서, 그리고 나머지 한 명은 한국이 맞지 않는 것 같다고 생각하여 그와 같은 결정을 내렸다고 한다. 모두 10년 가까이 미얀마에 살면서 국제학교에 다닌 학생들이었는데, 다른 한인의 말을 들어보아도 이처럼 졸업한 한인 학생들이 한국에 있는 대학으로 진학하지 않는 경우가 많다. 단 한 명도 한국 대학에 진학지 않은 해도 있다고 한다. 이들 한인 자녀들의 미래는 열려있고, 이들이 선택하게 될 삶은 이후 이들이 미얀마를 떠나 진입하게 될 새로운 장소에서 펼쳐지게 될 것이다. 그러므로 한인 1.5세대나 2세대, 또는 '1/2 코리안'의 정체성은 유년기에 거쳐 간 장소였던 미얀마보다는 성인이 되어 살아가길 선택할 장소에서의 경험으로부터 더 큰 영향을 받아 형성될 가능성이 더 크다. 하지만 미얀마에서의 성장기는 그러한 선택을 포함하여 앞으로 이들이 향하게 될 인생의 궤적 전체가 보이지 않는 점들로 연결되어 들어앉아 있는 좌표일 수 있다. 그 경험을 들여다보고 해석하는 일이 재외한인연구의 중요한 과제로 남았다.

6장

나가며

한인의 미얀마 이주는 1980년대 말, 한국 기업의 해외 진출이 이루
어지던 시기와 때를 같이 하여 시작되었다. 당시 미얀마는 1988년
의 민주화운동을 계기로 1962년부터 채택해왔던 사회주의 경제체
제를 공식적으로 포기하고 경제를 부분적으로 개방한 상태였다.
양국의 경제적 이해관계가 맞물리는 시점에 한인의 미얀마 진출이
이루어졌던 것이다. 하지만 미얀마로 향하는 한인의 이주 흐름이
본격화된 것은 'IMF 사태', 즉 1997년의 아시아 금융위기 이후부
터였다. 도산 위기에 처한 기업들이 출로를 찾아 해외로 진출하였
고, 개인들도 이 시기 도산한 기업들에서 쏟아져나온 덤핑 물건들
을 배에 한가득 싣고 한국을 떠났다. 미얀마도 그 목적지 중 한 곳
이었다. 당시 미얀마에는 1985년에 연락사무소를 열어 진출을 모색
하던 대우가 1991년부터 '미얀마 대우인터내셔널'이라는 이름으로

현지 기업과 합작법인으로 봉제회사를 설립하여 가동하고 있었다. 대우의 진출이 마중물이 되어 이후 봉제업체들이 속속 미얀마로 향했고, 이후 다른 업종의 진출도 뒤를 이었다. 현 미얀마 한인 사회의 근간이 이 시기에 형성되었다.

2011년부터 시작된 미얀마의 개혁개방과 함께 한인 사회는 급속히 팽창하였다. '동남아의 마지막 미개척지'라는 수식어와 함께 미얀마 진출 붐이 인 결과였다. 특히 '아시아로의 회귀Pivot to Asia'를 선언하며 동남아시아로 향한 미국이 1988년의 민주화운동이 좌절된 이래 부과해오던 경제제재를 점진적으로 해제해감에 따라 그 흐름은 한층 가속화되어, 한때는 연 체류 인원이 5,000명을 넘어서기도 했다. 2010년 전까지 1,000명 안팎을 오르내렸던 것과 비교하면 개혁개방 이후 미얀마에 대한 기대가 얼마나 높았던지를 실감하게 한다. 하지만 미얀마에서 빠져나가는 한인 수가 가장 많았던 것도 이후 10년 동안이었다. 최근에 미얀마로 들어온 사람들일수록 오래 버티지 못하고 돌아간 이들이 많았다. 이러한 현상은 2011년 이후 미얀마에 대한 높은 기대와는 달리 뒤늦게 이 나라에 당도한 이들이 붙잡을 수 있었던 기회가 그리 많지 않았던 현실을 반영한다.

아웅산수찌의 가택연금 해제와 2012년 보궐선거 등을 통해 입증된 떼인세인 정부의 개혁 의지에 대하여 미국을 위시한 서방세계는 제재 해제로 화답했다. 이어 2015년 총선에서 아웅산수찌가 이끄는 NLD가 승리함에 따라 미얀마는 1962년 군정이 시작된 이래 최초로 민간정부가 들어서는, 민주화에 있어 중대한 진전을 이루기도 했다. 하지만 군부의 정치적 지위를 보장해주는 2008년 헌법으로 인해 권력을 분점하는 처지에 만족할 수밖에 없었던 NLD 정부가 할 수 있는 일은 많지 않았다. 미얀마 군부는 여전히 정치 권력을 내려놓지 않았을 뿐 아니라, 1988년 사회주의체제를 공식적으로 포기한 이후 점진적으로 이루어진 국영기업의 민영화 과정을 통해 경제 권력까지 장악해왔다. 2017년 로힝자 사태가 발발한 이후 유엔에서 발간한 미얀마 진상조사단의 조사 보고서는 '제국'이라 칭할 정도로 수많은 자회사와 정실 기업들, 나아가 외국인 합작회사들까지 아우르는 군부의 광범위한 경제 네트워크를 폭로한 바 있다(UNHRC 2019). 미얀마 한인들이 소위 '하이랭크' 또는 'A grade'라 부르는 집단이 바로 이 네트워크에 속해있거나 그 힘을 끌어들일 수 있는 위치에 자리한다. 개혁개방은 이들이 군정 시기부터 차근차근 구축해놓은 경제적 기반을 더욱 확장해갈 수 있는 여건을 제공해주었다. 하지만 이들에게도 아직 시장경제에 대한 실전 경험이 부족했던 시기가 있었으니, 미얀마가 시장경제로 돌아선 1980년대 말경 이 나라로 진출한 한인들에게는 이런 현지인 파트너를 만날 기회가 부분적으로 허용되기도 했다. 파트너 잘 만나야 성공한다는, 이른바 파트너 담론이 한인들 사이에 번창하게 된 배경이다.

외국자본의 투자 지분을 제한할 뿐만 아니라 세금을 비롯하여 모든 영역에서 외국인에게 차등적인 조건을 부과하는 법적, 제도적 제약 속에서 한인 대부분은 불가피하게 현지 기업과 합작하거나 현지인 명의로 회사를 설립하는 등의 회피책을 찾았다. 미얀마 정부가 부단히 법과 제도를 개선해가고 있기는 하지만 현재까지도 이러한 관행은 지속되고 있다.

이러한 비즈니스 관행이 현지 사회의 발전이나 한인의 경제활동 모두에 해로운 결과를 가져올 수 있을 것임은 자명하다. 현지 국가의 세입을 축냄으로써 사회 전체가 결실을 공유하기보다는 소수에게만 이득이 돌아가는 악순환 구조를 정착시킬 수 있기 때문이다. 군부라는 특정 집단이 국부의 상당 부분을 사적으로 전유하는 비정상적인 경제 구조를 가진 미얀마와 같은 나라에서는 그 폐해가 매우 심각하다. 이미 오래전부터 진행되어온 일이지만 2021년 2월에 발발한 군부 쿠데타를 통해 비로소 우리 사회에도 알려지게 된 사실, 즉 한국 기업 포스코인터내셔널이 사업자 중 하나로 참여한 미얀마 가스전 개발 사업의 막대한 수익이 쿠데타를 감행하여 정치 권력을 찬탈한 군부를 살찌워온 것이 그 단적인 예다. 그 전신인, 한인 진출의 마중물이 되었던 대우가 미얀마 현지에서 파트너 관계를 맺어온 기업이 군부가 직접 경영하는 미얀마경제지주유한회사MEHL였던 것부터가 잘못된 관계의 시작이었을 것이다. 비단 대우뿐 아니라 군정 시기 미얀마에 진출했던 여러 한인 기업들이 당시엔 국영기업이었으나 이후 군부 수중으로 넘어간 현지 기업들과 합법적으로 파트너 관계를 맺었다. 그러니 근본적인 책임은 오랜 군정을 거치면서 군부에 의한 왜곡된 경제 구조에 있다고 말할 수 있지만, 이들과 관계를 맺어온 기업들 역시 더는 기업 활동이 현지 국가에 미칠 영향에 대한 책무성을 회피해서는 안 될 것이다. 2021년의 쿠데타에 따른 미얀마 사회의 정치적 불안과 경제적 위기가 그 이유를 말해준다.

미얀마에 진출한 한인 대다수는 접근조차 어려운 '하이랭크'가 아니라 '로컬'의 노동력과 구매력에 의존하여 경제적 기반을 다져 갈 수 있었다. 한인들 역시 이를 모르지 않아 노동자들에 대한 처우나 작업환경을 개선하고 원만한 노사관계를 유지하기 위해 노력해왔다. 근래에는 한인회나 봉제협회 등이 주도하여 주기적으로 사회 봉사활동을 전개하는 등 현지 사회와 원만한 관계를 정립하기 위한 다양한 노력을 보여주고 있기도 하다. 한 한인이 몇 해 전 한인 잡지에 "느긋하게 거리를 활보하는" 개에 미얀마 사람들을 비유한 글을 올렸다가 이를 읽은 현지인이 소셜미디어에 글을 올리면서 자칫 큰 사건으로 번질 뻔했던 일도 경험했던 터라 현지 사회의 공분을 살 만한 불미스러운 일이 발생하지 않도록 조심하는 분위기가 지배적이다. 현지에서 가정을 꾸린 이들도 적지 않고, 한인들이 정보를 공유하는 소셜미디어 공간에 참여하는 현지인들도 있다는 사실을 의식하여 한인들끼리 주고받는 대화 속에서 은연중에 드러나는 차별적인 표현을 서로 검열하고 자제할 것을 당부하기도 한다. 단지 형식적인 수준에서만은 아닌, 미얀마가 그들에게 새로운 삶을 살아갈 기회를 주었다는 점을 깨닫고 작은 실천으로나마 갚아야 한다는 의식도 엿보인다.

그러나 현지 사회와 긍정적인 관계를 맺어가려는 이 같은 노력이 이루어지는 한편으로 위기 상황을 악용하여 현지인의 권리를 침해하는 일도 여전히 벌어지고 있다. 일례로 2021년 11월, 한 한인 봉제기업이 경영 어려움을 이유로 일방적으로 노동자들의 임금을 삭감한 일을 들 수 있다. 이 회사는 이에 앞서 5월에 반 군부 시위에 참여한 노동조합 간부들을 체포하려는 군부 군대의 진입을 허용한 바 있으며, 11월에는 임금삭감에 항의하는 노동자들의 파업을 진압하기 위해 직접 군대의 출동을 요청하기까지 했다(나현필 2021). 이 기업이 처해있었을 어려움은 충분히 짐작할 만하지만 쿠데타 이후 연일 수많은 사람들이 군경에 의해 체포되고 목숨을 잃는 상황에서 이런 일들이 발생했다니 대단히 유감스럽지 않을 수 없다.

쿠데타가 발발하기 전부터도 미얀마 한인들의 정치적 성향은 둘로 갈렸다. 한쪽에서는 2011년 이전 군사정권 시절이 좋았다는 입장에, 다른 한쪽에서는 능력은 부족하지만 이 나라의 장기적인 발전을 위해서는 NLD 정부가 계속 유지되어야 한다는 입장에 섰다. 군부를 지지하는 측에서는 NLD 정부 역시 과거 군부정권과 다를바 없이 뒷돈을 받기는 마찬가지면서 행정 절차의 투명성을 높인다며 업무 진행 속도를 지연시키고 있는 데 대한 불만을 털어놓는다. 어떤 정권이 들어서건 외국인으로서 불이익을 받기는 마찬가지니 일 처리만이라도 확실하게 해주는 정권이 낫다는 논리다. 반면 군사정권에 반대하는 측은 군부가 NLD 정부의 발목을 잡는 현실에 더 무게를 두어 2020년 선거가 무사히 치러져 2기 민간정부가 들어선다면 그간의 부진을 만회하여 개혁이 한층 가속화되리라는 전망을 내비쳤다. 그러나 쿠데타로 인해 이러한 기대는 물거품이 되고 말았다. 그렇다면 군사정권 시절이 나았다고 말했던 한인들은 지금의 현실을 만족스러워할까? 그렇지 않을 것이다. 한인들로서도 쿠데타에 반대하는 미얀마 국민의 저항이 일 년이 넘도록 지속되리라고는 예상하지 못했을 것이기 때문이다. 한인들이 경험한 군사정권은 대체로 안정적이었다. 이따금 저항은 있었지만 곧 진압되었고, 2021년 11월에 논란이 되었던 한인 봉제공장에서의 노동운동 진압 방식도 그 시절엔 예사였다. 그러나 한인들 역시 군부가 정치에서 물러나지 않는 한 오늘날과 같은 사태는 언제고 재발할 수 있으며, 그 결과는 누구에게도 이롭지 않다는 사실은 분명히 깨닫게 되었을 것이다. 이 위기가 언제, 어떤 형태로 끝나게 될지 현재로선 가늠조차 하기 어렵다. 이 암울한 현실을 뒤로하게 될 어느 날, 미얀마의 국민과 그곳에서 살아가는 한인 모두가 한 번 더 새로운 삶을 꿈꿀 수 있는 기회의 땅으로 다시금 미얀마가 우리 앞에 모습을 드러내 주길 간절히 바라고 또 바랄 뿐이다.

공준환. 2019. "연합군 자료를 통해 본 버마의 일본군'위안부' 제도." 『동북아역
　사논총』 66: 205-253.

국사편찬위원회. 1998. 『한민족독립운동사 4』. 과천: 국사편찬위원회.

김도형. 2014. "일제 말기 필리핀·버마지역 한인 병사의 강제동원과 귀환." 『한국
　독립운동사연구』 47.

김인덕·김도형. 2008. 『1920년대 이후 일본·동남아지역 민족운동』. 독립기념관
　한국독립운동사연구소.

김찬수·이주은. 2013. 『중소기업의 미얀마시장 개척방안연구』. 한국수출입은
　행 해외경제연구소.

김희숙. 2020. "위기와 기회: 미얀마의 코로나19 대응 특징과 정치적 함의." 『동남
　아시아연구』 30(4): 105-144.

나현필. 2021. "미얀마 군부 쿠데타 300일, 변하지 않는 한국 정부와 기업." 프레
　시안 11월 26일 자.

서지원·전제성. 2017. "대한민국 해외투자 선구자들의 초국적 연계성과 의식세
　계: 인도네시아 한인기업가 회고록 분석." 『동아연구』 36(1): 295-337.

앤더슨, 베네딕트. 서지원 옮김. 2018. 『상상된 공동체: 민족주의의 기원과 보급
　에 대한 고찰』. 서울: 도서출판 길.

외무부. 2019. 『2019 재외동포현황 미얀마 개황』.

KOTRA.『해외진출 한국기업 디렉토리』. 서울: KOTRA. 1994년, 2004년, 2009년, 2011년, 2014년, 2016년, 2018년 자료.

KOTRA 양곤무역관. 2019.10.08. "양날의 검, 미얀마 국경무역 현황." 미얀마한 인봉제협회 소식지『실과 바늘』(https://issuu.com/myantrade).

Alonso, Andoni and Pedro J. Oiarzabal. 2010. *Diasporas in the New Media Age: Identity, Politics, and Community*(ed.) Reno, Nevada: University of Nevada Press.

Andrews, Tim. G. and Khin Thi. Htun. 2017a. "Business Networks in Myanmar: Kjei zu, Corrosion and Reform." in *Business Networks in East Asian Capitalism*. Jane Nolan, Chris Rowley, Malcolm Warner(ed.). Cambridge: Chandos Publishing.

_____. 2017b. "Corruption in Myanmar: Insights form Business and Education." in *The Changing Face of Corruption in the Asia Pacific*. Marie dela Ram, Chris Rowley(ed.) Amsterdam: Elsevier.

Bernal, Victoria. 2018. "Digital Media, Territory, and Diaspora: The Shape-Shifting Spaces pf Eritrean Politics." *Journal of African Cultural Studies* 99: 1-15.

Bissinger, Jared. 2014. "Myanmar's Economic Institutions in Transition." *Journal of Southeast Asian Economics* 31(2): 241-255.

Brinkorhof, Jennifer M. 2009. Digital Diasporas: Identity and Transnational Engagement. Cambridge: Cambridge University Press.

Keles, Janroj Yilmaz. 2016. "Digital Diaspora and Social Capital." *Middle East Journal of Culture and Communication* 9: 315-333.

Kendzior, Sarah. 2011. "Digital Distrust: Uzbek Cynicism and Solidarity in the Internet Age." *American Anthropologist* 38(3): 559-575.

Komito, Lee. 2011. "Social Media and Migration: Virtual Community 2.0." *Journal of the American Society for Information Science and Technology* 62(2): 1075-1086.

Kyaw Yin Hlaing. 2002. "The Politics of Government-Business Relations in

Myanmar." *Asian Journal of Political Science* 10(1): 77–104.

Laguerre, Michel S. 2010. "Digital Diaspora: Definition and Methods." in *Diasporas in the New Media Age: Identity, Politics, and Community.* edited by Andoni Alonso and Pedro J. Oiarzabal, Reno · Nevada: University of Nevada Press.

Lee, Eunkyung. 2013. "Formation of a Talking Space and Gender Discourses in Digital Diaspora Space: Case of a Female Korean Im/migrants Online Community in the USA." *Asian Journal of Communication* 23(5): 475–488.

Lee, Hojeong. 2017. "What Cultural Identity Do You Have? Korean Diasporic Community and News Consumption." *JOMEC Journal* 11: 142–158.

Mahmod, Jowan. 2016. *Kurdish Diaspora Online.* New York: Palgrave Macmillan.

Nikkei Asia. 2021/10/19. "Myanmar FDI Drops to 8–Year Low, Reflecting Post– Takeover Unrest." https://asia.nikkei.com/Spotlight/Myanmar–Crisis/ Myanmar–FDI–drops–to–8–year–low–reflecting–post–takeover–unrest.

Oh, Joong–Hwan. 2016. "Immigration and Social Capital in a Korean–American Women's Online Community: Supporting Acculturation, Cultural Pluralism, and Transnationalism." *New Media & Society*: 1–18.

Pfanner, David E. 1962. "Rice and Religion in a Burmese Village." Ph. D. Thesis. Ithaca: Cornell University.

Pfanner, David E. and Jasper Ingersoll. 1962. "Theravada Buddhism and Village Economic Behavior: A Burmese and Thai Comparison." *The Journal of Asian Studies* 21(3): 341–361.

Shou, Zhigan and Rui Guo and Qiyuan Zhang and Chenting Su. 2011. "The Many Faces of Trust and Guanxi Behavior: Evidence from Marketing Channels in China." *Industrial Marketing Management* 40: 503–509.

Speece, Mark and Phyu Phyu Sann. 1998. "Problems and Conflicts in Manufacturing Joint Ventures in Myanmar." *Journal of Euro-Asian Management* 4(3): 19–43.

Spiro, M. E. 1966. "Buddhism and Economic action in Burma." *American*

Anthropologist 68(5): 1163-1173.

_____. 1982[1970]. *Buddhism and Society: A Great Tradition and Its Burmese Vicissitudes*, (2nd Expanded Edition). Berkeley: University of California Press.

UNDP. 2021 April 30. "COVID-19, Coup d'Etat and Poverty: Compounding Negative Shocks and Their Impact on Human Development in Myanmar."

UNHRC. 2019 August 5. "The Economic Interests of the Myanmar Military: Independent International Fact-Finding Mission on Myanmar." UN Human Rights Council.

경향신문. 1992.02.11. "대 미얀마 투자 급증/작년 9개사 모두 6억7천만불."

_____. 1993.01.18. "봉제/미얀마 공장 본궤도/대우/셔츠 한달 12만장 제조."

_____. 1995.08.02. "한국 재벌그룹 미얀마 투자 붐."

_____. 1996.03.13. "미얀마에 백화점 15개 건립/대우."

세계일보. 2011.12.27. "'中 안방' 미얀마에 美 이어 日도 러브콜."

_____. 2011.11.25. "美 '미얀마 지렛대'로 中견제…'아태 올인 행보' 가속도."

한겨레. 1995.03.29. "미얀마: 2(아시아와 어떻게 사귈까:12)."

_____. 1995.03.30. "미얀마: 3(아시아와 어떻게 사귈까:13)."

_____. 2012.04.05. "미국 "미얀마 제재 풀겠다.""

한국경제. 1995.10.24. "미얀마/30년고립 탈피 재도약 "기지개"(전략지역을 가다)."

한국일보. 2012.04.02. ""전략적 요충지 미얀마 잡아라" 美-中 기싸움."

미얀마 한인 비즈니스 매거진 『실과 바늘』. https://issuu.com/myantrade

미얀마 한인회보 『뉴라이프』. https://issuu.com/myanmarhanin

애드쇼파르(AD Shofar). https://news.myantrade.com/

C채널뉴스. 2014.01.17. "한국교회 선교사 파송 25,745명." https://www.youtube.com/watch?v=1PWq7nKygxo

2부

라오스 한인 사회의 형성과 변화

: '연속' 이민에서 '직접' 이민으로

이요한

1장

들어가며

1. 연구 목적과 내용

2007년 필자가 라오스로 이주하게 되었을 때 "라오스는 어디에 있는 나라인가?"라고 묻는 지인이 많았다. 당시만 해도 라오스는 한국인에게 잘 알려지지 않은 국가였다. 라오스가 한국에 잘 알려지지 않았던 이유는 1975년 공산화되면서 오랫동안 한국과 교류가 불가능했던 데다가 내륙국가로서 무역과 교류에 제약이 있었기 때문이다. 무엇보다 라오스는 태국, 베트남, 인도네시아 등 동남아 인근 국가보다 인구가 적고 소득 수준이 낮아 시장으로서의 매력 즉 '경제적 가치'가 낮은 나라였다.

라오스는 국내 학계의 연구 대상에서도 소외되어있었다. 필자 역시 아세안 전공자였음에도 불구하고 라오스 이주(2007~2012년 거주)

전까지 라오스에 관한 지식과 관심이 거의 없었다. 그러나 현재 라오스는 많은 한국인에게 친숙한 나라가 되었다. 2019년 기준 17만 명의 한국인이 라오스로 여행을 가고 있고, 3,000명의 한인이 살고 있으며, 직항 노선도 여러 개가 운영되고 있다. 2014년 〈꽃보다 청춘: 라오스 편〉이 방영된 이후 라오스는 한국인에게 가장 인기 있는 동남아 여행지 중 하나가 되었다. 라오스에 대한 인지도와 호감도 상승은 현지 한인 사회에 많은 활력을 불어넣었고, 최근 라오스의 한인 규모 증가에 큰 영향을 주었다.

라오스는 1975년 공산화되면서 한국과의 교류가 전혀 없었으나 1995년 한국과의 (재)수교를 전후로 한인 이주가 시작되었으며, 라오스가 1997년 아세안the Association of Southeast Asian Nations, ASEAN, 2012년 아시아·유럽 정상회의Asia Europe Meeting, ASEM, 2013년 세계무역기구 World Trade Organization, WTO에 각각 가입해 개방화가 진전되며 한국을 비롯한 국제사회와의 교류가 활발히 이루어지게 되었다.

라오스 한인 사회는 다른 동남아 국가에 비해 그 역사가 짧은 편이나 유입 규모에 있어서는 최근 들어 급증하는 추세를 보여왔다. 한국과 라오스 양국의 정치외교·경제·개발협력Official Development Assistance, ODA 확대와 특히 2010년대 중반부터 본격화된 한국인 관광객 유입이 라오스 내 한인 사회의 성장을 견인하였다. 1990년대 후반까지 100명 미만에 머물렀던 라오스 한인 규모는 2000년대 중반 300~400명 수준으로 확대되었고, 2015년 약 2,000명, 2017년 약 3,000명으로 급격히 증가하였다. 2015년 이후 라오스의 한국인 관광객이 연 10만 명 이상으로 급증함에 따라 관련 산업인 관광업, 요식업을 운영하는 한인 또한 증가하였다.

"한인은 라오스로 왜 이주했으며 어떻게 살아가고 있는가?" 이 질문이 본 저서의 핵심 목적이다. 국내외적으로 라오스 한인에 관한 연구가 거의 없는 상황 속에 본 연구는 라오스 내 한인 사회에 대한 본격적인 첫 연구 시도라는 점에서 의의가 있다. 본 연구는 라오스 내 한인 사회에 대한 기초조사로서의 성격을 가지며, 한인 사회의 현상과 변화에 초점을 맞추었다. 이를 위해 라오스 한인 사회의 기본 구조를 파악하고, 이주의 동기, 한인 사회의 성장 과정과 그 특징을 정리하기 위해 한인의 이주 역사, 기본 구조, 경제활동, 적응 과정, 정체성, 사회적 관계를 포함한 포괄적 분석을 시도하였다.

2장에서는 라오스 한인 이주의 배경과 구조를 다루었다. 라오스로 이주하게 된 동기에 미친 요소, 즉 라오스의 개방과 한국·라오스의 정치외교 및 경제 관계 확대에 관해 살펴보았다. 라오스가 개도국 경제에 머물러 있긴 하지만 최근 10여 년간 평균 GDP 성장률이 7퍼센트에 육박하는 역동적인 경제성장을 지속해 한국과의 무역·투자가 증가하면서 자연스럽게 이주 수요가 발생하였다. 무엇보다 라오스 정부의 한국인 방문객에 대한 단기비자 면제 등 각종 협정 체결이 이루어지면서 한인들이 라오스에 진출할 수 있는 발판이 마련되었다. 또한, 한인 사회의 기본 구조로서 지역별 분포와 구성, 한인회를 비롯한 한인 기관과 한인 사회의 관계성, 한인의 경제활동에 대해 다루었다.

　3장에서는 라오스의 한인 형성사를 이주 역사 초기와 성장기로 나누어 분석하였으며, 지역별 한인 분포와 경제생활 및 주요 한인 기관의 현황을 정리하였다. 라오스의 한인 이주 역사를 20여 년으로 볼 때 라오스 한인 이주 역사 초기는 1995년 한국과 라오스 (재)수교부터 2000년대 중반까지 약 10년간으로 구분할 수 있으며, 라오스 한인의 성장기는 2000년대 중반부터 2019년 현재까지 약 10여 년으로 분류할 수 있다. 라오스 한인 이주 역사 초기 부문에서는 1975년 공산화되기 이전 예외적인 교민 사례를 포함하여 서술하였다. 한인 이주 초기인 1990년대부터 2009년까지의 이주 요소인 낮아진 장벽과 적은 비용, 경쟁 요소 들에 관해 다루었으며, 한인 이주 확산기인 2009년부터 현재까지 라오스가 관광지로 부상함에 따라 한국인 여행객이 폭발적으로 증가함에 따라 라오스에 한인 유입을 증가시킨 요인으로 작용하였음도 다루었다.

　4장과 5장에서는 세 번에 걸쳐 실시한 현지조사와 현지 교민 인터뷰를 기초로 라오스 한인의 정착 과정, 사회적 관계 및 정체성에 대해 심도있게 살펴보았다. 4장은 정착 동기와 적응 과정과 관련한 내용을 중심으로 구성하였고, 5장은 한인의 사회적 참여도와 가족 관계, 현지인과의 관계가 어떻게 형성되었는지로 구성했다. 결론에서는 라오스 한국 사회의 특징을 요약하고, 전망 및 추후 연구과제를 서술하였다.

2. 연구 방법

국제이주의 발생 원인과 과정을 설명하는 이론은 송출국과 유입국의 경제적 여건에 따른 '배출-흡인^{push and pull}'이론과 노동시장의 수요에 따른 국제이주를 설명하는 이중노동시장이론, 종속이론과 세계체계이론에 따른 중심부 경제와 주변부 경제 사이에서 발생하는 국제노동이주이론 등이 있다. 그러나 경제와 자본에 초점을 맞춘 이론들은 이민에 영향을 주는 정치적 상황과 개인의 행위를 간과한다는 비판에 따라 이를 포괄하는 '이주체계접근법^{a migration systems approach}'이라는 새로운 분석 틀을 본 연구에서는 사용하고자 한다. 이 접근법은 모든 이주의 흐름이 거시적 구조(양국 관계, 국가 및 제도적 요인)와 미시적 구조(이주자 네트워크, 신념)의 상호 결과에서 오는 것이다(문경희 2017: 121). 이주체계 접근법은 한국과 이주 수용 국가(본 연구의 경우 라오스)의 정치적 우호 관계, 경제 관계의 확산, 사회문화적 환경을 포괄적으로 분석하는 것이 가능하다(김용찬 2006: 97). 따라서 본 연구에서는 한국인의 라오스 이주가 활성화되는 요인에 영향을 준 1995년 한·라오스의 재수교[1]와 2000년대 양국 무역·투자의 확대, 그리고 관광객 급증 등 정치·경제·사회·문화적 요인을 포괄적으로 다루었다.

---

1 한국과 라오스는 1974년 라오스 왕립정부와 수교 후 1975년 공산화되면서 단교하였다. 따라서 1995년 양국 간 수교를 공식적으로는 재(再)수교로 명명하고 있다.

해외 한인 이주의 초기 이주사는 대부분 빈곤을 벗어나기 위한 계약 노동자나 강제적 이주 형태를 띠다가 최근 자유이민, 중산층 이민으로 변모하는 경향을 보인다(전형권 2006: 146). 정성호(2008)는 한인 디아스포라의 유형을 이주 시기 및 유형에 따라 구디아스포라old diaspora와 신디아스포라new diaspora로 구분했는데 구디아스포라는 농업이민, 노동이민, 망명이민 등 비자발적 성격이 강하지만, 신디아스포라는 자발적 가족이민과 투자이민이 중심을 이룬다. 또한, 이주 지역을 살펴보면 구디아스포라는 러시아, 중국, 일본, 미국인 것에 비해 신디아스포라는 미국, 독일, 캐나다, 브라질 등으로 전환되고 있다(정성호 2008: 110). 이와 같은 관점을 적용한다면 라오스의 한인 이민은 비자발적 이민의 역사를 경험하지 않았으며, 자발적이고 가족과 투자이민을 중심으로 하는 신디아스포라의 성격을 갖는다고 할 수 있다. 즉 한인 초기 이민사의 특징인 유랑流浪, 유민流民, 망명亡命의 성향(전형권 2006: 142)보다는 주재원, 사업가, 선교사, 유학생, 봉사자와 같은 자유이민voluntary migration의 개념에 가깝다.

본 연구는 해외 이주 연구 방법에 있어 초국가적 공동체 현상과 트랜스로컬리티translocality에 대한 개념을 활용하고자 한다. 초국가적 공동체 현상이란 "국민국가의 경계를 가로지르는 대규모의 인구 이동과 이러한 국가 경계 넘기의 다양한 현상들이 만들어내는 새로운 관계의 장소, 생활 기반을 중심으로 탈 영토화된 개념을 의미한다"(문재원·박수경 2011: 213-214). 최근 이주 담론에서는 민족이나 국가의 영역을 넘어 이주자가 새로운 지역(국가)에 자리를 잡더라도

표 1 기존 이주자와 트랜스 이주자의 차이

구분	기존 이주자	트랜스 이주자
문화와 정체성	본국의 가족 및 문화와 분리된 삶	정착국가에서 본국의 가족, 전통, 제도와의 강한 결속
본국과의 연결 정도	본국과의 부분적인 연결로 연쇄 이주 자극	본국과의 다양한 관계를 통해 글로벌화 확대
본국과의 일상생활 연결	본국과 분리된 일상생활	본국 사회문제에 관심을 두고 직·간접적으로 영향력 행사
이주자 네트워크의 공간 범위	공간적으로 제한된 이주자 네트워크	글로벌하게 확대된 이주자 네트워크
본국 정부와의 관계	이주자와 본국 정부 간 분리 (단일 국적)	이주자와 본국 정부 간 유연한 연대(이중 국적)

출처: 이영민·이용균·이현욱 2012: 105

여전히 본국과의 다양성을 연결하면서 현지인과 조화를 이루는 초국가적 특성에 관심을 둔다. 즉 이주자의 초국가적 연결이 확대되고, 국경을 초월한 상품, 서비스, 문화, 정보의 연결이 활발히 이루어지면서 출신 국가의 연결성을 지속시키는 현상을 의미한다(이영민·이용균·이현욱 2012: 104). 그러나 현대 이주자의 사회적 관계가 국가 단위가 아닌 이주자가 정착한 지역에 주목해야 한다는 측면에서 트랜스로컬리티가 분석 틀로 제시되고 있다(염미경 2013: 85). 예를 들어, 라오스 한인들이 단순히 거주국에 수동적으로 적응하는 것이 아니라 한국과 거주국이라는 특수한 장소적, 역사적, 경험적 실체 사이에서 능동적으로 적응해가는 주체라는 점을 강조한다.

문화와 정체성에 있어 출신국과 이주국 중 하나를 선택하는 것이 아니라 자신이 적응하는 데 있어 좀 더 효과적인 상황을 선택해 나가는 트랜스 이주자transmigrant의 성격을 갖는다.

본 연구의 기초가 되는 통계 자료들은 라오스 현지 정부나 기관을 통해 얻거나 라오스 내 한인 공공기관(대사관, KOTRA, KOICA 등)의 자료를 참조하였다. 자료마다 한인 관련 수치나 한국·라오스 사회경제적 관계에 대한 수치가 다른 경우가 많았다. 현지 통계자료의 객관성을 확보하기 위해 인터뷰 및 관찰을 통해 수집한 내용도 교차 분석하여 서술하였다.

본 연구는 특히 라오스 한인의 구술에 기초한 정보를 주요한 분석 수단으로 활용하였다. 구술이란 "기록된 인터뷰를 통해서 역사적으로 중요한 구술된 기억과 논평을 수집하는 것"과 "과거에 대한 개인적 기억의 환기와 기록"이라고 정의할 수 있다. 또한 "구술자 또는 화자가 연구자 또는 해석자 앞에서 자신의 과거 경험을 기억을 통해 현재로 불러오는 작업을 통해 얻은 자료"로 정의하고 있다(윤택림 2009: 511). 구술은 개인의 언어에 기반을 두므로 구술자의 계층적 차이·성별·직업·세대에 많은 정보를 제공한다. 다만 구술자의 주관성과 개인성을 극복하기 위해서 특정 그룹에 집중되지 않고 다양한 구술자료를 확보하여 객관성을 확보하고자 하였다. 라오스 한인 이민 초기부터 현재까지의 체계적인 문서 자료가 미비한 상황에서 구술자료는 그 한계성에도 불구하고 라오스 이민사와 현황을 파악하는 데 가장 효과적인 분석 수단이라 할 수 있다. 한인회의 경우에는 한인회장을 한 차례, 부회장을 두 차례 만나 라오스 한인 사회의 형성 과정과 특징을 총괄적으로 청취할 기회를 얻었다. 또한 라오스 한인 가운데 가능한 한 다양한 직군과 대표성을 가진 대상자를 만남으로써 편향된 내용을 지양하고 균형적인 관찰을 유지하고자 하였다. 이와 같은 심층 인터뷰 내용은 라오스 한인 사회를 이해하는 데 큰 도움을 주었으며, 한인 간의 상호교차적인 시각도 비교할 수 있었다.

본 연구를 위하여 3년간 총 3차례(2016년 7월 19일~8월 4일, 2017년 7월 29일~8월 4일, 2018년 7월 17일~8월 6일)에 걸쳐 라오스 현지조사를 시행하였다. 1차 현지조사는 한인의 전반적인 개요를 파악하는 데 주력하였으며, 2차와 3차는 생애사life history를 기반으로 개인별 한인의 라오스 정착과 적응 그리고 정체성과 네트워크에 대한 심층 인터뷰로 정보를 얻었다. 현지조사를 통해 수십 명의 한인을 인터뷰하였으며 지역별 및 주요 직군별(선교사, 자영업, 기업인, 회사원 등) 한인을 대상으로 심층 인터뷰를 시행하였다. 심층 인터뷰는 이주 적응 과정과 한인으로서의 정체성, 현지의 한인 사회와 현지인과의 네트워크 등 총 18개의 질문(부록)으로 구성해 개인별로 라오스 내 한인 사회에 대한 자신의 경험을 나누도록 하였다(제4장과 5장에서 상세 기술).

심층 인터뷰 질문들은 동남아 한인 연구팀의 워크숍을 통해 선정되었으며 세부 항목에 대한 분류는 본 필자가 재구성한 것이다. 심층 인터뷰는 모두 대상자의 동의를 얻어 진행되었으며, 녹취와 사진 촬영 또한 동의를 얻어 수행하였다.[2] 필자 또한 2007년부터 2012년까지 루앙프라방에 5년간 현지 한인으로 거주한 바가 있다. 2012년 이후에도 매년 2~3회 정도 라오스를 정기적으로 방문하면서 라오스 사회의 변화나 현지 한인의 상황과 정보를 인지하고 있었다. 이러한 경험과 지식은 본 연구에 있어서 현지 한인의 시각을 공감하고 이해하는 데 큰 도움이 되었다.

---

2   모든 질문에 대해 대답할 의무는 없음을 알렸으며, 익명이나 실명 기재 여부도 인터뷰 대상자의 의견을 따랐다.

2장

라오스 한인 이주 배경과 구조

1. 왜 라오스로 이주하는가?

13세기 란쌍Lan Xang 왕국으로 시작한 라오스는 내륙국가로서 18세기까지 주변 강국인 태국·미얀마·베트남의 침략으로 어려움을 겪었고, 19세기에는 프랑스의 식민지가 되었다. 1941~1945년 일본의 지배를 받았으며, 프랑스가 다시 점령한 이후 1953년 왕립 라오 정부Royal Lao Government로 독립하였다. 그러나 공산 세력인 파텟 라오Pathet Lao와 오랜 내전을 겪었으며, 1975년 12월 결국 공산화되어 현재까지 공산국가를 유지하고 있다. 1990년대 초반 탈냉전 체제가 도래하기까지 한국인의 라오스 체류는 거의 불가능한 상황이었다.

라오스의 한인 이주에 있어서 가장 중요한 맥락은 한국과 라오스의 외교관계 수립과 라오스의 개방정책이라 할 수 있다. 한국은 라오스 공산화 직전인 1974년 수교하였으나, 1975년 라오스의 공산화로 양국 간의 외교적 관계는 단절되었다. 라오스는 공산화 이후 탈냉전이 도래하기 전까지 고립적 외교정책을 지속하였다(Rigg 2005: 14). 냉전 시절 이념적 차이와 내륙국이라는 라오스의 지정학적 상황으로 한국과 라오스의 정치경제적 관계는 단절되었다. 라오스는 1980년대 후반부터 신경제체제New Economic Mechanism, NEM로 개혁개방을 시작하였으며(Mya and Joseph 1997), 탈냉전이 시작된 1990년대부터는 한국과 라오스 양국 관계가 개선되기 시작하였다(Soren 2008).

1995년 10월 25일 한국과 라오스와의 외교관계 수립이 당장 라오스 한인을 유인誘因한 것은 아니다. 한국인에게 라오스는 여전히 미지의 나라였고, 경제적 매력도 별로 없었기 때문이다. 다만 양국 국교 수립 과정에 필요한 외교부 관계자와 사업자를 중심으로 한 극소수의 인원이 1990년대 중반부터 거주하면서 라오스 한인의 역사가 시작되었다.

한국과 라오스 간 재수교가 이루어진 이후 무역·투자·관광·정부 간 협력 등 다양한 분야에서 양국 관계가 확산되었고 지난 20년 이상 우호적인 관계를 유지해왔다. 1996년 주駐라오스 한국 대사관이 개설되었으며, 2001년 주한 라오스 대사관이 개설되었다. 이전에는 태국에서 비자를 얻고 라오스에 입국해야 하는 불편이 있었지만, 이제 한국에 있는 라오스 대사관에서 비자를 취득하여 입국할 수 있게 되었다. 또한 주한 라오스 대사관이 비엔티안에 개설됨으로써 한인들이 유사시에 도움을 요청할 수 있는 환경이 마련되었다.

양국 간 정상급 외교는 상호관계를 더욱 밀접하게 하였다. 2004년 11월 비엔티안에서 개최된 ASEAN+3(한·중·일) 정상회의에서 노무현 대통령이 한국 정상으로는 처음으로 라오스에 방문한 이래 2008년 부아손Bouasone Bouphavanh 라오스 총리가 방한하였고, 이듬해에 열린 제1회 한·아세안 특별정상회의 참석차 부아손 총리가 재차 방한하였다. 2013년 춤말리Choummaly Sayasone 대통령이 라오스 정상으로는 최초로 방한하였고, 2014년 통싱Thongsing Thammavong 총리가 한국에서 개최한 제2차 한·아세안 특별정상회의에 참석했다. 이후 2015년 황교안 총리가 한·라 재수교 20주년을 기념하여 방문였고, 2016년 박근혜 대통령의 라오스 방문 등이 있었다.

라오스로서도 자국의 경제성장과 사회적 인프라를 확충하기 위해 한국의 투자와 원조 유입을 적극적으로 시도하였다. 양국은 1996년 투자보장협정Investment Guarantee Treaty, 2004년 이중과세방지협정Double Taxation Agreement, 2010년 항공협정agreement on air transport을 체결하였다(〈표 2〉 참고). 2013년 이후로 양국이 경제 공동위 설립, 무상원조 기본 협정, 사증 면제 협약 등을 맺음으로써 한국인의 라오스 입국과 체류 여건 기반이 마련되었다.

한국과 라오스 간의 경제적 확대 또한 한인 유입과 거주 환경에 중요한 요소를 제공해왔다. 라오스는 개인이나 기업이나 비교적 소규모의 자본을 가지고도 진입이 가능한 상대적으로 낮은 장벽을

표 2 한·라오스 주요 협정

일시(년월)	협정 내용
1996. 5.	투자 보장 협정
	경제·과학기술 협력 협정
2004. 4.	한·라오스 경제 공동위 설립 시행 약정
2004. 11.	한·라오스 이중과세방지 협정(발효 2006. 2.)
2008. 6.	라오스, 한국인 일반여권 소지자 단기비자 일방적 면제 조치
2009. 6.	무상원조에 관한 기본 협정
	한·라 외교관 관용여권 사증 면제 협정
2010. 4.	한·라 항공 협정
2013. 12.	한·라 2014~2017년 대외경제협력기금(EDCF) 차관에 관한 기본 약정 체결
2015. 12.	한·라 2016년 무상원조 양해각서 체결
2016. 12.	한·라 고용허가제 양해각서 체결
2018. 9.	한국인 일반여권 소지자 무사증 체류 기간 연장(최대 30일)

출처: KOTRA 2020

가졌다는 장점이 있었다. 개방 초기의 라오스는 최빈국으로서 어떤 형태로든 자국에 '외화外貨'가 유입되는 것을 환영했다. 한국인 또는 한국 기업은 라오스가 다른 국가에 비해 '가진 자'로서의 위상을 확보할 수 있다는 장점이 있었다. 또한 라오스의 인건비가 매우 낮다는 점과 다른 국가에 비해 경쟁이 적다는 점 역시 라오스 한인 이주의 중요한 동기를 제공했다.

라오스가 다른 동남아 국가에 비해 매우 짧은 역사에도 불구하고 한인 사회 규모가 급성장할 수 있었던 배경에는 라오스가 한국과 한국인에 대해 우호적이라는 인식이 있다. 라오스인은 한국을 미국·호주·일본과 동등한 수준의 선진국으로 인식하고 있다. 또한 경제발전을 간절히 원하는 라오스는 한국의 압축적 개발 경험과 경제성장을 하나의 '롤모델'로 여겼다. 라오스는 2020년까지 최빈국에서 벗어나기 위한 빈곤 감소와 사회경제적 인프라 확대를 추진하고 있는데 그 과정에서 한국의 개발 경험과 산업 기술 등의 이전을 기대하고 있다.

라오스는 공산주의(사회주의)체제지만 경제적으로는 시장경제 체제를 운영하고 있어 한인이 거주하는 데 이질감이 거의 없다. 특히 양국 간 무역·투자의 증가 추세, ODA 규모의 확대, 한국인의 라오스 관광객 급증은 라오스 한인의 증가 요인이 되었다. 라오스가 개방정책 이후 경제성장을 지속하자 한인과 기업의 주목을 받게 되었다. 라오스가 빠른 경제성장으로 현지인 중산층도 점진적으로 증가하고 있기에 새로운 시장에 대한 기대로 한인과 한인 기업의 진출이 증가했다. 2005년부터 2019년까지 라오스의 평균 경제성장률은 6퍼센트를 상회하였으며, 동기간 1인당 GDP는 400달러에서 2,000달러로 다섯 배 이상 증가하였다. 특히 최근 5년간 (2015~2019년) 평균 경제성장률이 7퍼센트를 상회하여 아세안 국가 중 가장 빠른 성장률을 기록했다. 동 기간 1인당 국민소득이 40퍼센트 이상 증가한 반면, 물가 상승률은 3퍼센트 내외로 안정적으로 유지했다(이요한 2018).

라오스의 개혁개방과 경제성장에 대한 열망에 부응하여 한국 기업 역시 건설업·금융업·도소매업 및 수력발전 분야 등에 진출하였다. 아세안경제공동체ASEAN Economic Community, AEC의 출범은 라오스 시장에 대한 기대감으로 이어졌고, 한·아세안 자유무역협정 Free Trade Agreement, FTA 활용으로 한국 기업에 기회 요인을 제공하였다 (Hugo 2015).

한국과 라오스 간 양국 교역은 1998년 약 500만 달러, 1999년 1,200만 달러를 기록하였으나, 이후 동남아 경제위기와 한국의 IMF 금융위기로 인해 2000년대 초반 500~600만 달러에 그쳤다. 2003년 들어 양국의 교역 규모는 900만 달러에 이르며 회복세를 보이다가 2010년 1억 달러를 돌파하고 양국의 교역은 2015년 2억 달러로 최고치를 기록하였다. 2016년 이후 양국 교역은 감소 추세지만 한국은 2019년 기준 라오스의 7위 수입국으로의 위상을 차지하고 있다(한국무역협회 2019).

한국의 대對라오스 투자는 1992년 30만 달러로 시작되었다. 라오스 내 해외직접투자Foreign Direct Investment, FDI 부문에서 1992년부터 2017년 9월까지 한국은 투자 건수 291건, 투자금액 5,100만 달러, 총투자의 3.8퍼센트의 비중으로 건수 기준 4위, 금액 기준 5위를 차지했다(KOTRA 2018). 2017년 투자 누적 기준으로는 14억에 달하였으며, 827개의 한국 기업이 있다. 한국 기업의 투자 목적은 현지 시장진출 목적이 전체의 68퍼센트인 총 2억 8,227만 달러로 가장 높았고, 자원개발을 위한 투자는 8,023만 달러로 19퍼센트에 달하였다. 2013년 투자 건수 18건, 투자금액 6,400만 달러로 모두 최대치를 기록하였다가 2016년 투자 건수 43건, 투자금액 4,100만 달러, 2017년 투자 건수 30건, 투자금액 1,900만 달러, 2018년 투자 건수 14건, 투자금액 650만 달러, 2019년 누계로 투자금액은 약 5억 달러에 달했다(한국수출입은행 2020). 2017년 금융업 부문에서 KEB 하나은행이 라오스 현지 은행인 BCEL Banque Pour Le Commerce Exterieur Lao Public과 송금 및 무역금융 분야의 전략적 업무 제휴를 추진하는 등 한국과 라오스의 자본 이동이 보다 용이해졌다.

하지만 라오스의 상대적으로 작은 시장 규모와 제조업의 취약성 등이 한국 기업의 라오스 투자 확대는 물론 한국 기업과 한인 진출 확대에도 장애물로 작용하고 있다. 실제 투자자 규모를 살펴보면 신규법인 수를 기준으로 중소기업(67개), 개인(40개), 대기업(23개), 비영리 단체(2개) 등이다. 즉 작은 내수시장과 인프라의 부족으로 대기업 진출이 상대적으로 부진한 상황이다. 다만 2016~2017년 금융 및 보험업이 27퍼센트로 투자 분야 1위를 차지했으며 전기·가스·수도 사업이 24퍼센트로 2위, 건설업이 20퍼센트로 3위를 차지함으로써 투자 분야가 다양해졌다.

한국의 대라오스 공적개발원조 ODA 분야 역시 양국 관계의 핵심적인 분야로 자리 잡았다. 라오스는 한국국제개발협력위원회가 지정한 ODA 중점 협력국의 하나로서 라오스 ODA 규모는 총 4억

6,000만 달러로 전체 수원국 중 11위를 차지하며 무상원조 기준으로는 8위에 해당된다(외교부 2020). 또한, 2017년까지 2억 달러 규모의 경제협력개발기금Economic Development Cooperation, EDCF을 투입했다.

OECD 통계에 따르면 한국의 대라오스 ODA 통계는 2005년 900만 달러에서 2007년 1,700만 달러, 2011년 3,300만 달러로 증가하였다. 현지 정부 통계 기준으로 한국의 ODA 총액은 2014~2015년 회계기준으로[3] 5,800만 달러로 국별 기준에서 일본에 이어 2위에 오를 정도로 핵심적인 역할을 하고 있다. 특히 2013년 양국 정상 간의 KOICA 무상원조 기본 약정, 2014~2017년 EDCF 차관 기본 약정, 왓푸 UNESCO 문화유산 보존을 위한 MOU, 2014~2017 무상원조 잠정목록 MOU를 체결한 이후 관련 인력과 기업의 진출이 활발하게 이루어졌다. 2017년 11월에는 제1차 한·라 라오스 ODA 통합정책협의회Korea-Lao Integrated ODA Policy Dialogue를 개최하는 등 향후 라오스 ODA는 지속해서 확대되고 있다.

라오스 내 한국 ODA 프로젝트에 참여했던 KOICA 및 EDCF 프로젝트 참여자가 사업 기간 이후에도 라오스에 장기적으로 정착하는 사례가 많은 편이다. KOICA 단원은 통상 임기가 2년이지만 파견 기간 종료 이후 라오스 내에서 자영업을 하거나 대사관·KOTRA의 직원으로 남는 사례가 많았다. 특히 라오스 내 KOICA OB 모

임에는 2018년 7월 현재 약 30명이 활동하고 있으며, 매년 2회(상반기, 하반기) 모임을 하고 있다.[4] 2005~2007년 루앙프라방의 EDCF 사업, 2014~2017년 팍세의 수력발전사업 등 프로젝트에 기반한 사업 기간 중 체류 인력이 일시적으로 급증했다. 다만 이 경우 프로젝트 종료 이후 한인 거주 규모가 급격히 감소한 점은 라오스 한인 사회의 불안정성을 보여주는 특징이다.

라오스 일반 국민은 한국인과 한국 문화에 대해 매우 우호적인 반응을 보이며, 이는 2000년대 들어서 시작된 한류의 인기를 통해 증명되고 있다. 라오스 내 한류의 인기가 본격화된 것은 기존 라오스 TV에서 방영되던 태국에서 번역된 한국 드라마와 영화 DVD를 쉽게 구매할 수 있게 되면서부터이다. 라오스 한류의 인기는 한국 제품에 대한 호감도로 이어져 한국의 전자제품, 화장품 구매로 연결되고 있다. 이와 같은 추세를 반영하여 김영헤어아트(2009년 진출) 등의 한인 운영 미용실이 증가하였으며, 관련 상품을 판매하는 한국인 상점도 증가하게 되었다.

라오스 내 한국어에 관한 관심과 수요가 증가하고 있으며, 라오스 국립대National University of Laos, NUOL에 최초로 한국어학과가 세워져 매년 20명의 졸업생을 배출하고 있다. 이는 한국으로의 유학이나 라오스 내 한국 기업에 취업하려는 수요가 지속되고 있기 때문이다. 이를 반영하듯 비엔티안 내에는 한·라오스 전문학교Korea-Laos

---

4   2018년 7월 21일 비엔티안 한인 A와의 인터뷰.

표 3 라오스의 비자 종류

비자 명	비자 코드	비자 명	비자 코드
외교비자 (Diplomatic visas)	D–A1	학생비자 (Student visas)	ST–B2
공식비자 (Official visas)	S–A2	여행비자 (Tourist visas)	T–B3
우대비자 (Courtesy visas)	C–B1	비이민비자 (Non–Immigration visas)	N1–B3
방문비자 (Visit visas)	B3	경유비자 (Transit visas)	TR–B3
전문가비자 (Expert visas)	E–B2	노동비자 (Labour visas)	LA–B2
언론인비자 (Journalist visas)	M–B2	영구비자 (Permanent visa)	P–B3
사업비자 (Business visas)	N1–B2	배우자비자 (Husband or Wife visas)	SP–B3

출처: The Department of Immigration of Lao PDR

College(2001년 개교), 로고스 학원Logos Academy(2004년 개교) 등 한국인
이 운영하는 한국어 교육 기관이 다수 설립되었다.

한인 이주 사회에 있어서 라오스 비자제도는 중요한 변수로 작용
해왔다. 영주권의 경우 라오스 정부가 오랫동안 영주권에 대한 개
정을 미루면서 한인을 비롯한 모든 외국인 거주자들의 영주권 취
득이 불가한 상황이었다. 그러나 2013년 라오스 영주권에 관한 개
정된 법령이 공포된 이후부터 한국인의 영주권 취득이 가능하게

되었다.

라오스의 비자제도는 총 14개의 형태로 분류되어있다(〈표 3〉 참고). 외교비자Diplomatic visas와 공식비자Official visas는 대사관에 근무하는 외교관, UN 산하기관 및 국제기구 대표와 그 가족에게 발급해준다. 비자 비용visa fee은 무료이며 복수비자multiple visa로서 1년에 한 번씩 갱신해야 한다. 한국 대사관과 영사관 근무자, 그리고 그 가족들은 이 비자를 활용할 수 있다. 우대비자Courtesy visas는 양국 간 원조사업을 수행하기 위해 체류하는 전문가에게 발급되며, 비자 비용은 무료이며 복수비자로서 수행 과제 때까지 최장 6개월간 머무를 수 있다. 방문비자Visit visas는 라오스 내 친인척을 방문하기 위해 체류하는 일반여권을 가진 외국인들에게 발급하며, 발급 비용이 발생한다. 전문가비자Expert visas는 1개월 이내 라오스를 방문하는 국제기구 및 NGO 전문가들에게 발급하며, 해외 주재 라오스 대사관(영사관)이나 출입국관리소(공항, 국경)에서 발급받을 수 있다. 언론인비자Journalist visas는 라오스 내 뉴스를 취재하기 위한 언론인에게 발급한다.

사업비자Business visas는 사업을 수행하거나 고용 계약으로 종사하는 외국인에게 발급되며, 교육·의료 부문에 종사하는 자원봉사자에게도 발급된다. 사업비자의 경우 1년, 6개월, 3개월 비자로 구분되며 기간별 비자 발급 비용이 발생한다. 각 기간이 만료되면 추가 비용을 내고 갱신할 수 있다. 라오스에 투자를 목적으로 입국하거나 라오스 내 회사에 근무하는 고용원, 요식업 및 관광 산업에 종사하는 한인의 경우 대부분 사업비자를 활용하고 있다.

학생비자Student visas는 라오스 내 교육 기관에 재학하는 외국인에게 1~5년간 비자를 발급하며, 매년 갱신해야 한다. 라오스 내 유학하는 한국 학생들이 활용할 수 있는 비자이다. 여행비자Tourist visas는 30일 이내 관광을 목적으로 체류하는 외국인에게 발급되며 해외 주재 라오스 대사관(영사관)에서도 발급이 가능하다. 여행비자로 체류하는 외국인이 사업을 하거나 고용된 업무를 수행하는 것은 불법이다. 라오스 수도인 비엔티안 한인의 경우 태국 국경과 접해있어 비자 변경이 쉬운 편이기 때문에 여행비자를 연장하면서 체류할 때도 많다. 비이민비자Non-Immigrant visas는 종교·예술계에 종사하는 외국인이 강연이나 공연을 위해 방문할 경우 1개월 이내 비자로 발급하는 경우이다. 영구비자Permanent visas의 경우에는 요건이 까다로워 10년(1년에 10개월 이상) 연속 라오스에 거주하며, 라오스 국가발전에 이바지할 수 있는 전문가나 과학자 또는 5년 이내 50만 달러 이상 투자한 투자자만 신청할 수 있다. 경유비자Transit visas는 제3국으로 가기 위해 라오스를 경유하는 경우 5일 이내만 체류할 수 있는 비자를 의미하며, 배우자비자Husband or Wife visas는 라오스 국적자와 결혼한 외국인에게 발급한다.

노동비자Labour visas는 노동복지부the Ministry of labour and welfare로부터 법적으로 고용허가work permit와 신분증identity cards을 얻으면 발급된다. 필자의 경우 본인과 동반 가족이 라오스에 6년간 노동비자를 취득하여 매년 갱신하는 과정을 직접 경험하였다. 필자는 당시 루앙프

표 4 비자 종류에 따른 이주 형태

비자 명	외교비자	사업비자	여행비자	학생비자	노동비자
이주 형태	외교관	공공기관	투자자 자영업	유학생 (체류 연장자)	주재원 회사원

출처: 필자 작성

라방에 소재한 수파누봉 대학에 교원으로 재직 중이었는데 비자 취득과 연장을 위해 총장의 추천서를 받아 매년 비엔티안의 교육부와 외교부를 방문해야 했고, 비자 연장 절차를 위한 소요 시일과 비용이 많이 들었다. 이처럼 노동비자의 요건과 절차가 매우 까다로운 편이어서 당시 수파누봉 대학에 함께 근무하던 한국인 대부분과 그 가족의 경우 여행비자 연장을 통해 체류하는 것을 목격한 바 있다.

　라오스 한인들이 가장 많이 활용하는 비자는 사업비자, 여행비자, 학생비자, 외교비자 등이다. 한인들은 단기비자로 처음 입국했다가 정착이 이루어지면서 장기비자로 전환하는 사례도 많다. 여행비자로 라오스 입국이 용이하고 체류 기간을 늘릴 수 있다는 점이 큰 영향을 미친다. 라오스 비자정책에 있어 한국인의 경우 소정의 금액으로 1개월 비자(발급비 30달러)를 발급받을 수 있으며, 두 번 연장이 가능하기에 최대 3개월(90일)까지 연장할 수 있다. 3개월 연장을 완료한 뒤 한국 등 타국에 다녀오면 다시 여행비자를 취득할 수 있고, 이를 비자클리어visa clear 또는 비자런visa run이라 한다. 특히 2008년부터 한국인 관광객을 유치하기 위해 15일 단기 무비자 정책을 폄으로써 여행비자 연장으로 인한 비용도 부담하지 않게 되었다.

한인의 최대 거주지인 수도 비엔티안은 태국 국경과 인접하여 자동차로 30분 거리에 있는 태국 국경도시인 농카이 또는 우돈타니를 방문하고 돌아오면 안정적으로 비자를 연장하는 것이 가능하다. 태국 농카이나 우돈타니는 비엔티안보다 대형마트나 병원 등이 잘 갖추어져 있어 한국인은 이곳에 쇼핑과 의료서비스를 받기 위해 자주 다녀와야 하는 상황이기 때문에 비자를 연장하는 것은 어려운 일이 아니다. 따라서 한인으로서는 조건과 절차가 복잡한 사업비자나 노동비자보다는 여행비자를 통해 거주하기가 더 쉽다.

2. 한인 사회의 기본 구조

가장 최근 자료에 따르면 2019년 라오스 내 한인 거주자는 3,050명으로 2015년에 비해 1,000명 이상 급증하였다. 이 중 영주권자는 여덟 명이며, 일반 체류자가 3,022명, 유학생은 20명으로 추정된다(〈표 5〉 참고). 지역별 규모로는 수도권인 비엔티안에 2,634명(일시 체류자 포함), 라오스 남부 참파삭주에 184명, 중부 방비엥에 약 100명, 북부 루앙프라방주에 약 100명이 거주하고 있다.

라오스의 한인은 '정착형 이주자settler'와 '일시 체류자sojourner'로

표 5 라오스 한인 현황

구분		교민 총 수	거주 자격별				재외 국민 등록 수
			재외국민				
			영주 권자	체류자		계	
				일반	유학생		
총계	남	1,625	8	1,603	14	1,625	850
	여	1,425	0	1,419	6	1,425	758
	계	3,050	8	3,022	20	3,050	1,608
지역별							
비엔티안	남	1,327	8	1,309	10	1,327	782
	여	1,307	0	1,299	8	1,307	729
	계	2,634	8	2,608	18	2,634	1,511
루앙 프라방주	남	55	0	53	2	55	29
	여	44	0	44	0	44	18
	계	99	0	97	2	99	47
참파삭주	남	152	0	152	0	152	23
	여	32	0	32	0	32	5
	계	184	0	184	0	184	28
기타 지역	남	91	0	91	0	91	16
	여	42	0	42	0	42	6
	계	133	0	133	0	133	22

출처: 외교부 재외동포현황(2019)

구분될 필요가 있다. 정착형 이주자는 주재원, 회사원, 사업체 운영자와 같이 라오스 현지에 기반한 경제력을 확보하고 장기비자를 취득하고 살아가지만, 일시 체류자는 경제적 안정성을 확보하지 못한 채 여행비자와 같은 임시비자 등으로 라오스 거주를 근근이 이어가는 경우다. 특히 라오스는 주변 5개국(중국·태국·베트남·캄보디아·미얀마)과 국경을 맞대고 있어 타국으로의 전출입이 쉽다는 점에서 일시 체류자의 전략적 체류지가 되기도 한다.

성별로 볼 때 남성은 1,625명, 여성은 1,425명으로 남성이 약간 많은 편이다. 그러나 대사관에 정식으로 등록하는 재외국민 등록 수는 1,608명으로 추정 한인의 절반에 불과하다. 이와 같은 차이는 재외국민 등록 거주자에게 실제적인 혜택이 없다는 점과 여행비자(한인의 경우 3개월 단기비자 거주 가능) 등으로 일시 체류자가 많기 때문이다. 또한, 기존 거주자의 귀국 또는 제3국으로 이동할 때 말소신고가 거의 없어 그대로 체류자로 남아있는 등 재외국민 등록 수와 실제 한인 수는 크게 차이가 날 수밖에 없다. 현지 한인 인터뷰를 통해 확인한 거주 한인의 수도 2,000명 이하에서 3,000명 이상까지 크게 차이가 나고 있어 정확한 라오스 한인 수 파악은 쉽지 않은 상황이다. 정우상 한인회장(남성, 14년 거주)은 라오스 한인 규모 및 현황과 관련하여 다음과 같이 말하고 있다.

정우상 회장 라오스 한인 규모는 정확히 통계가 안 나온다. 보통 재외국민 등록 수의 두 배로 추정한다. 하지만 전에는 이렇게 계산했지만, 작년(2016년)

에 재외국민 투표가 가능해지면서 (한인들의) 등록률이 예전보다 높아졌다. 2017년 현재 재외국민 등록 수를 1,600명 정도로 잡았을 때 1.6 또는 1.7로 곱해보면 2,500명에서 3,000명 사이로 보는 것이 타당하다. 대사관(외교부) 통계는 실제보다 좀 더 많이 잡는 것 같다.

주라오스 한국 대사관 이상훈 영사도 라오스 한인의 정확한 통계가 어렵다는 점에 의견을 같이했다.

이상훈 영사 라오스 한인 통계를 잡는 것은 매우 어렵다. 통상적으로 재외국민 등록 수의 두 배로 계산하지만, 이는 매우 부정확한 수치다. 또한, 재외국민 등록도 입국할 때는 신고를 하지만 귀국(출국)할 때는 거의 신고를 하지 않아 재외국민 수가 허수虛數로 축적되기도 한다.

특히 비엔티안이나 팍세(참빠싹 주도州都)의 경우에는 태국과의 국경이 가까워 단기(여행)비자로 들어와서 사업을 많이 하는 편이어서 그 수가 유동적이다. 라오스 내 한인 가운데 영주권자가 매우 적다는 점(2019년 기준 여덟 명)과 수도에 거주하는 비엔티안 거주자 대부분이 태국 농카이와의 지리적 인접성으로 비자 연장(갱신)이 쉬우므로 장기비자가 아닌 단기비자를 기반으로 거주한다는 점은 그만큼 라오스 한인의 불안정성이 높다는 것을 의미한다.

라오스 내 한인 수를 정확하게 수치 내는 것은 어렵지만 라오스 내 한인의 지속적인 증가세는 분명하다. 다만 한인의 급증에도 불구하고 실제 경제활동 인구는 등록 한인의 1/5에 불과하다는 의견도 있다(정우상 회장). 직업적 구성에서도 여행사, 여행 가이드에 종사하는 관광업, 식당이나 카페를 운영하는 요식업 등으로 다양해졌으며 SK, 서부발전 관련 종사자 등 프로젝트 수행 관련 거주자도 많이 늘어났다. 정우상 회장은 상주인구뿐만 아니라 유동인구 규모도 중요하다고 언급하였다.

정우상 회장 한국 사람이 라오스로 오는 한인 관광객을 포함하여 항상 3,000명은 상주한다. 상주 한인 3,000명을 포함해 6,000명의 한국인이 늘 라오스에 있는 것이다.

한인 커뮤니티의 경제활동인구는 한국인의 소비를 대상으로 하는 식당, 미용실, 병원 등의 유출입을 결정하는 중요한 요소이다. 따라서 장기적이고 경제적으로 안정된 거주 한인 수치는 전체 통계 못지않게 중요하다고 할 수 있다. 이런 측면에서 현재 라오스 한인들이 어떤 직군에 속해있는지에 대해 한인회장에게 물었다.

정우상 회장 10년 전에는 한인 선교사가 가장 많았다. 당시 한인 수가 1,000명쯤 됐는데 그중 200명 정도가 선교사였다. 현재는 여행 가이드 규모가 가장 커서 약 400~500명 정도 되는 것 같다. 가이드의 경우 저가 여행상품을 다루기 때문에 (사업이) 상당히 어렵다. 코라오KOLAO 직원들이 한참 때 150~180명 정도 있었으나 본사를 베트남과 캄보디아로 옮기면서 현재

70~80명 정도로 줄어들었다.

주목할 만한 점은 라오스 관광 붐에 따른 한국인 가이드의 체류가 늘어난 반면 가장 중요한 소비층이라고 할 수 있는 KOLAO 직원 규모가 감소했다는 것이다. 한국인 가이드의 경우 여행업의 호황·불황에 따라 증감 폭이 매우 크고, 저가 여행상품이 대부분이며, 안정적인 수입원이 없어서 한인이 운영하는 상점 소비로 이어지지 않는다. 반면, 안정적인 소비가 가능한 한인 KOLAO 직원 규모가 감소하고 있어 한인 커뮤니티 내에서는 불안정성이 증가했다.

지역별로 한인의 경제생활은 많은 차이를 보인다. 비엔티안의 경우 주재원, 기업인, 회사원, 자영업, 여행업이 고르게 분포해있는 반면 팍세의 경우 한인 대부분이 프로젝트 종사자이며, 루앙프라방, 방비엥은 관광업에 종사하는 경우가 많다. 팍세의 경우 대형 프로젝트 종사자 중 사업 수행이 종료되는 2018년 50여 명 수준으로 급격히 감소한 것으로 보여 한국 대사관의 2019년 기준 공식 통계(184명)와는 큰 차이를 보였다. 루앙프라방 역시 대사관의 한인 통계 수치와 한인의 증언 사이에 큰 차이를 보였다. 팍세와 루앙프라방 거주 한인에게 직접 한인 규모에 대해 질문해보았다.

팍세의 한인 규모는 어느 정도인가?

팍세 A 교민 팍세 교민은 약 50명 정도다. SK 건설과 협력업체에 40명 정도 있으며 이외 한인 상주자는 제방 공사하는 인원 세 명을 포함하더라도 10명이 채

안 된다. 2015년 전후에 한창 많을 때는 100여 명에 달했으나 현재 건설이 마무리되고 있는 과정에서 인원이 줄어들었다. 가족 단위 거주는 거의 없고, 가족이 있더라도 비엔티안에 있고 대부분 단신으로 온다. 교육 문제 때문에 가족이 함께 오는 경우는 거의 없다. 한국인 커뮤니티 등은 없고, 현장 관계자들이 함께 골프를 치거나 마사지 받는 게 전부다.

루앙프라방의 한인 규모는 어느 정도인가?

손미나 교민 루앙프라방 한인은 30~50명 정도 되는 것 같다. 프로젝트로 오신 분들이 많아서 한인 규모도 자주 변한다.

라오스 한인회는 1996년 12월 30일 50여 명의 한인으로 구성하여 준비모임을 갖고 1997년 6월 5일 재라오스 한인회를 정식으로 결성하였다. 초대 회장은 이재희(작고) 씨가 재임하였다. 라오스 한인회는 한인의 권익보호와 상호 친목단결, 양국의 경제협력 발전을 위하여 열악한 교육환경의 라오스 현지 학교를 지원하고, 회원 간의 경조사 및 체육 문화 활동을 지원해왔다. 6대 유재웅 회장이 재직하던 당시 분열과 반목으로 두 개의 한인회가 존재하기도 했지만 2007년 단일체제로 복원하였다.

2022년 3월 현재 정우상 회장 체제하에서 운영되고 있다. 한인회 정회원의 구성과 현황을 자세히 알아보기 위해 정우상 한인회장(2018년 8월)과 정장후 부회장(2017년 8월)과 인터뷰를 가졌다. 한인회장은 간선제로 선임되었으며 한인회비를 내는 정회원(50~70명

표 6 역대 라오스 한인회장

	연도	회장
초대	1996~1997년	이재희
2~3대	1997~2000년	김한열
4~5대	2001~2004년	오세영
6대	2005~2006년	유재웅
7~10대	2007~2011년	권혁창
11~14대	2012~2022년	정우상

출처: 한인회 정우상 회장

규모)에게 투표권을 부여한다. 한인에게는 자동으로 준회원 자격이 주어지며 2019년 14대 회장부터는 직선제로 전환하여 한인 전체가 투표에 참여할 수 있다. 차기 회장부터 임기는 현재 2년에서 3년으로 변경될 예정이라고 한다.

2018년 한인 거주 규모가 약 3,000명 정도라고 할 때 정회원 규모는 2~3퍼센트에 불과한 만큼 한인 사회 전체를 대표하는 기관으로서 한계를 가지고 있다. 정우상 회장에 따르면 정회원은 한인회장의 '개인적 지인 관계에 기반'하고 있어 공적인 기관이라기보다는 소수에 의해 운영되는 사적 모임에 가까운 성격을 지닌다. 2019년 현재 라오스 한인회 홈페이지가 있지만, 2020년 10월 공사 중이라는 공지 후에 2022년 3월까지 운영되지 않고 있다. 반면 라오스 한인회 페이스북을 운영하면서 코로나19 소식을 공유하고 있으며, 카카오톡 채널도 활용하고 있다.

라오스 한인회의 주요 활동은 매년 신년회와 한라친선협회Korea-Laos Friendship Association 골프 모임, 교민 노래자랑, 어린이날 행사 등을 정기적으로 개최하고, 이외 K-pop 공연의 경우 대사관과 함께 매년 공동 개최하였다. 그외에도 헌혈 활동이나 한국 전통문화 공연 등을 비정기적으로 개최하였다. 2018년은 2월 신년회를 통해 주라오스 한국 신임대사(당시 기준) 인사와 평창올림픽의 성공적인 개최 등을 염원하는 행사를 했는데 180명 정도의 인원이 참석하였다. 또한, 매년 교민 노래자랑대회에는 200~300명 정도가 참석하고 있다. 라오스 한인회 행사에 대한 경비는 라오스의 한인 기관으로부터 협조받으며, 라오스에 직항을 운영하는 진에어와 에어부산이 항공권을 제공하기도 한다.

정기적인 활동 외에도 K-pop 경연대회, 골프 모임, 헌혈의 날 행사 등을 주최하고 있다. 이와 같은 정기적, 비정기적 활동은 한인회의 위상과 교민의 대표성을 드러낼 좋은 기회가 된다. 하지만 대부분의 행사가 한인회장을 비롯한 임원들의 노력과 희생에 기반한 것으로서 지속적이거나 체계적이지 못하고 일회성 행사에 그치는 경우가 많다.

정우상 한인회장은 한인회 산하에 한글학교, 한국자유총연맹, 민주평화통일자문회의의 비엔티안 지회가 있다고 밝혔다. 한국자유총연맹 지회장은 한인회장이 겸직하고 있다. 이외 한국에 본사가 있고 라오스에 지사가 있는 주재원들 모임인 한인지상사협회

와 한인상공업연합회, 월드옥타World OKTA(세계한인무역협회) 비엔티
안 지회가 있다. 라오스에 거주하는 상공인들 모임인 재라오스 한
인상공인연합회는 상호협력 및 정보공유를 위해 결성된 단체로 약
30명의 회원이 활동하고 있다. 2010년 제1회 비즈니스 세미나를 개
최하며 라오스에 머물며 사업과 관련된 법률과 관례 등에 관한 토
론을 하였으며, 한인들의 결혼, 사업을 위한 각종 절차에 대한 자
문 활동을 펼치고 있다. 또한, 2011년부터는 한국 의료진을 매년 정
기적으로 초청하여 라오스 한인을 위한 무료 의료봉사활동을 실시
하고 있다. 라오스 내 한인 단체 규모나 활동에는 많은 제약이 따
른다. 한인상공인연합회의 경우 회원도 많지 않고, 주로 회장 중심
으로 활동하고 있어 운영에 어려움이 많다고 한다(정장후 부회장). 또
한, 라오스에서 단체를 만들기 위해서는 정부의 승인을 받아야 해
서 조직을 설립하는 데 어려움이 따른다(정우상 회장).

한글학교 교장은 공석空席으로 한국에서 역사 선생님으로 재직했
던 임묵권 교감 선생님이 대표를 맡고 있다. 운영에 대해서는 한인
회가 개입하지 않고 자율적으로 운영하고 있다고 한인회장은 언급
했다. 한글학교 재정은 재외동포재단의 지원과 학생들의 회비를 통
해 조달되고 있다. 총 11명의 선생님이 재직 중이며 학생 수는 한·
라 가정 자녀를 포함해 40~50명 정도가 참여하고 있다. 별도의 학
교는 없고, 수업은 주 1회 토요일에만 글로리 스쿨glory school(비엔티안
소재)을 통해 운영 중이다.

한인회 산하기관의 공통적인 문제점은 적은 참여 인원, 부족한

재정으로 인해 명칭에 걸맞은 기능을 하기가 부족하다는 것이다. 라오스 내 한인이 급증하였지만, 한국인 공동체로서 체계적인 조직과 네트워크는 인적·재정적 자원 부족으로 아직 미흡한 상태임을 알 수 있다. 정우상 한인회장은 라오스 한인 사회의 한계를 이웃 국가인 베트남·태국 한인과 비교하며 다음과 같이 말하였다.

> **정우상 회장** 베트남의 한인 규모는 매우 크다. 사업체도 많고 규모 자체가 크다. 라오스는 물류비가 비싸 큰 회사나 제조업이 들어오기 어렵고 한인 관광객 유입에 많이 의존하는 편이다. 캄보디아만 해도 한국인이 운영하는 종합병원이 두세 개 있다. 한국계 은행도 많이 있다. 라오스는 한국계 은행이 없다. 한국계 금융업체는 있지만, 차량 대출 등 일부 업무만 하고 일반 고객을 대상으로 하는 은행은 없다. 미얀마에는 대규모 공장이 200개가 넘는 것으로 알고 있지만, 라오스에는 한국 기업 공단이 없다. 아직 미국의 최빈국 혜택이 없어서 그런 것 같다. 그럼에도 라오스에는 라오스만의 매력이 있다. 한국의 1960~1970년대 모습이 남아있고 정이 있다. 그런 면이 교민들이 라오스에 들어오는 이유가 되고 있다.

비엔티안에 소재한 라오스 한인회는 루앙프라방이나 팍세 등 지방 도시에 거주하는 한인과의 연계성이 매우 약한 편이었다. 팍세 A 교민은 비엔티안 한인회와의 교류는 전혀 없다고 밝혔고, 정우상 회장 또한 지역 한인과 체계적인 연결고리는 없고 개인적인 지인을 중심으로 한인회 행사에 참여하고 있다고 밝혔다.

라오스에 주재한 한국의 대표적인 공공기관은 주라오스 한국 대사관, 코트라KOTRA 비엔티안 무역관, 비엔티안 코이카KOICA 사무소 등이 있다. 주라오스 한국 대사관은 제1청사(정무·경제·총무)와 제2청사(여권·사증·공증·재외국민등록·가족관계·사건사고·문화)로 나누어 운영하고 있다. 제1청사는 라오스 비엔티안 시사타낙구에 있으며, 2018년 1월부터 신성순 대사가 재직하고 있다. 2015년 3월 영사과 사무소가 비엔티안 플라자 호텔 7층에 새롭게 개관하였다.

대사관에 대한 한인의 평가는 긍정적인 부분과 미흡한 부분으로 나뉜다. 긍정적인 부분은 과거와 비교하면 한인에 대한 봉사정신이 향상된 것(김기주, 정장후 교민), 한인회 행사, 음악제, 체육대회(김기주 교민) 등을 언급하였다. 이는 대사관의 대교민 서비스에 대한 개선이 이루어지고 있음을 방증한다. 반면 미흡한 부분에 대해서는 교민의 현지 사업 참여시 대사관 차원에서 관심과 지원이 있었으면 좋겠다는 의견이 있었다(김문규 교민). 예를 들어, 라오스에서 발주하는 각종 사업이나 프로젝트에 참여할 때 개인적인 역량만으로는 한계에 직면할 때가 많은데 다른 국가의 경우 대사관의 지원을 받는 것을 볼 때 아쉬움을 느낀다는 것이다. 또한 한인 2세를 위한 모국어 교육을 위한 노력이 필요하다는 의견도 있었다(김기주 교민). 아직 한국어를 가르치는 정식 교육 기관이 없는 라오스에서 앞서 언급한 한글학교에 대한 대사관의 지원이 부족한 상황을 지적한 것으로 보인다. 그리고 한국 대사관 구성원의 양적·질적 부족을 지적하기도 했다. 한인 교민들의 각종 민원과 비교하면 이에 대응할 수 있는 인원이 부족하고, 현지 언어나 사회에 대한 이해가 부족하다는 것이다(손미자 교민), 한국 대사관은 최근 현지에 거주하고 있는 한인 중에서 대사관 직원을 채용하는 등의 노력을 하고 있지만, 아직 교민들이 만족할 만한 수준의 서비스는 이루어지지 않고 있다. 한인 행사 참여에 대해서는 대사관의 역할에 대한 긍정적인 평가(김기주 교민)가 있었던 반면 한인회와 함께 좀 더 주도적으로 참여해야 한다는 평가(홍정오 교민)도 있었다. 대사관에서 한인의 대표적인 행사에 참여하고는 있지만 형식적인 수준에 그치고 교민과 밀착된 모습을 보여주지 못하고 있기 때문이라는 것이다. 대사관은 교민의 상황을 파악하기 위해 루앙프라방·방비엥·참빠삭 등 지역 교민을 위한 정기적인 영사 순회 서비스를 통해 간담회를 실시하고 있지만, 교민들의 민원을 해소하기에는 충분하지 않은 것으로 보인다.

KOTRA 비엔티안 무역관은 2011년 10월 24일 개소했으며 안유석 관장이 초대 관장으로 재직하였다. 비엔티안 농본의 KOLAO 그룹 알루마이 3층에 있다. 2021년 12월 현재 김필성 관장이 재직하고 있으며, 관장 이외 두 명의 한국인 직원과 여섯 명의 현지인 직원이 있다. 한국 기업 진출을 위한 국가정보 및 진출 전략 등 라오스 내 정보를 수집하고 있으며, 투자 진출 기업에 대한 상담과 사업 발굴을 지원하고 있다.

KOTRA의 주요 활동을 살펴보면 2017년 5월 경상북도 소재 중소기업 10개사가 비엔티안을 방문하여 관련 산업시설 시찰 및 시장조사를 개최하였다. 같은 해 9월에는 GS건설 등 한국엔지니어링협회 소속 10개사 14명이 비엔티안에서 라오스 정부 기관과 함께 상담회를 갖도록 지원하였다. 2018년 4월에는 경기도 중소기업 연합회의 시장개척단이, 7월에는 제주 동남아 무역사절단이 비엔티안을 방문하였다. KOTRA에서는 라오스 투자에 관심이 있는 한국 기업과 현지 한인 기업에 대해 다양한 정보와 자문을 제공하고 있다.

KOICA는 2000년에 라오스에 첫 봉사단을 파견하였으며, 2001년 8월 대사관 내 봉사단 행정사무소를 개설하였다. 2005년 8월 주재원 사무소로 승격하였고, 2006년 8월 해외사무소로 승격하였다. 라오스 사무소는 2011년 7월 영사관 건물과 같은 비엔티안 플라자 호텔 3층으로 이동하였다. 2021년 12월 현재 김상준 소장이 재직 중이며 네 명의 부소장과 다섯 명의 코디네이터가 함께하고 있다. 라오스 KOICA는 농촌개발, 교육, 보건의료 부문의 역량 강화와 인적 자원개발을 지원하고 있다. 2013년부터는 페이스북 (www.facebook.com/koica.laos)을 개설하여 KOICA 활동을 소개하고 있다.

KOICA 단원은 2000년대 중반에는 최대 80명에 이른 적도 있었으나 라오스 내 KOICA 단원의 사건·사고가 있고 난 뒤에 봉사 인원이 줄게 되었다. KOICA 사무소에서는 다시 인원을 늘리기 위해 모집 기회를 늘렸지만, 과거와 비교하면 라오스에 지원하는 인원이 상대적으로 줄어든 경향을 보인다.

KOICA 단원의 임기는 보통 1~2년 있다가 마치고 귀국하는 시스템이다. 그런데 KOICA 단원 임기 이후 개인적으로 라오스에 체류하는 사례가 종종 있다. KOICA 단원 출신끼리의 정기적인 모임도 있고, 회장도 선출하는 등 비공식적 모임을 이어가고 있다. 이 모임에 관해 비엔티안 A 교민은 다음과 같이 언급하였다.

> **비엔티안 A 교민** OB KOICA(KOICA 출신)를 가끔 만난다. 정확한 규모는 모르겠지만 20~30명 정도 되는 것 같다. 라오스 출신뿐만 아니라 타국 출신도 있다. 다른 나라에는 OB KOICA 모임이 없는 것 같다. 작년 말(2017년 말)에 OB 모임을 하면서 라오스 KOICA 사무소 자체에서 회장도 뽑고 (정기적인) 활동도 해보려 하고 있다. 1년에 한 번 정도 모이는 것 같다. 비공식적으로는 자주 만나는 것 같고 사무소에서는 상반기에 한 번, 하반기에 한 번 가지려고 한다. (2018년) 상반기에는 소모임으로 만났고 하반기에는 전체 모임을 가지려고 한다.

KOICA 출신이 임기를 마친 후에 라오스에 장기적으로 체류하는 이유에 대해서는 다음과 같이 답변하였다.

> **비엔티안 A 교민** 라오스에서 편안함을 많이 느끼는 것 같다. 카페를 열거나 대사관에 취업하거나 사업을 하는 경우가 많다. 대사관에서 일하시는 분들도 많고, KOTRA(비엔티안 사무소)에도 있고, 개인 사업 하는 사람도 있고, NGO

단체에서 일하는 사람도 있다. KOICA 초창기에는 종교적인 이유를 가진 경우가 많았고, 이후 선교 활동을 하는 사람도 있다. 2001년 1기 라오스 또는 KOICA 단원 중에 그런 분이 한 분 있는 것으로 알고 있다.

라오스의 경제성장과 한국과의 경제 관계 확산에 따라 라오스 시장에 뛰어든 한인 기업이 늘어나고 있다. 라오스 시장 규모는 크지 않지만 늘어나는 내수시장과 라오스의 주요 산업인 수력발전 시장 그리고 금융 분야에서 라오스 시장을 선점하기 위한 한국 기업들의 투자가 이어졌다. 라오스의 한인은 대부분 기업 활동·프로젝트 수행·자영업·한인 선교사·관광업(여행업) 등에 종사하고 있다. 기업 활동의 경우 대기업은 주로 수력발전업 중심으로 진출해있으며, 이외 분야에는 중소기업이나 개인투자자를 중심으로 활동하고 있다.

라오스 이주 초기 한인들이 주로 종사했던 분야는 한국의 중고차 판매업이었다. 당시 라오스에는 차량이 매우 부족했고, 신차는 가격이 매우 높았다. 이에 성능이 좋은 한국의 중고차량을 수입하여 상대적으로 저렴한 가격으로 판매하는 틈새시장을 공략하였고, 이는 상당한 수익을 올렸다. 비엔티안 등 주요 도시에서 한국의 중고차량은 급속히 확대되었고, 한때 라오스는 한국 중고차의 '황금시장'이란 별칭으로 불리기도 했다. 라오스는 동남아 시장 가운데 한국산 중고차의 최대수요처로서 한때 30여 개의 한국 중고차 수입업체가 있었다. 하지만 라오스 정부는 ASEM 개최(2012년)와

WTO 가입(2013년)을 앞둔 2011년 10월 중고차 수입을 전면 금지함으로써 한인 중고차 업계는 큰 타격을 받았다. 중고차 수입 금지를 대비하지 못했던 한인 업체는 이미 반입된 1,600여의 차량을 반송해야 하는 등 손해가 막심하였다. 또한, 중국산 저가低價 신차 유입과 한국 자동차 기업의 직판(매)장 개설로 인해 한인 중고차 매매업 종사자는 대부분 사업을 포기하거나 한국으로 돌아감으로써 라오스 한인 사회가 크게 위축되었다.

라오스 내 한국 투자의 대표적 사례로서 KOLAO 기업을 들 수 있다. KOLAO는 1997년 General Motors를 설립하였다. 당시 비엔티안을 중심으로 부동산 붐이 시작되던 시기에 KOLAO는 라오스 중산층의 소득 증가에 발맞춰 중고차 시장을 공략하였다. 1999년 라오스 중부의 사바나켓에 자동차 조립공정 시설을 갖추었고 이후 라오스의 대표적 교통수단인 오토바이를 제작 판매하여 성공을 거두었다. KOLAO는 현지 기업으로 라오스 내에서 한국 자동차 조립과 유통을 담당하고 있으며, 현대와 기아자동차의 제품을 주로 담당하고 있다. 또한 2003년부터 자체 상표의 오토바이를 생산하고 있으며, 실용성과 저렴함을 바탕으로 라오스 내 높은 점유율을 유지했다.

2007년에는 K-Plaza를 오픈하며 전자부문으로 사업을 확장했고, 2008년에는 인도차이나뱅크Indochina Bank를 설립하는 등 물류·건설·유통 관련 회사만도 12개에 이른다. 인도차이나뱅크의 경우 자동차 할부금융을 도입하여 신차판매에 활력을 불어넣었으며, 예금과 대출금액이 각각 2억 달러를 돌파하여 라오스 최고 민간은행으로 성장했다. KOLAO는 2013년부터는 트럭 시장에도 진출하여 'DAEHAN'이란 브랜드로 시장을 확장했다. KOLAO는 현지 사회 공헌활동으로 NGO인 휴먼인러브Human in Love와 공동으로 학교와 도서관에 도서를 지원해주고 라오스 동화책을 현지에서 직접 제작하는 활동을 펼쳤다. KOLAO는 규모 면에서 라오스 민간 기업으로는 1위를 차지하고 있으며, 라오스 구직자들이 가장 취업하고 싶은 기업 1위를 차지하기도 했다(김종배·한인구 2018).

KOLAO는 2010년 10월 한상기업 최초로 코스피KOSPI에 상장하였다. 2019년 현재 라오스 경제에서 11퍼센트를 차지하는 라오스 최대 기업으로 성장하였고, 2018년부터 베트남·미얀마·캄보디아로 사업을 확장하여 지주회사의 명칭을 KOLAO홀딩스에서 LVMC홀딩스로 변경하였다. 2019년 현재 종업원 수가 약 5,000명이며, 한인은 경력자 위주로 150여 명이 근무하고 있다.

한인의 진출 주요 업종으로는 건설업, 금융업, 수력발전업 등이 있다(〈표 7〉 참고). 건설업의 경우에는 라오스의 인프라 확충이 시급해짐에 따라 그 수요가 유지되고 있으며, 금융 분야의 경우에는 라오스 금융의 현대화에 따른 신규 시장 진출이 두드러지고 있다. 한국거래소KRX는 2010년 10월 10일 '라오스 중앙은행'과 합작해 지분 투자방식으로 '라오스 증권거래소LSX'를 공식적으로 개소했다. LSX는 최초의 주식시장 개장을 의미하는 것으로 그 상징성이 크다. LSX는 한국형 전산 거래시스템을 기반으로 KRX와 운

표 7 한국 기업 진출 현황

업종	회사명	비고
건설 부동산 엔지니어링	(주)흥화(HHI)	– (주)흥화 라오스 법인 – 고급 임대아파트업
	석우건설	– 새마을운동센터 등
	현대 엔지니어링	– 라오스 북부 송배전망 사업
금융·보험 서비스업	부영그룹	– 은행, 골프장
	BNK	– BNK 금융그룹 산하 – 자동차, 기계 등 리스 및 대출
	한국거래소(LSX)	– 라오스 증권거래소 지분 49퍼센트
	웰컴저축은행	– 웰컴 리싱 라오
	KB	– KB KOLAO 리싱
수력발전	한국서부발전(주)	– 세피안-세남노이 전력회사 – 세피안-세남노이 수력발전프로젝트
	SK 건설	– 세폰3 수력발전
	포스코 건설	– 남닉1 수력발전
제조업·광업	제일산업개발	– 젤라콘 주식회사 – 아스팔트 콘크리트 제품 생산
	서동	– 동광 및 철광 등 개발 – KHS 드래곤 마이닝
운송·물류	CJ대한통운	– 태국 법인 소속
	삼성전자	– 태국 법인 대표사무소
여객 운송	진에어	– 라오스-한국 직항운항
	티웨이	– 라오스-한국 직항운항
농업	농촌진흥청(KOPIA)	– 농업기술 공유 및 ODA 사업 추진
유통(차량, 엔진오일)	좋은차 닷컴	– 폴 골든 트레이딩

출처: KOTRA(2020) 자료를 필자가 재구성

영 및 거래시스템이 같으며, 49퍼센트 지분을 가진 한국거래소에서 실무자를 파견하여 거래소 경영에 직접 참여하고 있다. 이외에도 ㈜부영이 라오스에 은행을 설립하였으며, 2015년 이후 KB, 대구은행, 웰컴저축은행 등 금융사들이 라오스에 추가로 진출하였다.

라오스는 수력발전 분야가 전체 수출의 30퍼센트를 차지하고 있고, 전력 수출을 통해 아세안의 배터리가 되겠다는 목표를 가지고 있다. 이와 같은 수력개발 드라이브 정책에 발맞추어 한국 기업도 댐 건설 및 발전 분야에 참여하였다. 한국 서부발전과 SK E&C는 현재 총사업비 10억 2,000달러, 생산용량 410메가와트 규모의 세피안-세남노이 수력발전사업을 추진 중이다. 2006년 사업의 타당성을 조사하였으며 2010년 라오스 정부와 MOU를 체결하면서 사업이 본격화되었고, 태국전력공사EGAT와 전력요금계약을 체결함으로써 사업이 가시화되었다. 지분구조는 SK E&C 26퍼센트, 서부발전 25퍼센트, RATCH(태국) 25퍼센트, LHSE(라오스) 24퍼센트이며, 서부발전이 운영 및 관리를 맡고 SK 건설이 설계, 조달, 시공을 맡고 있기에 한국의 여러 협력업체가 참여하여 함께 시공 중이다. 이외에도 라오스 현지 업체인 NCG 및 한국 업체들과 주주로서 참여하고 있는 5메가와트급 후웨이포 발전 프로젝트에 서부발전이 30퍼센트의 지분율로 참여하고 있다.

2018년 7월 26일 발생한 세피안-세남노이 댐 붕괴 사건은 한국 투자기업에 중대한 도전이 되었다. 이 사고로 수백 명의 인명이 사망하거나 실종되어 라오스는 물론 한국과 세계에 큰 충격을 안겨주었다. 라오스 정부는 이번 댐 붕괴 사고의 원인에 대해 부실공사에 기인하는 인재人災를 주장했지만, 한국 기업은 이상 기후로 인한 폭우 즉 천재天災임을 주장하면서 대립하고 있다. 인재이냐 천재이냐에 따라 책임 소재와 보상금 지급 문제가 걸려있기는 하지만 이 과정에서 라오스 정부와 한국 기업의 갈등이 발생한다면 향후 한국 기업의 라오스 진출에 장애물로 작용할 가능성이 크다. 또한, 현지 언론에서 한국 주도의 댐 발전 사업이었음을 자주 보도하고 있어 라오스 한인은 이로 인해 한국 이미지가 악화될까 우려하고 있다.

한국의 대라오스 투자 대부분이 수도인 비엔티안에 집중되어있지만, 최근 농촌 및 산간 지역에 대한 투자도 증대되고 있다. ㈜현대블랙스톤은 구리 광산 개발에 투자하였으며 서동기업은 씨엥쾅주의 철광석, 구리, 금 등의 광산 개발에, 한국아연기업은 후아판주의 아연과 납 개발에 투자하고 있다. 농촌진흥청KOPIA도 2016년 비엔티안에 라오스 센터를 개소하고 현지 맞춤형 농업기술 지원 및 농업 현안 해결에 초점을 두고 사업을 진행하고 있다. 남부지방의 볼라벤고원에는 커피 재배업에 종사하는 한국 기업인들이 있으며, 이외 다른 지역에도 상업적 목재 농업, 호텔과 리조트, 농업 부문, 골프장, 스포츠 사업에 대한 투자도 이루어졌다.

라오스 비엔티안 지역에는 한국 음식점, 카페, 편의점이 최근 급속하게 증가하여 한국어로 표기된 상점을 쉽게 볼 수 있다(〈그림 1〉

그림 1 한인 업소가 표기된 비엔티안 지도

출처: 정장후 한인회 부회장 제공

참고). 라오스 내에 한국 식당은 36개에 달하며, 수도인 비엔티안에만 26개로 대부분의 식당이 이곳에 집중되어있다. 관광지로 유명한 방비엥에 여섯 개의 한국 식당이 있으며 루앙프라방에 네 개의 한국 식당이 있다. 그러나 방비엥에 10개의 한국인 식당이 있으며, 팍세에도 한 개의 한국인 식당이 있다. 이외에 김영헤어아트가 2008년 9월 비엔티안에 미용실을 개업하였다. 비엔티안에 카페 소호 등 다수의 한국인 카페가 운영 중이며, 여행업으로는 폰트래블이 1999년에 오픈하여 운영 중이다. 교육 기관으로는 2005년 1월 비엔티안에 샤론 국제학교를 개교하였다. 수업은 영어로 진행하며, 미국식 커리큘럼 교육방식을 채택하고 있다.

최근 라오스 내 한인 관광이 증가함에 따라 관련 한인들이 지속해서 증가하는 추세다. 현재 호텔, 골프장, 볼링장, 스포츠 센터, 가구점, 마트, 리조트, 태권도장, 화장품점 등이 한국인에 의해 운영되고 있다. 소수이지만 라오스 내 유학과 연수 학생과 같이 단기로 라오스에 체류하는 예도 있다. 스포츠 분야에서는 프로야구 스타 출신의 이만수 감독이 2015년에 라오스에 '라오브라더스'라는 야구단을 처음 창단하였으며, 축구 국가대표 출신의 홍인웅 감독이 2010년부터 라오스의 초등학교 축구단을 지도하고 있다.

최대의 한인 구성을 보이는 분야는 여행 가이드로 400~500명이 체류하고 다음으로는 선교사로 약 100~200명이 라오스에 체류하고 있는 것으로 추산된다. 직업적으로는 자영업 15퍼센트, 회사원 5.5퍼센트, 선교사가 12퍼센트이며 기타 67.5퍼센트(2016년 기준)라고 라오스 대사관은 추산하고 있다. 라오스에 대기업 주재원이 아직 없는 상황에서 회사원 비중이 낮은 편이고, 기타 분야의 비중이 큰 것은 특정 직업으로 분류되기 어려운 일시 체류자의 비중이 크기 때문으로 보인다.

3장

라오스 한인 이주사

1. 불모지로의 이주(1975년 공산화 이전까지)

라오스가 1975년 공산화되기 이전 한국인의 흔적은 희소하나마 아직 남아있다. 라오스에 최초로 발을 디딘 한국인 1세대는 인조섭 선생 부부라고 알려져 있다(아시아프레스 2015.07.14.). 인조섭 선생은 MK인더스트리 소속으로 1968년 비엔티안 와따이 국제공항 활주로 공사 책임자로 부임해 600미터에 달하는 건설을 지휘했다. 당시 28세였던 그는 일본으로부터 비엔티안에 소재한 와따이 국제공항의 활주로 하청을 받아 라오스 땅을 밟게 된 이후 4년 동안 활주로 공사는 물론, 비엔티안에서 태국으로 넘어가는 남릅댐 송전탑 공사도 직접 시공했다고 한다. 그는 독일의 원조로 개설한 루앙프라방 시내 상수도 공사를 도맡아 하는 등 외국인으로서는 최초로 상수도 공사를 맡아서 했다.

인조섭 선생은 "당시 공사도 공사지만 언어가 통하지 않아 어려움을 많이 겪었다"라면서 "하지만 한국인 최초로 라오스에 들어와 이 나라의 국가 중추 시설공사를 했다는 것이 최고의 자부심"이라고 밝혔다(아세안투데이 2015.07.14.). 라오스로의 한인 이주는 1990년대에 들어서야 시작되었다고 할 수 있으나 인조섭 선생의 사례는 라오스 공산화 이전의 매우 예외적이고 희귀한 사료 가치가 있다. 다만 공산화 이후 25년 동안 한인 이주가 원천적으로 불가능해짐에 따라 현재 라오스 한인 사회와의 연결고리는 전혀 없다고 할 수 있다.

2. 낮아진 장벽, 적은 비용과 경쟁(1990년대부터 2009년까지)

냉전이 끝난 1990년대 초부터 한인의 라오스 진출이 조금씩 재개되었다. 1990년대부터 2000년대 중반까지 초기에 이주한 한인 관점에서 라오스는 비교적 진입장벽이 낮다는 특성이 있었다. 앞에서 언급한 바와 같이 사업비자 없이 여행비자를 발급받아 비자런 또는 비자클리어를 통해 원하는 만큼 체류 연장이 가능했다. 또한, 라오스에 거주하는 비용이 다른 국가 특히 인근 태국, 베트남보다 저렴하다는 점과 인프라 투자, 관광, 요식업 등 경쟁이 덜 치열하다는 점도 라오스에 한인이 유입하게 된 주요 요인이었다.

라오스가 1995년 아세안에 가입함으로 인해 인도차이나 지역이 '전장에서 시장으로from the battle place to the market' 전환된 것 역시 한인의 유입을 증가시킨 요인이 되었다. 개방 초기에 라오스는 한인에게 새로운 시장 즉 '블루오션'으로 인식되었고, 적은 비용으로 사업이나 자영업을 시작할 수 있었다. 라오스는 당시 사회주의 경제체제 실패로 세계 최빈국 수준에 머물러 있었고, 관광업이나 해외투자가 아직 활성화되지 않은 시기였다. 따라서 라오스로의 한인 유입과 투자는 소규모일지라도 환영받았고, 라오스 한인은 다른 나라에 비해 상대적으로 특별한 대우를 받는다는 장점도 있었다.

1992년 삼환기업이 루앙프라방과 팍송을 잇는 11.3킬로미터 길이의 도로를 건설하면서 한인 직원이 라오스에 상주하기 시작했다. 한국과 라오스의 재수교 이전인 1993년 당시 라오스에 약 30명의 한인이 있었던 것으로 추정된다.[5] 하지만 공산국가 체제라는 이질감, 라오스의 협소한 시장으로 인해 한국인의 대규모 이주는 한동안 발생하지 않았다. 게다가 라오스 내 한국 재외공관이 설치되지 않아 태국에서 비자를 받아야 하는 불편함이 있어 한인의 라오스 유입은 제약을 받았다.

한라친선협회의 오명환 회장[6]은 1995년 쌍용 건설그룹의 직원으로 라오스 공항 및 직업 훈련원 건설에 참여하기 위하여 파견되었다. 오 회장은 일성라오라는 기업을 설립해 1999년까지 운영하

---

5   한라친선협회 홍순유 부회장과의 인터뷰(2017년 2월 15일).

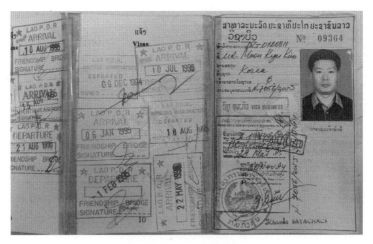

그림 2 1990년대 초 통행증 사본

출처: 비엔티안 김문규 교민 제공

였다. 1997년 IMF 위기로 2억 달러 규모의 투자 사업이 무산되었으나, 오 회장은 1999년까지 라오스에 남아 260만 달러의 재원을 투입하여 타당성 조사를 마무리하고 라오스 정부에 전달한 후 귀국하였다.

1995년 당시 라오스의 한인 상황에 대해 오명환 회장은 다음과 같이 말하였다.

오명환 회장 양국의 재수교 직후인 1996년 라오스의 교민 수는 약 60명이었다. 당시 회사 직원은 여섯 명이었으며, 아시아개발은행ADB 프로젝트를 수행하는 삼환기업이 17명, 대우의 댐 건설을 위한 직원이 20명, 비엔티안 우체국을 건설한 대원 건설 직원이 세 명 있었다. 동아건설도 댐을 준비하기 위해 일부 직원을 파견하였으며, 섬유업계의 라오약진통상은 약 네 명에서 여섯 명의 한국 직원을 두었다. 당시 교민은 루앙프라방에 삼환기업, 참파삭에 대우건설 직원이 있었으며 이외에는 모두 비엔티안에 거주하였다. 1995년 12월 20일 중앙대학교 국수원 무용단이 방문하여 비엔티안 극장에서 공연했는데, 이는 라오스 최초의 한국 문화행사였다.

이주 초기 한인들은 라오스에 대한 정보가 충분하지 않은 상황

6　오 회장은 귀국 이후 2004년 한라친선협회를 설립하여 라오스와의 인연을 이어가고 있다. 2005년 라오스 정부의 승인을 받았으며, 2008년 한국의 외교부 산하 사단법인으로 등록하였다. 매년 1회 한국과 라오스를 번갈아 가며 행사를 주최하고 있으며, 2017년 10월 말/11월 초 라오스에서 9차 행사를 준비하고 있다. 현지 오지 지역의 집수리와 후레이라 초등학교 건립 사업(2017년) 등 교육환경 개선 사업도 진행 중이다(2017년 2월 15일 인터뷰).

에서 개인적인 이주는 거의 없고, 라오스 개방에 따른 사회간접자본 인프라 확충을 위해 진행된 건설프로젝트에 참여하는 인력이 대부분이었다. 그나마 1997년 동남아 경제위기 발생으로 인프라 건설 수요가 크게 위축되자 한인 프로젝트 종사자도 대부분 철수하였다.

현재 라오스 거주자 중 이주 초기인 1990년대부터 한인 생활을 이어오는 김문규 교민(57세, 남성, 1993년 이주)과 홍정오 교민(72세, 남성, 1995년 이주)과의 인터뷰는 한인 정착 초기 라오스와 한인 교민의 상황에 대해 귀중한 정보를 제공하고 있다. 1992년 태국에서 친구와 함께 사업을 하던 중 라오스를 알게 된 김문규 교민은 1993년부터 팍세에서 거주를 시작하였고, 1994년 비엔티안으로 이사를 했는데 당시를 다음과 같이 회상하였다.

김문규 교민 당시 비엔티안 도로는 비포장이었고, 시내에 신호등이 하나도 없었다. 슈퍼마켓도 하나밖에 없었다. 저녁 8시에는 인적이 없고 뚝뚝Tuktuk[라오스의 이동 차량]도 탈 수 없었다. 우정의 다리[라오스-태국을 잇는 교량]가 완공이 안 되어 배를 타고 태국을 넘어 다녀야 했다.

당시 라오스의 인프라가 얼마나 열악하고 경제적으로 빈곤했는지를 가늠해볼 수 있는 대목이다. 반면 정치적으로는 안정되고 안전문제 또한 별 이상 없었던 것으로 보인다. 사회주의국가로서 시장경제가 도입된 지 오래되진 않았지만, 한인들이 느끼는 이질감 또한 크지 않았던 것으로 보인다.

홍정오 교민 사회주의 국가라고 해서 긴장했는데, 살아보니 우리가 생각했던 공산주의는 아니라는 생각이 들었다. 돌아다녀 보니 치안 역시 안전해 보였다. 첫인상이 좋았다.

김문규 교민 정치는 일당(라오인민당) 체제로 안정되어있었고 정책에도 일관성이 있었다. 경제적으로는 시장경제가 작동하고 있었고, 당시(1994년) 환율은 1달러당 750낍Kip[라오스 화폐단위]이었으며, 500낍이 현금으로는 최고가액[현재는 10만낍]이었다.

홍정오 교민은 당시 경제적 상황에 대해 다음과 같은 일화를 소개해주었다.

홍정오 교민 1990년대 말에는 100낍, 500낍, 1,000낍밖에 없었다. 당시 55인치 TV가 유행했는데 LG 대리점을 운영하던 우리 가게에 라오스 상공부 장관이 다음날 돈을 주기로 하고 오픈 기념으로 TV를 구매해갔다. 다음날 돈을 500낍으로 한 부대를 들고 왔다. 우리 매장 직원들이 온종일 돈을 세야 했다.

1995년 전후 라오스 한인은 소수였기 때문에 서로 가족이나 친지 같은 유대감을 가졌다. 명절에는 한국 대사관에서 비엔티안에 거주하는 한인을 초청하여 식사를 함께하는 등 화기애애한 관계를 유지했다.

김문규 교민 수교 이전이다 보니 한국인이 몇 명 없었다. 한국인끼리 서로 좋은 관계를 유지했다.

홍정오 교민 당시 한인 교민이 20명 정도 있었다. 그때는 내가 나이(당시 50세)도 제일 많고 해서 한인들 가운데 어른 역할을 했다. 교민들하고 공관(대사관) 사이가 좋았고, 한인들 사이도 좋았다. 교민 수가 많지 않으니 추석이나 설에 참사나 영사가 한인들을 초청해 식사를 하기도 했다. 초기(1995~1996년)에 2년 정도는 그런 모임이 유지되었다.

1990년대 내내 한인 수가 많이 늘어나지는 않았고 100명 미만 수준을 유지하였다. 라오스 내 한인의 첫 출발은 소수의 선교사와 건설 및 자동차 판매 사업가 중심이었으며, 당시 한인이 활동하는 분야는 넓지 않았다. 2000년대 초까지 라오스 한인의 주요 직업군은 기독교 선교사였다. 1991년 2월 태국 농카이 하나님의 총회LEC는 선교 협약을 맺은 이후 1994년 12월 31일 한국인 선교사 한 가정이 처음으로 라오스에 입국하였다(정한길 2009: 52). 하지만 라오스는 공식적으로 외국인에 의한 기독교 선교사역이 허용되지 않는 국가였기 때문에 한인 선교사는 학교나 학원 운영(Logos Academy, LMC School, 드림센터, 소망스쿨, 딘디스쿨, 샤론E스쿨, 비엔티안 글로리스쿨, 호프열린문스쿨, 비전힐스쿨)을 통해 선교 활동을 진행하였다(정한길

2010: 53).

2001년부터 체류한 김원분 교민에 의하면 정착 초기 한국인은 약 30여 명에 불과하였다고 한다. 그에 따르면 라오스 한인 규모가 1990년대 초반으로 후퇴한 것이다. 1990년대 말 동남아 경제위기로 프로젝트에 종사하던 한인이 대부분 돌아간 것이 한인 사회를 위축시킨 가장 큰 요인이었다. 다른 동남아 국가의 경우 동남아 경제위기로 한인이 증가한 사례도 많지만, 라오스의 경우 대형 인프라 프로젝트에 편중된 한인 사회의 특성으로 인해 교민이 감소했던 것이다.

2003년 한인 수가 194명에서 2005년 370명으로 두 배 증가했다. 이는 2004년 한국의 노무현 대통령이 ASEAN+3 정상회의 참석차 한국 대통령으로서는 처음으로 라오스 비엔티안을 방문했던 것이 계기가 되었다. 당시 한국 언론에 라오스라는 국가가 자연스럽게 노출되었고, 실제 한국-라오스 정상회담을 통해 EDCF 확대 등 한국과 라오스 간 인적 교류의 토대를 마련하였다. 또한, 2005년부터는 라오스에 유학을 오는 한국인이 처음 통계에 잡혔다. 2001년부터 거주한 정우상 한인회 부회장과 2004년부터 라오스 한인 교회를 시무하고 있는 김기주 목사는 당시 한인 사회를 아래와 같이 회상하였다.

정우상 부회장 2004년 한인회 선거에 약 100명이 투표한 것 같고, 전체 교민은 약 200명 정도 된 것 같다. 2004년부터 2012년까지 매년 100명 정도씩 꾸준

표 8 라오스 한인 추이(2003~2019)

	2003	2005	2007	2009	2011	2013	2015	2016	2019
영주권자	-	-	-	-	-	6	6	8	8
일반 체류자	194	366	446	545	685	960	1,849	2,930	3,022
유학생	-	4	4	2	148	167	35	42	20
총계	194	370	450	547	883	1,133	1,890	2,980	3,050

출처: 외교부, 재외동포현황(1968~1990), 재외동포현황(1991~1999), 재외동포현황(2001~2015)
* 1995년도 이전 자료에는 체류자(자료) 없음

히 늘어난 것 같다.

김기주 목사 2005년 당시 한인공동체는 500~600명 정도로 대사관, 한인회, 한인 교회를 중심으로 모였으며 교민 간에 큰 잡음 없이 관계가 좋은 편이었다. 제가 목회자로 부임한 이후 한인 교회가 안정되어가면서 모두 교회를 아껴주고, 교회 건축 시(2005년도)에도 관심을 기울이며 헌당식 때 많은 교민이 축하해주었다. 또한, 전 교민 초청 체육대회 행사에는 대사관 관계자, 한인회 등 교민 중 절반 이상이 참여하는 등 성황을 이루었다.

2000년대 중반 라오스의 한인 규모는 수백 명 수준으로 증가하였지만, 여전히 라오스 사회는 소규모 공동체로 한인 교회를 중심으로 네트워크를 형성하고 또 대규모 행사를 개최할 때도 한인 참여도가 높은 수준을 유지했다. 2000년대 중반부터는 남부의 대표

도시인 팍세와 북부의 대표도시인 루앙프라방 지역의 한인 사회도 조금씩 형성되기 시작하였다. 비엔티안 이외의 지역은 교통 등 접근성이 떨어지고, 사회경제적 인프라도 매우 열악한 상황이었지만, 한국의 라오스 ODA 사업이 확대되면서 관련 전문가의 거주로 이주가 시작되었다.

북부 루앙프라방의 수파누봉 대학 건립사업은 한국 최초의 라오스 경제협력개발기금EDCF 사업으로 2005년부터 2007년까지 2년간 진행되었다. 사업이 수행되는 동안 한국 대학 및 관련 기관의 전문가 수십 명이 루앙프라방에 짧게는 몇 주, 길게는 1년 동안 상주했다. 당시 우송대학교에 재직 중이던 필자도 본 사업에 참여했고, 2007년부터 루앙프라방 지역에 거주하였다. 2006년까지는 단 한두 명의 한인만 루앙프라방에 거주하였으나 2007년 수파누봉 대학 프로젝트 종료 이후 장기적으로 거주하기로 한 20명 이상의 한국인 봉사자가 공동체를 형성하게 되었다. 2007년부터 루앙프라방에 거주한 손미자 교민은 당시의 교민 상황을 증언하면서 한국인이 소수였기에 서로에게 더 우호적일 수 있었다고 하였다.

손미자 교민 정착 초기 한국인은 약 20명 정도였고, 식당을 열었을 때 많이 도와주었다.

팍세의 경우 역시 한국 ODA 사업의 하나로 KOICA 파견 단원과 수력개발 사업자 등 소수의 한국인이 거주하기 시작했으며 상호

간 우호적인 관계를 유지했다.

> **비엔티안 A 교민** 2006년 당시 KOICA 단원이 몇 분 계셨고, 사업하는 한국인도
> 몇몇 있었으며, UN에서 근무하는 한국인들도 있었다. 팍세에 있는 한국인들
> 을 우연히 알게 된 이후 자주 만났다.

3. 러시와 이주 규모의 급증 그리고 한계(2009년부터 현재까지)

2000년대 중반 이후 라오스 한인 사회의 급성장에는 몇 가지 계기
가 있었다. 첫째, 2008년 6월 라오스 정부의 한국인 일반여권 소지
자에 대한 단기 비자면제조치가 영향을 주었다. 한국인 교민 수가
2009년에 547명에서 2011년 883명으로 급증하게 되는데도 당시
양국의 '상호 비자면제조치'가 아닌 '일방적 비자면제조치'는 매우
이례적인 것이어서 한국인의 관광 수요를 유치하기 위한 라오스 정
부의 과감한 결정이었던 것으로 보인다. 또한 미국, 일본 등 주요 선
진국 일반여권에 적용하지 않은 비자면제조치를 한국인에게 먼저
적용했다는 점도 매우 파격적이었다. 이에 따라 한국인의 관광객
규모는 2004년 7,000명에서 2008년 1만 8,000명으로 폭증하였고,
자연스럽게 관광 사업에 종사하는 라오스 한인도 증가하였다.

> **김기주 교민** 라오스 정부의 한국인에 대한 (단기) 무비자 제공(2009년)이 교민

증가에 영향을 주었다.

비엔티안 A 교민 여행업을 비롯해 많은 사람이 들어왔다. 직항이 생긴 이후에 많이 들어오게 된 것 같다. 비자도 2009년 무비자로 바뀌었기 때문인 것 같다.

둘째, 한국과 라오스의 직항 개설이 영향을 주었다. 2012년 개설된 인천-비엔티안 직항은 한인 관광객을 더욱 증가시켜 '관광객 증가 → 교민 증가 → 직항노선 증가 → 관광객 증가 → 교민 증가' 추세가 수년간 지속되었다. 여행 가이드를 필두로 호텔·게스트하우스·민박 같은 숙박업, 관광객을 단체로 수용하기 위한 요식업, 여행 패키지를 운영하는 여행사 등이 동반 증가하면서 한인 사회 규모도 급증하였다. 한국의 라오스 관광객 유입은 최근 10여 년간 비약적으로 증가하였다. 특히 2008년부터는 한국인의 15일 이내 단기 체류에 대한 비자 면제가 시행되어 관광객이 급증하는 요인이 되었다. 인천-비엔티안 간 직항이 개설된 2012년에는 4만 3,000명, 2013년에는 5만 3,000명으로 증가하였다.

셋째, 라오스 한인의 급격한 증가에 가장 결정적인 역할을 한 것은 2014년 9월에 〈꽃보다 청춘: 라오스 편〉(tvN 방송)이 방영된 것이었다. 〈꽃보다 청춘: 라오스 편〉 방송 이전만 해도 한국인에게 라오스 인지도는 매우 낮은 편이었고, 인지하고 있었더라도 오지奧地라는 이미지를 갖고 있었다. 그러나 〈꽃보다 청춘: 라오스 편〉에 비친 라오스 자연의 아름다움과 순수함에 많은 한국인 시청자가 매료되었고, 방송에서 보여준 비엔티안-방비엥-루앙프라방 코스 여행상품이 봇물 터지듯 출시되었다. 이후 라오스를 방문하는 한국인 관광객이 폭발적으로 증가하였고, 2014년 10만 명, 2019년에는 17만 명으로 계속 증가하였다. 2012년부터 2020년 현재까지 누적 한국 관광객이 100만 명에 이를 정도로 관련 한국인 종사자 역시 늘어났다. 2010년대 여행업과 관광업 분야의 확산이 라오스 한인 사회에 미친 영향은 다음과 같은 한인들의 공통적인 답변이 뒷받침한다.

정장후 교민 2014년 여행 붐이 시작되면서 여행사도 급증하고 거주 교민도 증가했다.

김원분 교민 2015년 여행 붐 이후 한인 가이드가 늘어났다.

손미자 교민 2014년 〈꽃보다 청춘〉 방영 이후 많이 늘어났다.

홍정오 교민 2014년 〈꽃보다 청춘〉 방송 이후에 많이 오게 된 것 같다. 그전에도 교민들이 늘어나고는 있었지만, 그때 이후 더 많이 늘어났다. 한 번 여행한 이후 두 번째, 세 번째 때는 사업을 하기 위해 들어오는 것 같다.

2019년 현재도 매일 네 개의 정기 직항노선(진에어, 라오항공, 티웨이, 제주항공)이 운영되고 있으며 성수기인 12~2월에는 여섯 편으로 증편되어 운영하고 있다. 이와 같은 관광객 증가는 관련 산업인 한국인이 운영하는 여행업(가이드 포함), 숙박업, 요식업의 급증을 가져왔다. 라오스에는 현재 약 40개의 한인 여행사가 있으며, 가이드는 약 400명 정도로 추정되며, 태국, 캄보디아의 한인 가이드까지 라오스로 유입되는 현상이 발생하고 있다.

처음 여행을 통해 라오스에 방문했다가 장기 정착지나 새로운 사업지로 선택하여 이주하는 사례도 증가하였다. 관광업과 여행업 호황 이후 청년층 등 젊은 세대의 이주가 증가한 점도 이주 초기와는 다른 점이다. 최근 한국의 젊은 세대가 라오스로 이주한 사례가 늘어난 것은 한국 사회의 과잉경쟁에도 원인이 있다. 한국의 젊은 세대 즉 35세 이하의 88퍼센트가 "한국 사회의 과잉경쟁 체제에 지쳐 외국에서 살고 싶다"라고 답변했다(강훈상 2017). 극심한 취업난에 놓인 젊은 층들이 해외 이주나 취업에 관심을 갖게 된 것이다. 다른 동남아 국가에 진출해야 하는 경우 여전히 한국과 유사한 경쟁을 겪어야 하므로 비교적 경쟁이 덜한 라오스로 이주하는 것이다. 2006년부터 거주한 비엔티안 A 교민의 답변은 라오스 한인 규모의 변화를 흥미롭게 요약하고 있다.

비엔티안 A 교민 처음 라오스에 왔을 때(2006년)는 라오스 한인연합교회에서 다 만날 수 있었던 것 같다. 2010년 두 번째 부임했을 때는 약 1,000명의 교민이 있고, 왔다 갔다 하는 분은 2,000명쯤 된다고 들었다. 현재(2018년) 교민 수는 정확히는 모르지만 훨씬 더 많아진 것 같다. 처음에 왔을 때(2006년)는 교회 가면 다 만났던 것 같고 두 번째(2010년)도 상주하는 사람과 왔다 갔다 하는 사람 정도는 대충 구분할 수 있었다. 그런데 지금은 모르는 사람이 너무 많아졌다.

한인 사회 규모에 대한 답변을 종합해보면 증가 추세가 2010년대 초까지는 점진적이었다가 2010년대 중반 들어 급속히 확대된 것으로 보인다. 이는 외교부의 라오스 한인 통계 추세와도 일치한다. 또한, 한인공동체의 친밀도 측면에서 볼 때 2000년대 중반까지는 전체 행사를 열 수 있을 만큼 비교적 한인공동체 간의 우호적인 분위기가 유지되었다고 할 수 있다. 그러나 2010년대 이후 한인 수가 급증하면서 한인 상호 간 인지도와 친밀도가 자연스럽게 낮아진 것으로 해석된다.

4장

라오스 한인의 정착 과정

본 장의 주제인 한인의 정착 과정과 5장의 라오스 한인의 사회적 관계와 정체성, 6장의 라오스 한인의 현지인과의 관계에 관한 내용은 라오스 한인과의 인터뷰 내용을 중심으로 구성하였다. 본 인터뷰는 1차(2017년 7월 29일~8월 15일)와 2차(2018년 7월 17일~8월 5일)에 걸쳐 한인 교민 대다수가 거주하는 수도 비엔티안, 북부의 대표 도시 루앙프라방, 남부의 대표도시 팍세의 한인을 대상으로 실시했다. 라오스 한인의 대표 직군인 자영업, 선교사(기독교), 요식업, 회사원, 자원봉사 요원 그리고 한인회장, 부회장 등을 대상으로 인터뷰하였으며, 직군별로 오랜 시간 라오스에 체류하였거나 대표성을 띠는 한인을 선정하여 심층 인터뷰를 시행하였다. 인터뷰 내용이 라오스 한인 전체를 대변한다고는 할 수 없으나, 라오스 이민사회의 정착 과정 방식과 정체성의 변화를 이해하는데 유용한 정보를 제공하고 있다.

인터뷰 질문은 정착 동기와 과정, 정치경제적 적응, 사회문화적 적응, 정착 과정에서의 애로사항, 가족 내 관계와 정체성의 갈등, 자녀 교육, 한인 사회 및 사회적 관계, 현지인과의 관계, 한국 정부(공관)에 대한 평가, 한국에서의 이슈에 관한 관심도, 향후 귀국 계획 등에 대해 질문과 답변 형식으로 이루어졌다. 인터뷰 대상에 대한 실명 인용과 녹취에 대한 동의를 얻어 자료를 수집하였다. 이에 본 장에서는 라오스 한인의 정착 과정, 5장에서는 라오스 한인의 사회적 관계와 정체성, 6장에서는 라오스 한인의 현지인과의 관계로 나누어 정리·분석하였다.

1. 정착 동기와 과정: '우연한 이민'과 '연속 이민'

라오스 정착 과정은 한인의 구조적·상황적 맥락을 이해하는 데 도움을 준다. 한인들에게 다른 동남아 국가에 비해 잘 알려지지 않은 라오스를 이주 지역으로 선택한 이유를 물었다. 라오스에 오게 된 계기로 친구·친지·가족(배우자) 등 주변의 인적 관계에 많은 영향을 받았다고 답변했다.

라오스 한인은 이주 당시 라오스에 대한 인지도가 낮은 상황에서 '우연'이란 특성을 보여준다. "라오스에서 중고차 매매업을 했던 친동생의 권유"(정우상 교민), "친지의 소개와 권유"(김원분 교민),

"결혼과 함께 남편을 따라온 동반이민"(곽세 B 교민), "개인적으로 친분이 있던 한국의 초대 라오스 대사를 따라온 사례"(홍정오 교민), "KOICA 선호지역에서 다른 나라를 지원했는데, 라오스로 배치"(비엔티안 A 교민) 등 인터뷰 대상자 중 초기 이주민은 라오스에 대한 사전 정보나 준비 없이 '우연히' 이주한 특성을 보였다. 즉 라오스에 대한 정보가 충분하지 않았던 시절 주변 지인의 소개에 따라 이주한 것이다. 이외에 라오스에 여행 왔다가 이주지로 결정한 사례(정장후, 정우상 교민)도 있었다.

'우연한 이민'과 더불어 라오스 한인 이주의 큰 흐름은 태국·필리핀·베트남 등 주변 동남아 국가를 거쳐서 온 '연속 이민' 사례이다. 라오스가 1990년대 개방화됨에 따라 새로운 기대도 있었지만, 현지의 정치경제적 상황에 대한 정보가 없는 상황에서 이주의 위험요소 또한 매우 높았다. 반면 다른 동남아 국가 이주 한인은 동남아의 언어·문화·기후에 적응한 상황에서 라오스 이주를 결단할 수 있었다. "태국에서 사업을 하는 친구와 함께 무역하던 중 라오스를 알게 되어 이주"(김문규 교민)한 사례, "필리핀, 베트남에서 목회 활동하다 라오스 한인 목사의 공석空席으로 라오스에 오게 된"(김기주 교민) 사례, "태국어를 전공하고 태국과 관련된 일을 하다가 라오스 댐 프로젝트에 참여"(곽세 A 교민)한 사례 등이 있다. 비엔티안 A 교민은 "이주 초기에는 라오스에 바로 들어온 분보다는 태국·베트남과 같은 주변국에서 일이 잘 안 풀린 분이 거쳐서 들어오는 경우가 있었다. 좋은 상황은 아니고 범죄에 연루된 경우나 어쩔 수 없이 들어온 경우가 많았다. 사기 사건이나 사망 사건도 있었다"라며 연속 이주 사례가 많았음을 뒷받침하는 증언을 해주었다. 라오스 는 태국, 베트남, 캄보디아, 미얀마, 중국 5개국과 국경을 맞닿아있 는 국가로서 육로를 통해 '국경 넘기'가 쉬운 환경인 데다가 앞에서 살펴본 바와 같이 한국인에 대한 무비자정책이 국경이 맞닿은 주변 국가에 있던 한국인에게 라오스 (연속) 이주를 선택하게 한 주요 요 인이 되었다.

현지에서의 직업은 체류 지속성에 큰 영향을 주는 부분이다. 라 오스 정착 이전에 어떤 일을 했는지에 대한 답변을 통해 정착 전 직 업과 현재 직업과의 연관성을 질문하였을 때 현재 라오스 현지에서 하는 일과의 연관성은 크게 높지 않았다. 인터뷰 대상자 중 직장인, 전업주부 등으로 있다가 라오스에서는 자신이 전혀 경험하지 못한 분야에서 개인 사업이나 종사자로 활동하고 있었다.

"한국에서는 한국화장품에 다녔고 사업을 했으나 현재는 17년 째 볼링장을 운영"(김문규 교민)하는 사례, "한국에서 가정주부로 지 내다가 라오스에서 차 렌트, 정육점, 슈퍼 등을 운영하다 현재 식당 을 운영"(김원분 교민)하는 사례, "수원에 소재한 관세 회사에서 환급 업무를 담당하다 현재 라오스에서 16년째 식당을 운영"(손미자 교 민)"하는 사례, "제주도에서 양어장 사업과 서울에서 수출 관련 사 업을 하다가 라오스에서 전자대리점을 오픈하였고, 현재는 새마을 협력관"(홍정오 교민)을 하는 사례, "한국에서 공기업, KBS 드라마센 터 등에서 근무하다 KOICA 소속"(비엔티안 A 교민)으로 있는 사례

등이다. 인터뷰 대상자 중 한국과 라오스에서의 직군이 일치(김기주 교민, 목회자)하거나 유사한 직군(정장후 교민, IT 회사)을 유지하는 사례는 매우 소수였다. 이는 라오스 한인이 자신의 직업적 경험이나 지식을 활용할 만큼 경제적 기회가 많지 않았음을 의미한다. 라오스는 산업구조 면에서 여전히 농업 비중이 높으며, 제조업과 서비스업 부문의 취약성과 시장의 협소함으로 인해 한인의 직업적 경험을 활용할 기회가 거의 없었던 것으로 보인다.

이처럼 라오스가 경제적으로 대규모 시장을 보유하지 못한 점과 타 동남아 국가에서 흔히 나타나는 저임금 노동력 기반의 제조업이 활성화되지 못한 점도 한국 기업의 투자와 직업적 제한을 가져오는 요인이 되었다. 시장의 협소함은 한국의 대기업 투자 또는 공기업 진출에 어려움을 가져와 다른 동남아 국가에서 흔히 볼 수 있는 한인 주재원 사회도 형성되지 않았다. 라오스 한인 사회가 아직 소규모이다 보니 규모의 경제를 형성할 수 없고, 한인 사회를 시장으로 하는 변호사·의사·회계사와 같은 전문직 진출도 본격화되지 않았다. 따라서 현재 한인의 직업적 분포를 살펴보면 식당업·카페 등 큰 자본을 투자하지 않고도 진입할 수 있는 분야에 주로 종사하고 있음을 알 수 있다. 한편 인터뷰 대상자 중 장기거주자는 현재 자신의 직업이나 사업 면에서 높은 안정성과 지속성을 보여주었다. 라오스 한인 가운데 특히 자영업을 안정적으로 운영하는 직군이 장기적인 거주 경향을 보였다. 한인 주재원이나 프로젝트 참여 인원의 경우 거주 환경은 안정적이지만 제한된 임기(사업 기한)에만 거주하는 경향을 보였다.

2. 정착과 적응: 안정된 정치와 정착의 저비용

라오스 적응에 있어 정착 초기 정치경제적 상황과 적응 과정에 대해 질문해보았다. 정착 당시 정치경제적 경험에 대해서는 라오스의 '안정성'을 공통적으로 많이 언급했다. 실제로 라오스는 공산주의체제로서 이후 일당체제가 구축되었으며, 평화적인 정권 교체가 2021년 현재까지 이루어졌다. 이와 같은 정치사회적 안정성은 라오스 정착에 있어 핵심 요소로 특히 주변 캄보디아(1990년대), 태국(2000년대와 2010년대), 미얀마(2020년대)가 쿠데타로 정치적 격변을 거듭한 것과는 대조적이다.

라오스가 비록 사회주의체제로 한인들에게는 낯선 체제지만 이로 인해 정착 과정에 어려움을 경험한 한인은 거의 없었다. 라오스는 라오인민당이라는 일당체제로 야당과 시민사회의 역할이 거의 없다. 또한 집단주의체제로서 권력이 어느 정도 분산되어있어 1975년 이래 평화적인 권력 교체가 2022년 현재까지 이루어지고 있는 국가이다. 내전과 테러와 같은 위험이 없는 라오스의 안정된 정치체제는 라오스 한인의 정착과 적응에 긍정적인 영향을 주었다.

실제로 한인들은 "라오스 정치는 큰 이변 없이 대체로 안정되어 있다"(김문교 교민)라며 심지어 한국보다 정치적으로 라오스가 더 안정되어있다고 하기도 했다. 비엔티안의 한 교민은 라오스에 오기 전 생각과 실제로 경험한 라오스와는 큰 차이가 있다고 말하였다.

비엔티안 A 교민 라오스에 오기 전에는 위험한 나라라고 생각했다. 사회주의 국 가이고 총기 소지가 가능한 나라였기 때문이다. 개도국이고 후진국이며 못살 고 위험한 나라라는, 아프리카의 한 나라 같다는 이미지를 가지고 있었다. 그 런데 막상 와서 보니 너무도 평화로웠다. 사람들도 좋고, 정서도 한국 사람하 고 잘 맞았다. 인정 있고 가족 중심적이었다. 생각한 것과 너무 달라서 놀랐다.

경제적인 측면에서 라오스의 물가가 낮은 점도 한인의 정착과 적 응에 도움이 되었다. 라오스의 국민소득은 최빈국 수준이어서 현 지 물가는 한국인이 느끼기에 낮은 수준으로 형성되어있었다. 한인 들은 인터뷰에서 정착 초기 "물가가 쌌다"(김원분 교민), "정착 초기 물가가 낮았던 것으로 기억한다"(손미자 교민)라며 라오스 물가가 낮 음을 언급하였다.

라오스가 개방을 시작했을 당시 외화 부족이 극심한 상황이어 서 달러 가치는 매우 높았다. 특히 2000년대 중반 원화 대비 달러 약세와 달러 대비 라오스 낍의 약세는 한인의 체감 물가를 낮추 는 역할을 했다. 정우상 교민은 '2005년 당시 환율이 한국인 이주 자에게 매우 유리했다. 1달러당 원화는 970원이었으며 1달러당 낍 은 1만 3,500낍이었다. 현재(2019년) 한국의 원화 가치로 비교했을 때 두 배나 유리했다. 또한, 당시 식료품(쌀, 고기)을 비롯해 비엔티안의 생활물가가 "한국과 비교해 매우 쌌다"라고 답변하였다. 특히 현지 생활에 가장 큰 비용을 차지하는 주거비도 2000년대 중반까지 비엔티안의 거주비는 한 달에 400달러 정도, 루앙프라방과 팍세도 300달러 정도로 다른 동남아 주요 도시에 비해 낮은 수준으로 형성되어있었다. 이와 같은 정착하는 데 있어 '저비용'은 라오스 한인 이주자에게 매우 중요한 요소가 되었다. 다만 도로·통신·전력 등 인프라가 열악한 상황과 생필품이 부족한 것은 불편했다는 답변이 많았다.

라오스 한인이 정착하는 데 있어 비용이 적게 든 것은 2022년 현재까지 적용되는 것은 아니다. 주거비와 인건비를 비롯한 생활과 정착에 영향을 주는 비용이 매우 증가하였으며, 비엔티안, 루앙프라방과 같은 주요 도시에서의 체류비용은 한국의 생활비와 크게 다르지 않은 상황이다. 1995년부터 지난 20여 년간 비엔티안에 체류한 홍정오 교민은 라오스 내 경제적 변화를 다음과 같이 언급하였다.

> **홍정오 교민** 시내 건물이 많이 바뀌었다. 주로 호텔과 차량이 많아졌다. 라오스 주민들의 생활도 많이 업그레이드되었다. 10~15년 전부터 베트남과 중국의 투자가 이루어지면서 급격하게 많이 바뀌었다. 라오스 땅값도 많이 올랐다.

안정된 정치와 정착의 저비용이 라오스 교민의 초기 거주에 긍정적인 요소였던 반면 라오스의 열악한 인프라와 사회문화적 차이는 부정적 요소로 작용하였다. 특히 라오스의 의료 환경은 매우 열악해 한인의 장기거주에 주요 장애물로 작용해왔다. 수도인 비엔티안에 종합병원이 있고 주별로 주립병원이 운영되고 있지만, 의료진 수준이 낮고 고가의 의료기기를 갖춘 곳도 없다. 비엔티안에 거주해온 김원분 교민은 "자전거 사고를 당했을 때 제대로 된 병원이나 약국이 없어 고생했다"라고 증언했다. 부부로 팍세 A와 팍세 B 교민은 라오스의 열악한 의료 수준 때문에 고생했던 기억을 다음과 같이 회상하였다.

팍세 A 교민 개인이 아닌 회사 차원에서 와서 별 어려움이 없었고 공무원과 만날 일도 없었다. 아침에 몸이 안 좋아 병원에 가보았더니 '장염'이라고 진단을 내렸다. 나는 오히려 '맹장염'이 의심되어서 물어보니 그러면 하루 지내보고 다음 날 오라고 했다. 태국 우본으로 넘어가 다시 확인해보니 '맹장'이라고 해서 치료받았다.

팍세 B 교민 병원에서 아기에게 처방 약을 잘못 주어 큰일 날 뻔했다. 한 움큼의 약을 받아가는 도중 뒤에서 누군가 '다급하지도 않게' 불러서 약이 바뀌었다고 이야기했다. 당시 아기가 네 살이었는데 어른이 먹을 약을 먹을 수도 있었던 아찔한 순간이었다. 2016년 12월에는 막내가 많이 아파 태국 병원에 입원해있었고, 이후 큰애가 아파 또 태국 병원에 갔고, 그 후에는 나도 다쳐서 다시 태국 병원에 간 일이 있었다. 병원비가 천만 원이나 나왔지만, 다행히 실손보험(여행자 보험)으로 병원비를 감당했다. 물론 우리를 돌보기 위한 남편의 시간과 교통비는 별도로 부담해야 했다. 아이를 키우는 일에 있어서 의료 환경이 열악하니 손해를 감수해야 한다. 병원의 경우 베트남 계열의 국제병원이 생겼지만 의료 수준이 높아지지는 않았다. 여전히 아픈 사람은 웬만하면 인근 태국으로 넘어가 치료를 받는다.

비엔티안과 팍세같이 태국과 가까운 도시에 사는 한인은 국경을 넘어 인근 농카이, 우돈타니에서 치료를 받는 경우가 많다. 루앙프라방같이 국경이 먼 경우에는 항공편을 이용하여 태국 방콕까지 간다. 필자 역시 거주 당시인 2008년 라오스 의료의 열악함 때문에 부상 당한 KOICA 단원이 치료를 위해 태국으로 가는 것을 목격한 바 있다. 태국까지 가서 치료를 받아야 하는 상황은 시간과 비용에 있어 라오스 한인에게 큰 부담이 된다. KOICA 단원 등 공공기관의 경우에는 보험 가입을 통해 치료비를 지원하는 제도를 갖추고 있다(비엔티안 A 교민). 그러나 대부분의 라오스 한인은 개인적으로 보험에 가입해야 하거나, 보험에 가입되어있지 않으면 막대한 의료비를 감당해야 하는 어려움이 있다.

의료 환경과 더불어 생필품 부족 또한 라오스 한인에게는 매우 불편한 부분이다. "생필품(우유 등)이 많이 부족해 태국에서 생필품을 구입해야 했다"라는 김원분 교민과 비엔티안 A 교민의 증언처럼 라오스의 생필품은 주로 태국을 통해 수입하기 때문에 가격이 한국보다 비싸고, 무엇보다 공급량 자체가 절대적으로 부족했다. 라오스 거주 외국인의 수요에 비해 공급량이 적다 보니 필요한 물품이 없는 경우도 많았다. 게다가 태국의 정정불안 시기에는 아예 물품이 공급되지 않아 불편함이 더욱 커졌다. 따라서 큰 비용을 들여서라도 한국에서 필요한 물품을 우편으로 들여오거나, 한국에 방문했다가 귀국하는 길에 생필품을 챙겨서 들여와야 하는 경우가 많았다. 하지만 최근에는 한국 상품을 파는 상점이 늘어나 공급 부족 문제가 많이 해소된 상태다.

통신 분야 특히 인터넷 분야의 열악함도 라오스 한인에게 많은 불편함을 주었다. 국제전화의 경우 한국으로 전화하려면 비싼 요금을 내면서도 통화 품질은 매우 낮았다. 특히 한국에서 우수한 인프라를 경험했던 한인들이 라오스에 와서 '요금은 비싸고 속도는 느린' 인터넷에 불만이 많았다. "이메일을 보내기조차 쉽지 않아 검색이나 영상 서비스는 기대조차 하지 않았다"(루앙프라방 B 교민), "인터넷 USB 포켓 와이파이를 통해 가족들과 통화하게 된 것만으로도 놀라웠다"(팍세 A 교민)라는 인터뷰가 이러한 불편함을 대변하고 있다. 2010년대 중반 이후 라오스의 통신 사정이 좋아져 여러 면에서 개선이 이루어졌지만, 여전히 한국과 비교하면 열악한 통신 인프라로 불편함을 느끼고 있다.

불안정한 전력 공급 역시 라오스 한인에게 불편함을 주는 영역이었다. 예고 없이 수시로 발생하는 단전으로 업무가 중단되거나 전자제품의 수명 단축을 불러왔으며, 특히 냉장고를 사용해야 하는 식당이나 상점의 경우 식품이 상해서 손해를 보기도 했다. 이외에도 라오스의 열악한 시스템으로 고생했던 사례는 쉽게 찾아볼 수 있다. 특히 국제이사서비스를 사용해야 했던 라오스 교민 중 낭패를 본 경우가 많았다.

> **김기주 교민** 베트남 호찌민시에서 이삿짐을 화물차로 보내고, 우리 가족은 항공편으로 먼저 라오스에 도착했다. 'Door to Door' 방식으로 이삿짐을 계약했으나 국경을 넘고 라오스 차량으로 옮겨지는 과정에서 쓸만한 물건(키보드, 양복, 그릇 등)은 대부분 분실되고 일부 책들만 도착했다. 따라서 라오스 생활을 원점부터 다시 시작해야 했다.

현지 적응 과정에서 한국과 다른 사회문화적 차이로 인해 어려움을 겪은 사례도 많았다. 정상후 교민은 "한국보다 업무에 대한 보수가 적은 편이다. 게다가 제품 재료가 수입품이어서 원가가 매우 비싼 것도 문제다"라고 지적했다. 직원을 채용한 경우 "일 처리의 느림"(김기주 교민), "한국인의 근면한 문화나 업무에 대한 책임감 등에서의 차이"(정우상 교민)와 "현지 정서가 다른 것으로 인해 직원 교육의 어려움"(손미자 교민)을 언급하기도 했다. 또한 손미자 교민은 "이민국 경찰이 밤 10시에 방문하여 고용허가 없이 불법행위를 했다며 추궁을 받았다. 하지만 실제로는 자신을 통해 일을 처리해달라는 의미였다"라고 했다. 라오스 경찰은 라오스 교민과의 생활과 거주자 측면에서 접촉면이 넓은 편이다. 이에 라오스 경찰은 외국인을 통해 자신의 이권을 얻고자 시도하는 경우가 많고, 직간접적으로 라오스 한인에게 금전 요구를 할 때도 많다. 반면 금전적 이익이 이루어지지 않는 경우 라오스 현지 관료의 협조를 받기가 어려운 상황도 있다. 비엔티안에서 새마을협력관을 담당하는 홍정오 교민은 "라오스 정부가 새마을운동에 대해 소극적이어서 프로젝트를 수행하는 데 어려움을 느꼈다"라고 하였다.

라오스는 불교국가이자 사회주의 국가로서 노동 관념에 있어서 한국과는 문화적으로 차이가 크다. 개인의 노동 대가를 합당하게 대우하지 않는 공산주의적 성격과 습성이 여전히 남아있어서 라오스 노동자에게 근면성을 찾아보기란 어렵다. 라오스 공식 근무 시간은 오전 8시부터 12시까지 오후 1시부터 5시까지 총 8시간이지만, 실제로 이를 지키는 경우가 많지 않다. 출근 시간은 비가 많이 온다거나 일기가 나쁘면 늦어질 때가 많으며, 5시 이전에 퇴근할 때도 많다. 점심시간은 대체로 2시간에서 2시간 30분까지 걸리기도 해 실제 근무 시간은 더 짧다. 따라서 야근과 초과근무도 당연하게 받아들이는 한국의 노동문화와는 크게 다른 라오스의 노동문화는 라오스 한인에게는 적응하기 힘든 부분이기도 하다.

현지 대중 매체는 라오스 한인의 적응과 동화에 영향을 미친다(김두섭 2015: 172). 라오스 한인은 라오스 현지어 매체, 영자 매체, 한국어 매체 등 크게 3가지 경로를 통해 관련 정보를 습득하고 있다. 라오스 현지인과의 대화나 직접적 대면을 통해 정보를 얻는 사례(김문규, 김기주 교민)가 있었으며, 현지어 페이스북을 통해 정보를 얻는 사례(손미자 교민)와 현지어 케이블 방송을 통해 정보를 얻는 사례(곽세 A 교민)가 있었다. 이는 현지인과 어느 정도 친밀감이 유지되거나 현지어를 구사할 수 있는 경우에 가능하다. 현지어에 익숙하지 않은 라오스 한인은 현지의 영어 신문(『비엔티안 타임즈』, 『참파마이』)을 활용해 현지어 정보를 보완하는 매체로 사용하고 있다. 『비엔티안 타임즈Vientiane Times』는 관영신문으로 라오스의 대표적인 영자신문이다. 라오스는 아직 언론의 자유가 없어 영자신문이 라오스 정부에 우호적인 정보로 편향되어있기는 하지만 라오스에 거주하는 한국인을 비롯해 외국인들이 가장 많이 구독하는 신문이다. 『비엔티안 타임즈』는 라오스 한인에게 정보의 수요자인 동시에 공급자 역할을 할 때가 많다. 한국 대사관의 주요 행사나 KOICA의 주요 프로젝트가 『비엔티안 타임즈』 1면을 장식할 때도 많다. 『참파마이Champamai』는 팍세 지역의 영자 정보지이며 루앙프라방 등도 영자지가 있지만, 편집과 내용이 조잡해 한인에게 정보를 제공해주는 데는 부족한 면이 많다.

최근 라오스 한인에게 가장 많이 활용되고 있는 정보 경로는 온라인 한인 카페이다. 수백 명에서 수천 명이 가입한 한인 카페는 라오스 현지인은 물론 라오스에 거주하지 않는 한국인도 가입해있으며, 카톡 등 SNS를 활용해 라오스 소식을 공유하고 있다(정우상, 정장후 교민). 라오스의 한인 SNS는 정보의 양과 질적 측면에서 가장 많은 공급과 소비가 이루어지고 있다. 주요 정보, 특히 라오스 한인이 관심을 가질 만하거나 영향을 줄 만한 소식들이 빠르게 공유되는 경로로 현재는 물론 앞으로도 어떤 매체보다 많이 활용될 것으로 보인다.

라오스 한인의 사회문화적 적응 과정을 알아보기 위해 현지에서의 문화적 경험이나 여가(여행 포함)를 어떻게 보내는지 대해서도 질문하였다. '현지에서 가본 곳'에 대한 질문에 대해서는 라오스 한인 대부분이 라오스의 여러 지역을 방문하였다고 답변하였다. 특히 라오스 이주 초창기에 거주지나 사업지를 사전 답사하기 위한 목적으로 전국을 투어하기(김문규, 정장후, 홍정오 교민)도 했으며, 라오스의 주요 도시이자 여행지인 루앙프라방, 사바나켓, 방비엥, 팍세 등 주요 지역은 방문 경험자(김기주, 김원분, 손미자, 팍세 A 교민)가 많았다. 각 방문지에 대한 평가도 긍정적인 평가가 주를 이루었으며, 라오스 북부지역은 중국화가 이루어졌음을 관찰했다고 언급한 이들도 있었다.

5장

라오스 한인의 사회적 관계와 정체성

1. 한인의 사회적 관계와 가족 관계

과거 이주자는 정착지로의 이민, 성공적인 정착과 적응에 매진함으로써 출신국과의 사회적 관계 축소 또는 단절로 이어지는 경우가 많았지만 최근 정보화와 글로벌화의 진전과 이동성mobility 증가로 인해 이주자의 적응과 정체성 유지 방식이 달라지고 있다(이영민·이용균·이현욱 2012: 104). 이주민은 정착 과정에서 현지의 문화에 동화하기보다는 한국의 민족성이나 정체성을 유지·강화하려는 성향을 보인다. 즉 이주민들이 정착 과정에서 현지에 익숙해지더라도 한인 문화와 음식, 공동체 등을 중심으로 살아가는 문화적 다원론pluralism 성향(박원석 2015: 288)이 라오스 한인에게도 나타난다. 라오스 한인은 라오스 현지에 적응하면서도 한국의 문화적 정체성과 연계성을 지속시키는 초국가주의적 성격을 지니고 있다.

라오스 한인은 한인 주요 단체(한인회·동호회)에 대한 관심도와 참여도는 낮았다. 교회 등 종교 단체를 제외한 대부분의 한인 단체 활동에 소극적이며, 개인적인 친목 활동 목적으로 참여하고 있었다. 직업별로 가장 많은 비중을 차지하는 여행업의 경우 한인회 활동에 참여할 만큼 시간적 여유가 없는 경우가 많았고, 신교사의 경우 자신이 속한 교인들 중심으로 네트워크를 구성하고 있으며, 한인회의 대표적인 행사 이외에는 참석하지 않는 경향을 보였다. 이는 앞서 살펴본 바와 같이 한인회가 공적 대표기관이라기보다는 사적 모임에 가깝고 관련 조직도 활발하지 못하다는 대표성의 한계성에 기인한다. 한인회의 경우 일회성 초청행사 위주의 프로그램 운영, 참가자의 후속프로그램 부재, 한인 사회의 갈등 노출 등에 대한 지적이 있었다.

김기주 교민 한인 사회는 평상시 평온하지만, 한인회 선거 시에만 단기적으로 과열되곤 한다.

비엔티안 A 교민 처음 부임해왔을 때(2006년) 한인회가 '두 그룹으로 갈려있다'라는 선배들의 설명이 있었다. KOICA 단원 입장에서는 웬만하면 한인들하고 접촉하지 않는 것이 좋다는 안내를 받았고, 지금도 '주의하고 조심하라'라고 이야기한다. 지금 한인회와 KOICA 사무소와의 관계는 좋은 편이다. 예를 들어 올해(2018년) 한인회 주최 교민노래자랑대회에 KOICA 사무소도 참여했다.

현재 활동하는 한인 관련 기관은 무엇인지에 대한 질문에는 한인회나 동호회에 대한 참여도는 낮은 편이었고, 기독교인의 경우 주로 '한인 교회'를 중심으로 활동하고 있다고 답변하였다(김기주, 김문규, 김원분, 비엔티안 A 교민). 라오스 교민 사이에서 한인 교회는 본연의 종교적 기능 외에도 사교와 친교의 장, 생활에 필요한 정보 교류 등 다양한 사회적 기능을 하고 있는 것이다. 한인 교회는 초기 정착 과정에서 낯선 상황에 대한 불안감을 완화해주는 심리적 안정 역할은 물론 한인 네트워크를 제공한다. 따라서 한인 교회에 참석하는 경우 다른 한인 기관에 참여할 필요성을 느끼지 못하는 경우가 많다.

교회 이외에는 라오스 내 한인 단체 규모가 작고 조직도 활성화되어있지 않기 때문에 한인들 간의 상호관계는 사적인 만남으로 제한되고 있다. 한인이 교류하는 주요 공간에 대한 질문에는 특정 장소를 언급하지는 않았다. 카페(김원분 교민), 골프장(김문규 교민), 음식점(손미자 교민) 등의 답변이 있었으며, 온라인(카톡) 등을 통해 의사소통한다고 했다.

라오스 한인 사회가 최근 양적 확대에도 불구하고 가시적인 경제적 분화가 아직 발생하지 않은 것으로 보인다. 교민 대부분이 경제적 편차에 대해서는 아직 체감하지 못했다고 답변하였다(김문규, 김기주, 정장후, 정우상, 홍정오 교민). 동남아 국가를 포함해 교민 사회가 대규모인 국가에서 흔히 나타나는 경제적 분화는 주재원 사회, 현지 투자 사업가 등 상류층 사이에 형성되지만(채수홍 2005: 122-

123), 앞에서 언급한 바와 같이 라오스 한인 사회에서 이에 해당하는 비중은 매우 낮다. 라오스 한인 사회의 직업 분포도를 살펴볼 때 자영업 비중이 높은 편이며, 이외 선교사·여행업에 많이 종사하고 있는데 이 경우 중류층에 해당하며 경제적 분화를 생성시킬 만큼의 격차는 관찰되지 않고 있다. 또한, 라오스 내에 한국인이 집단으로 거주하는 지역은 아직 없는 것으로 보인다. 비엔티안 A 교민은 "한국인 상점이 주로 동팔란 지역에 모여 있지만, 한국 기업이 따로 모여 있는 곳은 없다"라고 하였다. 라오스 한국 기업인 홍화건설에서 비엔티안에 아파트를 건립하였지만, 한인들의 집단적 거주 시설로 활용되고 있지는 않다. 또한, 학원이나 교육 특구 등 한인이 집단으로 거주할만한 사회적 환경이 아직 라오스에는 정립되어있지 않다.

라오스 한인 간의 관계에 대한 질문에 대해서는 금전적인 문제로 상호관계에 어려움을 겪는 경우가 있었다. 한국에서 라오스 투자 자본을 준비해와 음식점이나 카페 등을 운영하는 경우가 많은데, 새로운 문화와 환경으로 인해 실패하는 경우 역시 많다. 이때 다른 라오스 한인에게 돈을 빌려 재기하려고 시도하는 과정에서 이로 인해 금전 거래와 채무 관계가 발생한다. 그로 인해 한인 간 갈등을 일으키는 요소가 되기도 하며 결국 금전 문제로 인해 극단적인 선택을 하는 경우가 발생하기도 한다는 것이 라오스 한인들의 증언이다.

정우상 교민 한인 교민 한 명이 빚으로 어려움을 호소해 2만 달러를 빌려준 적이 있다. 결국, 그 한인이 극단적 선택을 했다. 나중에 알아보니 15만 달러의 빚을 지고 있었다. 당시 한인 사회에 대해서 내가 너무 모르고 있었나 하는 자책이 들었고, 그때부터 한인회 활동도 시작하고 사무국장, 부회장 등의 책임도 맡게 되었다.

홍정오 교민 돈 거래 때문에 어려웠던 적이 있다. 한인들이 돈을 빌려 간 후에 말도 없이 사라져버리는 경우가 많았다. 지금도 한국인들이 사기를 치는 경우가 있다. 최근에는 한인들하고 접할 시간이 많지 않다.

본국의 사회문제에 관한 관심과 직·간접적인 참여는 '트랜스 이주자'의 주요한 특성이다. TV를 통한 한국 채널(YTN, KBS, Arirang)의 송출로 라오스 한인은 한국 뉴스를 접할 기회가 늘어났으며, 포털사이트를 통해 한국과 관련된 이슈를 쉽게 접할 수 있는 환경이 늘어났다. 그러나 라오스 교민의 한국 정치와 문화적 이슈에 관한 관심은 높지 않음을 인터뷰에서 확인할 수 있었다. 일부 라오스 교민은 현지와 직접 관련된 이슈나 국제적으로 화제가 되는 이슈에만 제한적으로 관심을 표명하였다.

한국 정치에 관한 관심 여부에 대한 질문에 대해서는 대부분이 '관심이 없다'라는 답변이 많았다(김문규, 김기주, 김원분, 정우상 교민). 정치 및 국제정세와 같은 특정 이슈에 관해 관심을 보인 사례(손미자 교민)가 있고, YTN, KBS와 같은 TV 채널과 네이버 등 인터넷

기사를 통해 한국의 상황을 살핀다라고 답변한 이들(곽세 A, 홍정오 교민)도 있었다. 본 연구가 진행되는 동안 한반도 북핵 위기, 전직 대통령들의 구속이 있었는데 이에 대해 현지인들이 질문하는 것을 곤혹스러워했다는 답변(홍정오 교민)도 있었다. 라오스 교민의 재외국민 선거에 참여하겠다는 답변(김기주 교민)도 있었지만 전체적인 참여도는 높지 않았다. 또한, 남북정상회담과 북미정상회담 같은 전 세계적인 이슈에 관해서는 많은 관심을 표출하였다. 2018년 8월 라오스 남부에서 발생한 수력댐 붕괴 사고 역시 주요 관심 사안이었다. 한국의 문화에 대해서도 대부분 '관심이 없다'라고 답변(김문규, 김기주, 김원분, 손미자 교민)하였으며, 일부가 '필요하면 인터넷을 통해 소식을 듣는다'라는 답변(김기주 교민)도 있었다.

귀국 희망 여부에 대해서는 '현재 귀국 의사나 계획이 없다'(김문규, 정장후, 손미자, 김원분, 정우상, 곽세 A, 홍정오 교민)라고 답변했고, 일부 교민만이 한국으로 돌아갈 예정(김기주, 비엔티안 A 교민)이라고 답변하였다. 귀국 계획이 없는 교민은 정착지(라오스 현지)에서의 안정성과 만족도가 높았으며, 오히려 한국을 임시 체류 지역으로 생각하였다. 직업 때문에 장기 체류하는 상황에서 귀국 의사가 없는 편이었으나, 선교사나 KOICA와 같이 파견된 교민의 경우 임기 후 귀국 의사를 표명하였다. 또한, 귀국 계획을 자녀의 교육이나 취업 환경과 연계하여 유동적일 수 있다고 답변하였다.

라오스 한인의 '트랜스 이주자'로서의 성향, 즉 정착국가에서 본국(한국) 가족과의 강한 결속력은 교통·통신과 같은 인프라 발달에 기인하는 측면이 있다. 한국과 라오스를 연결하는 직항 개설과 노선 확대는 과거와 비교하면 자주 그리고 저렴하게 한국을 방문할 기회를 제공하고 이를 통해 가족들과의 결속이 유지되는 데 큰 영향을 미치고 있다.

한국에 있는 가족(친지)과의 관계를 어떻게 유지하는지에 대한 질문에 대해서는 과거에는 통신이 발달하지 않아 어려운 점이 많았다고 답변했다. 김문규 교민은 이주 초기에는 10년 만에 가족을 방문했으나 현재는 가끔 왕래하는 편이라고 답변했다. 직항이 없는 것과 비싼 항공 요금은 교민의 이동을 제한하였으나 현재 직항 개설로 인한 이동의 편의성과 비용 감소로 교민의 한국 방문이 증가하였다. 1년에 1~4회도 한국에 방문하는 경우가 가장 많고(손미자, 김원분, 비엔티안 A, 김기주, 홍정오 교민), 때로 한국에 있는 가족과 친지가 라오스를 정기적으로 방문하는 예도 있다(정우상 교민). 개인적인 목적이든 공무적인 목적으로든 한국과 라오스 간의 교류가 급증한 것이 사실이다.

최근 들어 가족 관계 유지는 대부분 인터넷과 SNS(주로 카톡)를 통해 훨씬 쉽게 이루어지고 있다(손미자, 비엔티안 A, 홍정오 교민). 13명의 가족으로 구성된 카톡을 통해 서로 소식을 나누는 경우(정장후 교민)도 있었으며, 스페인과 한국에 각각 자녀가 거주하는 김기주 교민 역시 카톡을 이용해 의사소통하고 있어 서로 굉장히 가깝게 느껴진다고 답변했다.

그럼에도 한국에 있는 가족이나 친지와 전보다 자주 접촉하지 못하고 있음을 애로사항으로 꼽았다. 가족과의 관계에 있어 어려움은 물리적 거리로 인해 자주 못 보는 것(김문규 교민), 경조사를 챙기지 못하는 것(비엔티안 A 교민), 연로한 부모님과의 관계에서 어려움(김기주, 손미자 교민) 등을 언급했다. 과거보다 전화나 SNS를 통해 자주 소통하고는 있지만, 명절 등에 정기적인 접촉이 이루어지지 않아 관계가 소원해졌음을 아쉬워하였다.

자녀를 양육하는 교민 대부분이 자녀 교육에서의 어려움을 호소했다. 라오스의 교육환경은 개도국 가운데서도 가장 열악한 실정이며, 국제학교의 경우 연간 학비가 매우 비싼 편이어서 주재원이 아닌 한국인 자녀가 다니기에는 부담이 큰 편이다. 비엔티안에는 미국계 국제교육기관인 VIS^{Vientiane International School}가 있으며, 프랑스계 국제학교 Lycee Francais Josu e Hoffet도 있다. 이러한 국제학교는 연간 교육비가 1~2만 달러에 이른다. 외국계와 라오스 현지 교사진이 제휴한 빠냐팁^{Panyathip}, 끼티삭^{Kiettisack}, AIS 국제학교는 미국계 및 프랑스계 학교에 비해 학비가 낮은 편이지만, 교육수준이나 해외 교육 기관 검증 부분에서 만족스러운 수준을 제공하지 못하고 있다.

현지에서 자녀 교육은 어떻게 하는지에 대한 질문에 관해서는 초·중·고 과정에서 라오스 비엔티안에 있는 현지 사립학교에 다니고(정우상 교민) 있지만, 전체적으로 많은 비중을 차지하지는 않았다. 루앙프라방(손미자 교민), 팍세(팍세 B 교민)에 있는 국제학교와 태국에 있는 국제학교(김문규 교민)에 다닌다는 답변도 있었다. 이는 라오스의 현지 학교 환경이 얼마나 열악한지를 반영하는 답변이라 볼 수 있다. 다만 대학교육에 대해서는 라오스 현지 대학을 다니는 경우(김원분, 정장후 교민)가 있었으며, 이외 한국(김기주, 정장후 교민)·태국·캐나다(김문규 교민) 등지에서 대학교육을 받는다고 답변하였다.

라오스 한인 자녀의 한국어 사용 여부와 문화에 대한 교육은 정체성과 관련해 중요한 부분이다. 이에 대해 집에서는 식사예절과 존댓말을 교육(김문규 교민)하거나, 방학 기간 중 한국에 자녀들을 보내서 교육을 받게 하였다(김기주 교민)고 답변하였다. 일부는 KOICA 봉사 단원에게 한국어 교육을 부탁하기도 하고(손미자 교민) 한글학교에 보내기도 했다(정우상 교민). 한국어와 문화 교육을 위해 가장 좋은 방안은 한국어를 가르치는 정식 교육 기관이 설립되는 것이지만, 현재 그와 관련해 추진되고 있는 사업은 없다. 한글학교나 현지 한인이 운영하는 소규모 교육 프로그램이 있지만, 주말에만 운영되거나 한국의 교육 기관에 진학할 때 인증을 받지 못하는 등 현지 교민의 수요나 기대를 충족시켜주지 못하고 있다.

이와 같은 교육환경의 열악함은 어린 자녀를 가진 부부 세대가 체류하거나 유입하는 데 큰 걸림돌이 되고 있다. 라오스에 아직 세대를 이은 거주자가 많지 않은 상황이지만 향후 이민 2세대가 증가할 경우 교육에 대한 수요도 함께 증가할 텐데 한국의 언어와 문화를 교육할 만한 기관이 없다는 것도 이민 사회의 정체성에 영향을 줄 것이다.

자녀의 미래에 대한 구상은 일부 교민의 경우 결혼을 통해 가정을 이룬 경우가 있었으며, 한국으로 돌아가서 정착한 사례도 있었다. 이외에 라오스 직장을 다니는 경우 또는 라오스로 복귀할 계획(김원분 교민), 라오스에서 직장을 다니는 경우(정장후 교민), 캐나다 결혼 이주(김민규 교민), 스페인 결혼 이주(김기주 교민)가 있었으며, 아직 초중등 과정을 다니고 있는 자녀의 경우에는 재외국민 특례전형을 활용해서 한국에 있는 대학을 보내고자 하는 사례(정우상 교민)와 현지 대학에서의 교육을 계획 중인 사례(손미자 교민)가 각각 있었다. 전체적으로는 한국으로의 복귀보다 라오스 현지 또는 제3국으로의 정착이 주를 이루었다.

2. 라오스 한인의 현지인과의 관계

라오스 한인은 현지에서 사회활동과 봉사활동에 참여하는 것이 제한적이다. 현지인과의 교류 공간은 직장(김문규 교민), 집(손미자 교민), 사무실(김기주 교민), 카페(홍정오 교민) 등 다양했으나 특별히 선호하는 교류 공간은 없었다. 라오스인은 주말마다 친구와 친지를 초대하여 음악을 틀어놓고 술을 마시는 유흥문화를 가지고 있는데 이런 곳에 참여하는 한인도 있었다(팍세 A 교민). 라오스 현지인과 골프를 같이 한다거나(정우상 교민), 축구를 함께 하는(루앙프라방 B 교민) 등 스포츠 활동을 함께 하는 사례와 합창단에서 라오스인과 함께 활동하는 사례(정우상 교민)도 있었다. 하지만 아직 라오스인의 취미활동이 한국만큼 다양하거나 활발하지 않아 전반적으로 현지인과 함께 하는 교류 공간과 네트워크는 제한되어있다.

교류하는 라오스 현지인의 사회경제적 지위는 직군별로 유사한 관계자들을 주로 만나고 있었다. 라오스 한인은 현지 공무원을 만나는 경우(김문규, 김기주, 손미자, 팍세 A, 정우상, 홍정오 교민)가 많았는데, 이는 거주와 사업체 운영과 관련해 행정 절차를 진행하는 과정에서 접촉이 필수적이기 때문으로 보인다. 또한 사업자의 경우 고객으로서 다양한 계층을 만나(김문규, 팍세 A 교민)고 있었으며, 직업적으로 유사한 현지인과의 교류(김기주, 손미자 교민) 사례도 발견할 수 있었다. 반면 라오스 현지인과의 교류보다 한인 내 교류에 집중하는 사례도 있었다(비엔티안 A 교민).

기독교(개신교) 선교 분야에 종사하는 라오스 한인은 라오스 사회주의 정부체제에서의 종교적 제한으로 인해 어려움을 겪고 있었다. 비엔티안에서 라오스 한인연합교회를 시무하는 김기주 교민은 "2010년 비엔티안 천도 450주년을 기념하면서 갑자기 교회 문을 닫으라는 요구를 해와서 일정 기간(2주 정도) 국경을 넘어 태국 넝카이 교회에서 예배를 드리기도 했다"라며 당시 상황을 언급하였다. 라오스 헌법에는 종교의 자유가 명시되어있지만, 외국인에 의한 기독교 선교가 법적으로 금지되어있다. 이에 따라 라오스 종교국에 의해 한인의 선교 활동이 통제받고 있다. 하지만 종교 문화적으로 직접적인 갈등을 겪은 사례는 찾아보기 어려웠다. 김기주 목사는 불교문화권임에도 불구하고 한국 사람 장례식 때 예배를 사찰 안에서 할 수 있도록 허용하는 것을 보고 라오스의 포용적인 문화를 경험했다고 답변했다.

라오스 현지인에 대한 평가는 '착하고 조용함'(정장후 교민), '순수함'(김문규, 비엔티안 A 교민), '온순함'(루앙프라방 B 교민), '친절함'(김기주 교민) 같은 긍정적 평가가 많았다. 특히 김문규 교민은 IMF 위기로 현지 회사가 어려워졌을 때 채무 관계가 있는 현지 거래처에서 신뢰하고 기다려준 것과 볼링장을 오픈할 때 도와준 현지인들에 고마움을 느끼고 있었다. 손미자 교민은 현지 생활에서 필요한 라오스 법규와 세금 문제에 대해 많은 조언을 받았다고 답변했다. 친절하고 온순한 현지인의 특성으로 인해 한인의 라오스인과의 관계는 전체적으로 무난한 편이었다.

외국인에게 적대적이지 않은 라오스인의 특성은 한인의 안정적 정착과 지속적인 거주에 긍정적인 역할을 하고 있다. 필리핀·베트남에서 거주한 경험이 있는 김기주 교민은 "다른 나라에서 거주했을 때는 높은 담장에 철조망, 쇠창살에 문을 걸어 잠그고 살았는데 라오스는 담장도 낮고 사람들도 편안한 모습이 인상적이었다"라고 답변했다. 23년 이상 라오스에 거주한 홍정오 교민은 "술 마시고 싸우는 사람을 한 사람도 못 봤고, 교통사고가 난 후에도 경찰이 와서 정리할 때까지 1~2시간 걸릴 때도 있지만 경적 소리가 하나도 나지 않는다"라며 이는 한국과 비교해 좋은 점이라고 평가했다. 라오스 노동자 사이에서 베트남이나 인도네시아와 같은 조직적 파업이 발생한 적이 없는 것은 국가의 노조 통제보다 온순한 국민적 성향에 기인한 바가 크다. "라오스 개개인의 능력 부족, 한국인과 같은 끈기와 노력이 부족하다"라는 평가가 있긴 했으나, "천성적으로 착하고 순응하는 스타일"이라는 답변이 많았다.

  반면 첫인상이 좋은 것에 비해 시간이 지나다 보니 라오스인이 '이익에 밝다'는 것을 알게 됐다는 평가도 있었다(비엔티안 A 교민). 더불어 "분명한 의견을 밝히지 않는 모호함"(손미자 교민)이나 "시간 약속을 지키지 않음"(팍세 B 교민), "맡겨진 업무에 대한 책임감 부족"(손미자, 팍세 B 교민) 등 부정적인 평가도 있었다. 또한 "일부 라오스 엘리트들에 의해서 주도되고 있으며 엘리트 그룹이 자기의 이익만을 위해 살아가고 있어 라오스 국민이 불쌍하다는 생각이 든다"(팍세 A 교민), "대학교수의 경우 연구비나 유학에만 관심이 있다"(팍세 B 교민)라는 의견도 있었다. 비엔티안 A 교민은 "팍세에 거주 당시 도난을 두 번 당했는데, 한 번은 전자제품만 가져갔고, 한 번은 귀중품 중 금만 가져갔다. 또한 다른 단원이 살던 집을 옮기려고 할 때 2주 후에 들어가기로 했는데, 그 사이에 물건들이 하나둘씩 빠졌다며 그때 이후 라오스 사람들이 좋다는 인식에서 실망스러운 마음으로 바뀌었다"라고 답변했다.

  라오스 한인회장인 정우상 교민은 라오스인의 장단점에 대해 아래와 같이 요약하였다.

정우상 교민 라오스에는 '삼무三無, 세 개가 없다.' 즉 자동차 경적 소리, 상갓집의 곡소리, 길거리에서 싸우는 소리가 없다. 거기에다 덧붙이면 '미안했다, 수고했다'라는 말이 없다. 라오스 사람들은 착하다. 라오스는 행복지수가 높다고 하는데, 불교문화 때문이라고 생각한다. 사회주의 정부에 잘 부합할 수밖에 없고 그래서 발전이 없다. 라오스인에 대해 흠을 잡으려면 종일 말할 수도 있다. 라오스에는 '보삔냥bopenyang'이라고 하는 '아무 문제가 없다'라는 문화가 모든 것을 설명해준다. 장점이자 단점이다. '커톳(미안하다)'이라는 말을 잘 하지 않는다. '사바이디(안녕하세요)' 문화도 좋은 것 같다.

한인이 거주하면서 경험한 라오스인에 대한 평가는 세대에 따른 격차에 따라 달라지고 있다. 홍정오 교민은 "이주 초기 라오스인은 친근하고 순수했지만, 젊은 세대일수록 경계와 경쟁하는 모습이 나타나고 있다"라고 언급했다. 도시와 지방에 거주하는 한인에 따른 라오스인에 대한 인식 차이도 있다. 도시 지역에 거주하는 라오스인에 대해서는 "이익에 밝고 눈치가 빠르다"라는 평가가 많은 반면, 시골 지역의 라오스인은 여전히 "순수하고 정감이 남아있다"라고 평가한다.

라오스 현지인의 한인(또는 한국인)에 대한 이미지는 긍정적인 평가가 주를 이루었으나 "성격이 급하다. 화부터 낸다"라는 부정적 평가도 있었다. "한국인에 대해 좋게 생각하는 편이다"(김문규 교민)는 의견과 그 이유는 "한류 영향으로 한국인에 대한 이미지가 좋은 편이다"(김기주 교민)라는 의견이 있었다. 이외에 "한국인 선교사들이 많은 라오스인에게 한국에서 유학할 기회를 제공하고, 현재 라오스 고위직에 친한파가 많은 편"(정우상 교민)인 것과 "한국의 대라오스 ODA가 매년 1,000만 달러 이상 공여해주고 있는 KOICA의 역할"(비엔티안 A 교민) 등이 라오스 내 한국인의 이미지에 좋은 영향을 미치고 있다고 답변했다. 반면 한국 기업에서 "라오스 국립대 한국어과 졸업생들을 하대하는 경우"(비엔티안 A 교민)와 "목소리가 크고 급한 것"(홍정오 교민)은 한인에 대한 부정적 이미지를 조성하는 요인이라고 밝혔다.

6장

나가며

동남아 국가 중에서도 라오스 한인 사회는 가장 늦게 그리고 가장 작은 규모로 형성되었다. 라오스는 1990년대 중반까지 한국과 수교가 이루어지지 않은 점, 바다가 없는 내륙국가라는 점, 인구(시장) 규모가 큰 국가가 아니라는 점 때문에 한국인의 라오스 이민이 제한되었고, 이는 역설적으로 경쟁을 원하지 않는 한인의 이주를 견인하였다. 한국 내에서의 '경쟁'에 지친 한인들은 문화적으로 포용적이고 상대적으로 경쟁이 적은 라오스에 쉽게 매력을 느낄 수 있었다. 라오스는 다른 동남아 국가들에 비해서도 한인 이주 역사가 짧아서 주변 국가인 베트남 교민이나 태국 교민보다 규모 면에서나 밀집도 면에서 덜하다. 한국의 개발 전 모습으로 돌아간 듯한 친환경적인 자연과 라오스인의 순박함 역시 한인의 라오스 체류에 긍정적인 영향을 주었다.

1990년대 중반 이후 한국-라오스 관계 확대 또한 한국인 라오스 이주를 흡인하는 요인이 되었다. 초기에는 제조업과 건설업 분야에서 투자가 이루어졌으나 2010년대 들어서 과학 및 기술서비스업과 사업시설 관리 및 사업지원 서비스업 등 신규 분야로의 확대가 이루어짐에 따라 관련 인력 파견이 급증하게 되었다. 한국의 대라오스 ODA 역시 한국인의 라오스 진출에 주요한 경로가 되었다. 이에 따라 KOICA 사무소의 상근 직원은 물론 봉사 요원이 라오스 수도와 지방 곳곳에 파견되어 활동하고 있다. 이들 중 일부는 2년 임기를 마치고 귀국하지 않고 라오스 내의 한국 관련 기업에 취업하거나 상주하여 라오스 체류를 지속하는 경우도 있다. 라오스에 한국인 관광객이 크게 급증한 것도 라오스 한인을 유입하는 요인이 되었다. 2010년대 중반 이후 한국 관광객의 폭발적인 유입으로 관련

표 9 이주 시기별 한인 사회 특징

시기		이주 초기	이주 확산기
연도		1990~2009	2006~2019
특징	원인	양국 관계 수교	경제 관계 및 원조 확대
	현상	공관 주재원 및 민간인 유입	투자·원조 목적 거주 교민 증가
		소수 교민 사회 친밀성 유지	교민 사회 확대로 상호 친밀감 감소
		관광 분야 거주자 급증	
	유형	경유 이민 다수	경유/직접 이민 혼재

분야인 관광 여행사, 음식·숙박업 종사자가 늘어나면서 한인 사회 규모가 매우 커졌다.

라오스 내 한인이 급증함에 따라 장애 요인도 발생하고 있다. 첫째, 라오스 교민 대부분이 수도 비엔티안에 집중해있음으로 인해서 최대 장점이었던 '경쟁' 문제가 발생하기 시작했다. 전술한 바와 같이 비엔티안 내 한국인이 운영하는 식당은 25개로 라오스 전체의 75퍼센트 이상을 차지하고 있을 만큼 밀집도가 높아졌다. 라오스 내 한인 상주 규모가 약 3,000명 수준이라고 할 때 적정 숫자를 초과하였으며, 관광객 유치 경쟁 역시 치열해졌다. 라오스 현지인이 한국 식당을 방문하기에는 가격이 높은 편이어서 이용객 증가에는 한계가 있다. 일부 한인 식당은 치열한 경쟁을 이기지 못하고 폐업에 이르는 등 라오스 한인 내 경쟁 상황이 발생하고 있다. 방비엥과 루앙프라방도 단기간에 한국 식당이 늘어나면서 경쟁이 불가피해졌다. 이와 같은 경쟁 문제는 단지 음식업에 제한되지 않고 관광과 관련한 전 분야로 확산되고 있으며, 심지어 한인 교회 간 경쟁도 제기되고 있다. '경쟁'을 피해 온 라오스가 '다른 경쟁' 지역으로 변모하면서 추가적인 한인 유입에 장애 요인으로 작용할 가능성이 크다.

두 번째 장애 요인으로는 라오스 한인의 장기거주자가 적다는 점이다. 라오스의 한인 사회는 정착형 이주자보다는 일시 체류자 중심의 특성이 있다. 라오스 내 한인 총 규모는 약 3,000명에 이르지만, 영사관에 따르면 대사관에 재외교민으로 등록한 한국인은

1,500명 정도에 불과한 상황이다. 따라서 절반에 가까운 한인이 취업이나 사업비자를 취득하지 못하고 여행비자 등 단기비자를 갱신하면서 편법으로 거주하고 있다. 수도 비엔티안은 태국 국경에 있어서 단기비자를 비교적 쉽게 갱신할 수 있어 이는 한인의 편법적인 라오스 거주 수단으로 활용되었다. 하지만 최근 태국의 비자 관리가 엄격해지면서 한인의 편법적인 거주가 쉽지 않은 상황이다. 또한, 프로젝트 중심의 단기성 거주자 비중도 높은 편이다. 한국 정부에 의해서 수행되는 ODA 프로젝트의 경우 2~3년 동안 이루어지는데, 대부분 일회성이기 때문에 사업 종료 후 본국으로 돌아간다. 라오스 남부 수력발전 댐 관련 인력 수백 명이 라오스에 거주했다가 댐 건설이 완료되는 시점에 이르자 교민 규모가 급격하게 감소하였다. 라오스의 최대 한인기업인 KOLAO가 메콩 지역으로 사업을 확장함에 따라 라오스 본사의 한인 직원이 줄어든 점도 한인 사회에 영향을 주고 있다. 단기 거주자 비중이 높다는 것은 라오스 내 한국인 공동체 형성과 지속에 한계가 있음을 의미하는 것이고 규모의 경제 또한 시현하기도 어려운 상황이다.

앞으로 라오스 한인 사회는 유입 요인과 배출 요인이 어떻게 작용하는가에 달려 있다. 지금까지 여러 요인들에 의해 라오스 내 한인 사회가 급격하게 성장해왔지만 향후 어떤 요인이 한인 거주를 유지하고 유입할지 의문이 제기된다. 캄보디아의 시엠립 한인 사회의 경우 한국인 관광객의 감소 추세에 따라 위축되고 있는 현실을 비추어볼 때 라오스의 한국 관광객이 정점을 지나면 앞으로 한인 사회의 확대 동력은 사라질 것으로 보인다.

라오스 내 한인의 역사는 30년이 채 안 되었고 한인공동체 규모와 영향력은 다른 동남아 국가의 한인 사회에 비해서도 미미한 상황이다. 라오스 현지에는 교민이 가장 많은 비엔티안조차 일명 한인촌Korean Town이 아직 존재하지 않고 거주지나 영업지가 지역적으로 산재되어있다. 아직 현지 교민 2세대가 존재하지 않는 상황에서 '세대별 분화 현상'이나 '경제적 분화 현상', '한·라 가정의 출현' 등은 향후 연구과제로 남아있다.

강훈상. 2017. "과잉경쟁에 지쳐… 알 자지라, 젊은층 '한국 탈출' 세태 조명." 연합뉴스. 1월 1일.

김용찬. 2006. "국제이주분석과 이주체계 접근법의 적용에 관한 연구."『국제지역연구』10(3): 81-107.

김종배·한인구. 2018. "라오스와 공존공영하는 KOLAO 그룹." Korea Business Review. 22(1): 195-222.

김중관. 2016. "중앙아시아 고려인의 이주과정과 민족문화의 정체성."『글로벌문화연구』7(1): 1-29.

김혜련·임채완. 2014. "한국 이주민 사회통합정책 연구: 상생·소통 모형을 중심으로."『재외한인연구』32(1): 299-330.

문경희. 2017. "호주 한인 '1세대'의 이민에 대한 연구 – 이주체계접근법과 이민자의 경험을 중심으로."『인문과학』67: 117-156.

문재원·박수경. 2011. "재일코리안 디아스포라 공간과 정체성의 정치."『일본문화연구』40: 213-233.

박원석. 2015. "한인 이주민의 정착과정에서 한인네트워크 역할 및 활용방안: 미국 LA지역 한인 이주민 사례를 중심으로."『한국지역지리학회지』21(2): 286-303.

_____. 2015. "런던지역 한인 이주민의 정착경로 및 주거입지 특성."『한국지역지

리학회지』18(4): 467-491.

염미경. 2013. "멕시코 이주와 현지 한인사회의 형성과 변화." 『재외한인연구』 30(2), 77-116.

외교부. 2017. 재외동포현황. 2017년 11월 30일.

_____. 2020. 아세안 개황. 2020년 11월.

윤인진. 2014. "재외한인의 연속적 이주와 동포사회의 다원화." 전남대학교 세계 한상문화연구단 국제학술회의: 215-233.

윤인진·김희상. 2016. "재외동포 귀환 이주민 공동체의 형성과 현황." 『한국민족 문화』60: 37-81.

윤택림. 2009. "구술사 연구 방법론." 한국행정학회 학술발표논문집: 511-531.

_____. 2011. "구술사 인터뷰와 역사적 상흔-진실 찾기와 치유의 가능성." 『인 문과학연구』30: 381-406.

이규용. 2014. "한국의 이민정책 쟁점과 과제." 『월간 노동 리뷰』11월호. 한국노 동연구원: 7-31.

이상림. 2011. "이주와 인구: 인구학적 관점의 설명." IOM 이민정책연구원 Working Paper Series No. 2011-02.

이승은. 2014. "글로벌 도시국가 싱가포르의 한인사회: '이주'와 '정착'의 역사 및 전망." 『한중미래 연구』2: 135-165.

이영민·이용균·이현욱. 2012. "중국 조선족의 트랜스이주와 로컬리티의 변화연 구: 서울 자양동 중국음식문화거리를 사례로." 『한국도시지리학회지』15(2): 103-116.

이요한. 2013. 『메콩강의 진주: 라오스』. 서울: 도서출판 한울.

_____. 2018. "라오스 2017: 정치적 정체와 경제적 변화의 혼재." 『동남아시아연 구』28(1): 145-171.

_____. 2019. "라오스 2018: 세피안-세남노이 댐 사고와 정치경제적 도전." 『동 남아시아연구』29(1): 27-47.

이윤경·윤인진. 2013. "왕징 코리아 타운 내 조선족과 한국인 간의 상호인식과 상호관계." 『한국학연구』47: 321-345.

임영언·김용민. 2016. "브라질 한인이주의 역사와 코리아타운의 특성 고찰." 『인

문사회 21』7(6): 681-698.

전형권. 2006. "모국의 신화, 노동력의 이동, 그리고 이탈: 조선족의 경험에 대한 디아스포라적 해석."『한국동북아논총』38: 135-160.

정성호. 2008. "코리안 디아스포라: 공동체에서 네트워크로."『한국인구학』 31(3): 107-130.

정한길. 2010. "라오스 선교 역사 및 한인 선교사 역사와 사역."『라오스 연구』 1(1): 42-61.

채수홍. 2005. "호치민 한인사회의 사회경제적 분화와 정체성의 정치학."『비교문화연구』11(2): 103-142.

한국무역투자진흥공사(KOTRA). 2020. 「국별진출 전략: 라오스」. KOTRA 비엔티안 무역관.

한국수출입은행. 2020.『세계국가편람』.

한·아세안센터. 2016. 「ASEAN-Korean in Figure」. 서울: 한·아세안 센터.

Cheng, J. 2008. "Korean's Economic Relations with CLMV countries." In Sotharith, C.(ed.), *Development Strategy for CLMV in the Age of Economic Integration*, ERIA Research Project Report. 2007-4, Chiba: IDE-JETRO: 262-297.

Chua, B., H. & Iwabuchi, K. 2008. *East Asian Pop Culture: Analyzing the Korean Wave*. Hong Kong University Press.

Hep, J. 2002. "The 'Hanliu(Korean Syndrome)' Phenomenon and the Acceptability of Korean TV Dramas in China." *Korean Journal of Broadcasting*, 16(1): 496-529.

Hugo. 2016. "Internal and International Migration in East and Southeast Asia: Exploring the Linkages." *Population, Space and Place* 22: 651-668.

Jonathan Rigg. 2005. *Living with Transition in Laos: Market integration in Southeast Asia*. Routledge.

Ko, J. M. 2006. *The Strategy for the sustainability of the Korean Wave*. SERI.

Korea Foundation for International Culture Exchange(KOFICE). 2009. *Hallyu*

Forever. Kofice.

Korea Institute for International Economic Policy (KIEP). 2011. *The Korea's Diplomatic Methods for Mekong Region.* Seoul: KIEP.

Korea Ministry of Foreign Affairs. 2012. *Han-river Declaration.* Press Release.

_____. 2014. *Korea-Mekong Action Plan(2014-2017).* Press Release.

LEE, Y. H. 2011a. "Lao Perception of Korea." *Southeast Asian Perceptions of Korea,* Yoon Jinpyo (ed.). Seoul Myung In Publishers, 163-205.

Ministry of Culture, Sports and Tourism. 2007. *Studies on Ways to Support Korean Wave.*

Mya Than & Joseph L. H. Tan (eds). 1997. *Laos' Dilemmas and Options: The Challenge of Economic Transition in the 1990s.* ST. Martin Press.

National Statistics Center. 2005. *Statistics of Lao PDR,* 1975-2005. Vientiane Capital.

Oraboune, Syviengxay. 2010. "Lao PDR and its North East Asian Development Partners: China, Japan and Korea." In *Japan and Korea with the Mekong River Basin Countries.* Mitsuhiro Kagami (ed.). BRC Research Report No. 3, Bangkok Research Center. IDE-JETRO, Bangkok, Thailand.

Shim, D. 2006. "Hybridity and the rise of Korean popular culture in Asia." *Media, Culture and Society* 28(1): 25-44.

Shim, D., Heryanto, A., & Siriyuvasak (eds). 2010. *Pop Culture Formations across East Asia.* Jimoondang.

Soren Ivarsson. 2008. *Creating Laos: The Making of a Lao Space between Indochina and Siam,* 1860-1945.

Vatthana P. 2006. *Post-war Laos.* Singapore: Institute for Southeast Asian Studies.

스포츠 경향. 2016.02.03. "라오 브라더스 우승에 감격한 이만수."
아세안투데이. 2015.07.14.
아시아프레스. 2015.07.14. "라오스, 최초의 한국인 1세대는 누구일까?"

한겨레. 2016.01.10. "50살 이상 재취업시 임금수준, 이전보다 27퍼센트 하락."
한국갤럽. 2013.10.30. "해외이민에 대한 여론조사."

International Monetary Fund (IMF)/ Direction of Trade Statistics (http://
    elibrary-data.imf.org)
Koran International Trade Agency(KITA) (http://www.kita.net)
Korea Exim Bank(EXIM)/Overseas Direct Investment Statistics Information
    System (http://odisis.koreaexim.go.kr)
The Organisation for Economic Co-operation and Development(OECD) (http://
    stats.oecd.org)
Tourism Knowledge & Information System (http://www.tour.go.kr)

김기주 목사(비엔티안, 60세, 남성, 14년 거주), 2017년 8월 3일
김문규 사장(비엔티안, 60세, 남성, 25년 거주), 2017년 8월 7일
김원분 사장(비엔티안, 56세, 여성, 17년 거주), 2017년 8월 4일
손미자 사장(루앙프라방, 40세, 여성, 11년 거주), 2017년 8월 14일
오명환 회장(비엔티안, 남성, 5년 거주), 2017년 2월 15일
이상훈 영사(비엔티안, 대사관), 2016년 8월 15일
정상후 부회장(비엔티안, 남성, 14년 거주), 2017년 8월 1일
정우상 회장(비엔티안, 남성, 14년 거주), 2018년 7월 19일
홍순유 부회장(비엔티안, 남성, 5년 거주), 2017년 2월 15일
홍원오 선생(비엔티안, 70세, 남성, 21년 거주), 2018년 7월 21일

비엔티안 A 씨(30대 중반, 여성, 6년 거주), 2018년 7월 21일
팍세 A 씨(43세, 남성), 2018년 7월 10일
팍세 B 씨(38세, 여성), 2018년 7월 10일

3부

캄보디아 한인 사회 역사와 발전, 그리고 정체성

이요한

1장

들어가며

캄보디아는 한때 킬링필드killing field, 즉 죽음의 땅으로 알려진 곳이었으며, 급진적 공산주의자인 크메르 루즈Khmer Rouge에 의해 수백만 명이 학살된 아픈 역사가 있는 곳이다. 그러나 현재 캄보디아에서는 많은 한인이 거주지로 선택하여 살아가고 있고, 씨엠립에 소재한 앙코르와트를 비롯해 유명 여행지에 매년 수십만 명의 한국인이 방문하는 곳으로 변모하였다.

캄보디아의 한인 이주는 파리협정Paris Accord(내전 종식협정) 직후인 1992년경에 시작되었으며 이전의 한인 규모는 매우 적었다. 캄보디아의 한인은 2019년 현재 약 1만 2,000명으로 추산되며 프놈펜에 약 8,300명, 씨엠립에 약 2,100명, 시아누크빌에 약 200명, 바탐방에 약 200명이 거주하고 있다. 현지 한인들은 봉제 및 건설업체 등 회사원, 금융 부문의 주재원, 요식업, 관광업, 종교 기관 등에서 종사하고 있다. 특히 캄보디아는 선교의 자유가 있어 한국의 기독교 (주로 개신교) 선교사들이 거점 국가로 삼는 곳이기도 하다.

본 연구는 첫째 캄보디아 한인의 이주사에 대해 실증적이고 체계적으로 정리했고, 둘째 캄보디아 한인의 정착 과정에서 주요 환경과 한인 네트워크 대상인 민간단체와 공공기관에 관해 다루었으며, 셋째 캄보디아 한인의 정착·적응·정체성을 현지 교민과의 심층 인터뷰를 통한 실증적 분석을 시도하였다.

2장에서는 한인 이주의 배경이 되는 한국과 캄보디아의 정치외교·경제·민간교류 부문으로 나누어 정리하였으며, 현재 캄보디아 한인의 지역별 분포와 구성을 통해 현황을 소개하였다. 3장에서는 킬링필드라는 부정적 이미지를 가진 캄보디아에 이주한 초기 이민자들은 누구이며 왜 이주했는가에 관해 소개하였다. 또한, 캄보디아 개혁개방과 더불어 급증한 한인 투자와 이주 상황, 특히 초기 교민 사회의 개척자라고 할 수 있는 기독교 선교사의 이주 과정에 관해 설명하였다. 더불어 관광 특수와 함께 성장한 씨엠립 한인 사회 형성 과정도 소개하였다. 4장에서는 한인의 정착 환경에 영향을 주는 법적 지위·경제생활·교육 현황·종교활동·한인 언론지를 중심으로 기술하였으며, 한인회를 대표로 하는 민간단체와 한국 대사관을 대표로 하는 공공기관과의 관계와 관점을 기술하였다. 5장에서는 한인 인터뷰를 중심으로 한인의 직업 경험·정치경제적·사회문화적 적응 과정과 한인의 사회적 관계, 가족관계, 자녀 교육 그리고 현지인과의 관계에 대해서도 추가로 분석하였다.

2장

캄보디아 한인 이주 배경과 구조

1. 한·캄보디아 관계의 확대

역사적 상황으로 인해 캄보디아와 한국과의 관계는 단절과 회복을 반복하였다. 한국은 1962년 7월 주캄보디아 총영사관을 처음으로 개설하였으나 캄보디아 정정의 불안과 친 공산주의적 분위기 속에서 1967년 1월 철수해야 했다. 캄보디아 내 반공 우파 정부가 들어선 이후 1970년 5월 한·크메르 공식 외교관계가 수립되어 같은 해 8월에 대사관이 설립되었다. 하지만 공산 세력인 크메르 루즈의 정권 장악으로 인해 1975년 4월 외교관계가 중단되고 주크메르 한국 대사관은 다시 철수하였다.

탈냉전 직후인 1993년 UN 감시하에 캄보디아 총선이 실시되었으며, 시하누크Norodom Sihanouk 왕의 아들인 라나리드Norodom Ranariddh

가 이끄는 정당이 승리하여 1당이 되었다. 그러나 훈센Hun Sen은 정권 이양을 거부함에 따라 라나리드는 제1 수상, 훈센은 제2 수상이라는 특이한 공동수상제가 등장하였다. 전무후무한 공동수상제 운영으로 캄보디아 정국은 불안정해졌고, 결국 1997년 훈센이 주도한 쿠데타로 라나리드 수상을 축출하였다. 국제사회는 훈센의 쿠데타를 비난하며 캄보디아에 대한 각종 지원을 중단하였으며, 1997년 7월 예정되었던 캄보디아의 아세안 가입마저 무산되었다. 하지만 캄보디아의 국내외 정세가 불안정한 상황 속에서도 한국과 캄보디아 외교관계는 지속되었다.

1996년 5월 양국 간 대표부 설치에 합의하고, 9월 주캄보디아 대표부의 공식 업무가 개시되었으며, 1997년 10월 한·캄보디아의 공식 외교관계가 재개되었다. 1997년 3월 양국은 경제과학 및 기술협력에 관한 협정 및 투자 증진 및 보호에 관한 협정을 체결하였다. 1997년 11월 박경태 초대 대사 신임장을 제정하고, 1998년 2월 주캄보디아 대표부에서 대사관으로 승격되었으며, 2001년 4월 주한 캄보디아 대사관이 개설되었다. 2016년 12월에는 한인이 다수 거주하는 씨엠립에 대사관 분관을 개설하였다.

2000년 2월 김대중 대통령이 국빈 방문하였으며, 2001년 4월 훈센 총리가 한국을 방문하였다. 양국 정상의 방문 이후 한국과 캄보디아 고위급 인사의 양국 방문이 급격히 증가하였다. 특히 2001년 4월 경제개발협력기금Economic Development Cooperation Fund, EDCF 공여 기본 협정 체결을 계기로 한국의 대對캄보디아 ODA에 관련한 프로젝트 기금과 인력 진출이 빠르게 증가하였다. 같은 해 5월 맺은 항공협정이 체결된 직후 양국 간의 직항로가 개설됨으로써 한국인의 캄보디아 진출이 본격화되었다.

2006년 11월 노무현 대통령, 2009년 10월 이명박 대통령이 국빈 방문을 하는 등 한국 정부는 캄보디아에 지속적인 관심을 보여왔다. 2010년 천안함사태가 발생하였을 때 캄보디아가 북한의 수교국임에도 불구하고 훈센 총리는 북한의 무력행위를 규탄하는 친서를 한국으로 보내왔다. 2012년 11월 이명박 대통령이 ASEAN+3 참석차 캄보디아를 재방문하였으며, 2014년 12월에는 훈센 총리가 방한하여 한·캄보디아 정상회담을 하였다. 2019년 3월 문재인 대통령이 캄보디아에 방문하였으며, 같은 해 한·메콩 정상회의를 통해 캄보디아 정상을 초대하는 등 한·캄보디아의 외교관계는 우호적으로 발전해왔다.

캄보디아는 한반도의 비핵화 문제나 평화적 해결이라는 측면에서 한국 정부에 대해 적극적인 지지를 보내왔다. 양국의 지난 20여 년간 지속된 정치외교적 우호 관계는 한국민의 캄보디아 체류와 관광객 증가에 긍정적인 요소로 작용해왔다.

한국은 캄보디아와 외교관계가 정상화되기 이전인 1991년부터 캄보디아에 대한 무상원조를 시작하였다. 1991년 33만 달러 규모에서 매년 증가하여 2006년 1,765만 달러, 2012년부터는 2,000만 달러를 상회하였다. 2012년 기준으로 한국이 외국을 대상으로 하는 무상원조 대상국 중 4위(몽골, 아프가니스탄, 필리핀, 캄보디아 순)를 차

표 1 연도별 대캄보디아 ODA 실적(1991~2019)

단위: 만 달러

연도	지원 규모	연도	지원 규모
1991	2.9	2006	632.8
1993	3.0	2007	869.0
1994	0.8	2008	1,311.4
1995	3.1	2009	676.2
1996	24.7	2010	1,532.4
1997	183.4	2011	1,706.8
1998	30.1	2012	2,016.6
1999	29.7	2013	2,426.0
2000	65.3	2014	2,242.0
2001	105.6	2015	6,585.0
2002	176.5	2016	5,315.0
2003	234.1	2017	6,415.0
2004	334.1	2018	6,144.0
2005	581.3	2019	7,093.0

출처: 대한민국 ODA 백서(2020)

지하였고, 2014년 기준으로 베트남(약 2,500만 달러)에 이어 2위의 무상원조 수여국이 되었다. 또한, 그동안의 캄보디아에 대한 원조 총액을 기준으로 보았을 때, 중국과 일본에 이어 한국이 세 번째 공

표 2 연도별 대캄보디아 수출입 규모(2014~2020)

구분	2014	2015	2016	2017	2018	2019	2020	주요품목
수출 (한국→캄보디아)	654	653	573	604	660	697	567	편직물, 자동차, 기호식품
수입 (한국←캄보디아)	194	217	240	261	314	336	361	의류, 잡화, 산업용 기기

출처: 한국무역협회

여국으로 부상하였다. 1991년부터 2019년까지 KOICA 원조 규모는 4억 달러를 상회하여 캄보디아는 제2의 원조국이 되는 등 무상원조의 핵심 대상국이 되었다. 개발 협력 분야는 도로 개보수, 의료시설, 농촌개발, 조사 사업, 물자지원, 구호, 초청 연수, 전문가 파견, 봉사단 파견, 민간단체 지원 등이다.

한국 정부의 캄보디아에 대한 유상원조는 2001년 행정 전산망 구축사업에 대한 차관 2,000만 달러가 처음으로 투입된 이후 꾸준히 차관을 제공하였는데, 특히 2008년 이후에는 매년 도로 개보수 및 댐 개발 사업 등에 자금을 제공하고 있다. 2001년부터 2013년 9월까지 집행된 총 14건의 사업에 대한 차관은 4억 3,780만 달러이다.

한국과 캄보디아와의 무역은 1990년대 중반부터 본격적으로 시작되었다. 한국이 캄보디아로의 주요 수출 품목은 봉제공장에서 사용하는 편직물과 기타 섬유제품, 그리고 자동차 등이다. 한국이

표 3 **한국의 대캄보디아 직접투자 현황(2014~2019)**

구분	2014	2015	2016	2017	2018	2019	누계
신규법인 수	42	33	28	27	31	27	945
금액(백만 달러)	65	43	215	137	290	210	2,995

출처: 한국수출입은행, 2020 세계국가편람

수입하는 주요품목은 의류, 기호식품, 그리고 임산 부산물 등이다. 양국의 교역량은 가파르게 증가하고 있다. 특히 2009년 11월에 체결한 한·아세안 FTA 서비스 협정과 2010년 10월에 체결한 한·아세안 FTA 투자협정은 양국의 교역 확대에 제도적 기반을 마련해주었다. 또한, 2011년 이후 연간 7퍼센트의 GDP 성장률을 유지하고 있어 캄보디아 내 경제적 기회가 계속 창출되는 것도 한국의 대캄보디아 한인 진출에 긍정적인 영향을 주고 있다. 다만 2015년 이후 양국 교역량이 정체되고 있어 양국의 경제 관계 확대에 대한 새로운 돌파구를 마련해야 하는 시점이다.

한국 기업의 대캄보디아 투자 진출은 1997년 이후 본격화되었다. 2018년 누계 기준으로 907개, 금액은 27억 1,100만 달러에 이르러 중국에 이어 캄보디아 제2위의 투자국이다. 초기투자는 중고 오토바이 수출 등 무역업을 시작으로 광산, 식당, 호텔, 관광 등의 분야를 중심으로 이루어졌다. 한국의 대캄보디아 핵심투자 분야인 봉제업은 1996년부터 본격적으로 시작되었다. 글로벌 경제위기 여파로 2008년 이후 캄보디아로의 진출이 주춤했지만, 2010년대 후반 들어 회복세를 보였다(〈표 3〉 참고). 부동산업의 경우 글로벌경제 위기 이후 시세 급락과 자금 부족으로 인해 실패한 업체가 많았다.

중소기업의 경우 저렴한 인건비와 자유로운 외화 송금, 투자 조건을 제외하면 캄보디아에서의 투자환경이 그렇게 좋은 상황은 아니다. 예를 들어 전기요금은 베트남보다 두 배가량 비싸고, 물류비도 비싼 편이다. 캄보디아 인구가 상대적으로 많지 않아 내수시장도 크지 않으며, 베트남과 태국의 수입품에 의존하는 편이다. 한국 기업은 결국 봉제업 등 수출 산업을 중심으로만 형성되어있다. 은행업 분야는 증가 추세를 보이며 소액 금융업도 많다. 금융 분야의 진출 확대를 비롯한 한인 기업의 현황에 대해 현지에 진출한 한국계 은행 관계자는 아래와 같이 언급하였다.

2007년 이전에는 (캄보디아 내 한국계) 저축은행이 리먼사태(글로벌 금융 위기) 당시 부도를 냈다. 현재 전북은행이 현지 은행을 인수하여 진출해 있고, 신한은행과 국민은행이 들어와 있다. 기업은행은 준비 중이고 우리은행은 MFI(여신 전문)로 들어와 있다. 이외 부산저축은행, 웰컴저축은행, 대구은행 등이 있다. 한국의 금융회사들이 캄보디아 시장이 크지 않음에도 적극적으로 진출하는 것은 캄보디아에서 금융기관을 설립하는 자금이 많지 않고, 또 다른 나라에 비해 캄보디아가 라이선스(영업 허가)를 받기가 상대적으로 쉽기 때문이다. 한국계 기업이 적기 때문에 주로 현지인(캄보디아인)을 대상으로 영업한다. 달러 베이스로 운영하기 때문에 환리스크가 거의 없다는 장점이 있다. 베트남의 금융제도에 비해

후진적이어서 자본주의와 과거 사회주의 시스템이 공존하고 있다. 프놈
펜 외곽에 있는 기업은 접근성(지역 지사) 때문에 현지 은행을 주로 이용
하는 편이다. 현지 직원 역시 현지 은행을 사용하는 것을 선호한다. 봉
제공장이 주로 많은데 세제(의 변화) 및 인건비 상승으로 고전하는 것으
로 알고 있다. 이외 부동산 기업이 들어왔다.

1990년 중반부터 진출한 봉제업의 경우 많은 중소업체가 폐업하
였으나, 일정 규모의 봉제업체는 여전히 운영 중이다. 캄보디아의 경
우 약 2만 7,000개의 기업 중 약 9,000개 기업만 정식으로 등록하
여 사업을 하고 나머지는 무등록으로 사업을 했다. 한인이 무등록
으로 사업을 한 이유는 법인 설립비용이나 절차는 물론 과도한 세
금 부담과 정부 관리의 만연된 부정부패로 정상적인 영업이 어렵기
때문이다. 예를 들어, 대부분의 무등록 기업인 식품 가공업의 경우
오히려 관료를 상대하지 않아도 돼 사업을 효율적으로 운영할 수
있다는 장점이 있다. 캄보디아 경제인연합회 차경희 간사는 초기 진
출한 한국 기업에 대해 다음과 같이 답변하였다.

차경희 간사 2000년 초반까지는 중소 봉제업체들이 많았으나 대부분 정착에
성공하지 못한 채 정리되었고 지금은 큰 업체 중심으로 형성되어있다.

캄보디아 개발위원회CDC에 따르면 2006년도와 2010년도에는 당
해연도 투자액만 10억 달러를 상회하여 일시적이기는 하지만 한국

이 대캄보디아 투자 1위를 기록하기도 했다. 글로벌 금융위기 이후 한국의 대캄보디아 투자 규모는 점차 하락세를 보이다 2015년에는 투자금액이 800만 달러로 전체 캄보디아 해외투자의 1퍼센트를 차지하는 데 그치기도 했다. 다만 외국 현지에서 캄보디아 현지로 공장을 이동한 경우나 소규모 사업자의 경우 등 신고되지 않은 금액을 합하면 실질적인 투자 규모는 이보다 크다고 추정할 수 있다.

1996년부터 봉제공장이 진출함으로써 본격화되었고, 최근에는 제조업·건설·농가공·조립 등에 투자 분야가 확대되고 다양화되는 추세이다. 현재 한국의 주요 투자 분야는 봉제업과 농업 부문으로 기존의 한국 투자를 주도해왔던 건설·인프라 구축은 2010년을 기점으로 축소되고 있다. 현재 봉제업의 경우 근로자의 파업 등으로 최저임금 인상 등의 부정적인 요인도 있으나, 최혜국 대우에 따른 미국 및 유럽으로의 무관세 수출 등의 혜택도 있어 현지화에 성공한 봉제업체들은 나름 경쟁력을 유지하고 있으며 신발 등 제조업도 증가하고 있다. 캄보디아의 경우 비교적 인구가 적지만 젊은 연령대가 많은 편이다. 수출 중심의 제조업과 캄보디아 국내시장을 대상으로 한 중소규모의 통신 및 IT·부동산·건설업과 소규모의 관광·숙박·식당 종사자를 중심으로 한인 사회가 형성되고 있다. 다만 인프라가 여전히 미흡하고 행정적인 지체와 투명성 부족, 최저임금의 급격한 상승은 투자의 걸림돌로 작용하고 있다.

한국의 캄보디아 입국자 수는 2019년 25만 5,000명에 이르렀으나, 코로나19 발생으로 2020년 5만 명으로 급격히 감소하였다. 캄보디아의 한국 방문자 수 역시 2019년 2만 5,000명에서 2020년 2,000명 수준으로 급감하였다. 또한, 약 4만 1,000명(2020년 기준)의 캄보디아 노동자들이 한국에서 일하고 있다. 한국과 캄보디아의 민간교류가 본격화된 것은 2000년 이후이다. 태권도 사범 파견 등 스포츠 교류가 있었고, 양국의 문화 공연단 방문은 정기적으로 이루어지고 있다. 문화교류 외에도 양국의 민간교류가 확대된 것은 봉사단체가 농촌, 의료, 아동 등에 대한 봉사활동을 시작하면서부터라고 할 수 있다.

봉사활동 외에 지방자치단체 차원에서의 교류도 이루어졌다. 경상북도(당시 김관용 도지사)는 2010년 1월 프놈펜 중심가에서 '프놈펜-대구·경북 문화통상교류PGCT센터' 준공식을 했다. 본 센터 안에는 한국 문화를 소개하는 전시관이 설치되어있으며, 한국 문화상품 전시회도 개최하였다.

2003년 한국 정부는 수출입은행 EDCF로 캄보디아에 270억 원을 유상지원(캄보디아 정부 80억 원 지원)하여 노동부 산하 4년제 기술대학인 캄보디아 국립공학교National Polytechnic Institute of Cambodia, NPIC가 2005년 5월 개교하였다. NPIC의 운영은 기독교계인 전주대학교가 맡게 되었고, 김성철 교수가 현지에 파견되어 현지에서 현지인과 공동 총장으로 재직하고 있다. NPIC는 교육 과정 속에 기독교적 요소를 가미하고 있으며 많은 캄보디아 학생이 재학하고 있다.[1]

---

1   주캄보디아선교사회 선교역사연구분과. 2013. 『캄보디아 선교역사』. 도서출판 첨탑: 242.

2005년부터는 매년 한국영화제를 개최하고 있으며, 2013년 이후부터는 K-POP과 관련한 페스티벌을 지속해서 개최하고 있다. 이와 같은 한국과 캄보디아 간의 민간교류는 현재까지 양국의 우호적인 관계 유지에 긍정적인 역할을 해오고 있다.

2. 지역별 한인 분포 및 구성

캄보디아의 한인은 2011년 4,265명에서 2013년 4,372명, 2015년 8,445명, 2017년 10,089명 등 지속적으로 증가해왔다. 2019년 10월 현재 주캄보디아 한국 대사관에 재외국민 등록을 한 인원 7,935명을 포함하면 약 1만 2,000명이다. 캄보디아 한국 대사관에 등록하도록 적극적으로 홍보하고 있으나 재외국민 등록은 학교 입학이나 부동산 거래, 운전면허 등을 취득할 때만 필요하기 때문에 한인 등록률은 낮은 편이다.

교민 중 남성은 약 7,710명, 여성은 4,259명으로 남성이 여성보다 두 배 가까이 많다. 2019년 10월 현재 프놈펜 한인은 8,342명으로 전체 교민의 약 80퍼센트가 거주한다. 프놈펜은 수도로서 정치경제적 핵심 기관이 집중되어있고 다른 지역과 비교하면 접근성(한국과의 직항)이 높고 기반 시설도 나은 편이어서 많은 한인이 거주하고 있다. 한국 대사관, KOTRA, KOICA 사무소가 모두 이곳에 주재하고 있으며, 한인 기업의 주요 활동 무대이기도 하다. 따라서 한국

표 4 **캄보디아 한인 현황**

단위: 명

구분	구분	교민 총수	거주 자격별				재외국민 등록 수
			재외국민				
			영주권자	체류자		계	
				일반	유학생		
총계	남	7,710	0	7,681	29	7,710	5,120
총계	여	4,259	0	4,223	36	4,259	2,815
총계	계	11,969	0	11,904	65	11,969	7,935
지역별 / 프놈펜	남	5,384	0	5,355	29	5,384	3,570
지역별 / 프놈펜	여	2,958	0	2,922	36	2,958	1,948
지역별 / 프놈펜	계	8,342	0	8,277	65	8,342	5,518
지역별 / 씨엠립	남	1,344	0	1,344	0	1,344	896
지역별 / 씨엠립	여	803	0	803	0	803	535
지역별 / 씨엠립	계	2,147	0	2,147	0	2,147	1,431
지역별 / 바탐방	남	122	0	122	0	122	81
지역별 / 바탐방	여	80	0	80	0	80	53
지역별 / 바탐방	계	202	0	202	0	202	134
지역별 / 시아누크빌	남	114	0	114	0	114	76
지역별 / 시아누크빌	여	60	0	60	0	60	40
지역별 / 시아누크빌	계	174	0	174	0	174	116
지역별 / 기타	남	746	0	746	0	746	497
지역별 / 기타	여	358	0	358	0	358	239
지역별 / 기타	계	1,104	0	1,104	0	1,104	736

출처: 재외동포현황(2019)

표 5 **캄보디아 진출 한인 기관 현황(2018년 7월 기준)**

분야	교육	교민지	종교		NGO	의료	미용	호텔	유흥업	식당
			기독교	불교						
개수	34	5	21	4	8	14	23	10	5	62
분야	금융	법무	봉제	건설	부동산	농업	무역	유통	항공	기타
개수	15	11	36	72	20	19	35	30	14	43

출처: 뉴스브리핑 캄보디아 한인 잡지에 수록된 자료 편집

정부와 기관 및 상사 주재원을 비롯하여 봉제업 등의 제조업과 관광 등의 서비스업, 요식업 등 자영업자와 그 가족, 각종 사회봉사단체, 일부 유학생, 기독교 선교사 중심으로 형성되어있다. 실질적인 규모로 보았을 때 기독교 선교사와 사회봉사단체 관계자가 한인 사회에서 차지하는 비중이 다른 국가의 한인 사회보다 큰 편이다.

이외 관광지역인 씨엠립 지역에 약 2,147명의 한인이 거주하고 있는 것으로 알려졌다. 다만 씨엠립의 경우 관광업과 요식업이 중심이기 때문에 관광 성수기와 비성수기에 따라 현지에 거주하는 한인 수에 많은 차이가 난다. 바탐방 지역에 202명, 시아누크빌 지역에 174명, 기타 지역에 1,104명이 거주한다. 캄보디아 내 한인 진출 분야는 현지 교민지에 등록된 전화번호부(2018년 7월 기준)를 기준으로 정리한 것이다(〈표 5〉 참고).

3장

캄보디아 한인 이주 역사
: 형성과 변화

1. 초기 이주: 킬링필드의 땅으로

구한말 및 일제강점기의 캄보디아와 한인의 관계에 관한 연구 부족으로 당시의 실태를 확인할 수 없다. 단지 1942년에 일본군이 캄보디아 지역을 점령하기 시작하였기 때문에 한인 군인 및 군속(군무원)도 현지에 배치되었으리라 추측할 수 있다. 그리고 동남아시아의 기타 지역처럼 일본 패전 이후 이들 한인도 귀환하였으리라 추정하나 공식적인 기록은 남아있지 않다. 한국은 1962년 7월 주캄보디아 총영사관을 처음으로 개설하였으나, 탈북사건이 발생하여 1967년 1월 철수하였다. 1970년 5월 한·크메르 간 공식 외교관계가 다시 수립되어 7월 주캄보디아 대표부가 설치되었고, 8월 대사관으로 승격되었다. 따라서 1970년대 초반 캄보디아에는 대사관 공관원과 그 가족 그리고 몇 명의 한국인이 사업상 거주하는 정도였다.

당시 캄보디아 거주 한인 중 임세종이라는 인물이 있다. 1941년 생인 그는 베트남에 주월駐越 한국군으로 파병되어 태권도 사범을 하다가 이후 1973년 2월, 캄보디아 론 놀Ron Nol 대통령 경호를 목적으로 캄보디아에 입국하였다.[2] 이후 그는 후왕신Huwangshin 합참의장 등과 친분을 유지하면서 대통령궁 경호원 무술 사범, 캄보디아군 헌병대 무술 사범 등을 하며 프놈펜에서 지냈다.

얼마 후 캄보디아 정부군과 공산군 간의 내전이 격화되자, 캄보디아 주둔 미군은 8월에 군사행동을 중단하고 각국 대사관 직원을 철수시키기 시작하였다. 국내의 극심한 혼란 속에서 임세종은 1973년부터 현지에서 떠돌아다니는 고아들을 돌보기 시작했다. 그는 '천사의 집Angel's Christian Orphanage'이라는 기독교계 고아원을 만들어 약 150명의 고아(남아 100명, 여아 50명)의 숙식과 교육을 자비로 운영하는 자선사업을 하였다. 숙식과 교육 시설까지 갖추게 되자, 고아뿐만 아니라 현지 아이들도 고아원에서 공부하게 되어 총학생수가 700명이나 되었다고 한다. 이후 개인이나 각종 선교 및 구호단체의 지원을 받아 고아원은 기틀을 갖추게 되었고, 선교원(교회), 사립학교(교육기관), 복지사업 단체로 캄보디아 국내는 물론 국제 선교단체에도 널리 알려지게 되었다. 그는 현지에서의 활동을 『선교 수

---

2   임세종. 1987. 『킬링필드의 반딧불』. 성도출판사: 36.

기『Out Post of Love』라는 제목으로 출판하기도 하였다.[3]

임세종은 1975년 3월 하순 한국에 계신 모친이 위독하다는 소식을 듣고 잠시 국내에 2주 동안 체류하게 됐는데 1975년 4월 17일 공산군이 캄보디아를 장악하자 다시 프놈펜에 돌아갈 수 없게 되었다. 이후 그는 캄보디아와 태국 국경의 정글 지대에서 캄보디아 고아를 비롯한 캄보디아 난민 보호를 위해 나섰다. 임세종은 캄보디아가 개방을 시작한 1994년 다시 입국하여 고아 돌봄 활동을 재개했다가 1997년에 내전으로 출국한 후 행방이 알려진 바 없다.[4]

한편 한국과 캄보디아와의 외교관계도 1975년 4월부터 중단되었고, 주 크메르 한국 대사관 역시 다시 철수하였다. 임세종의 저서를 보면 당시 프놈펜에는 김세운 대사관 부부, 무관 김봉식 부부, 김성배, 조길원 태권도 관장, 김수길 식당 사장, 캄보디아 미국 항공사 임경철 지점장, 이효섭 기자, 고 기자, 소금장수 김 씨 등이 거주하고 있었던 것으로 추정된다. 즉 1970년대 중반까지 프놈펜에는 20명이 채 되지 않는 한인들이 현지 주재원으로 그리고 개인 사업을 위해 거주하고 있었다고 볼 수 있다. 1975년 공산군이 캄보디아를 점령한 이후 캄보디아의 한인들은 현지에서 철수해야 했으며, 이후 1990년대 초반까지 캄보디아에 거주하는 한인의 흔적을 찾아

---

3 같은 책: 85, 106, 101, 138, 140.

4 주캄한인선교사회 선교역사연구분과. 2013. 「캄보디아 선교역사」. 첨탑: 194.

볼 수 없었다.

1990년대 초반까지 캄보디아의 불안한 정치경제 사정으로 인해 외국인 투자 유입은 거의 불가능한 상황이었다. 특히 시하누크는 북한 경비병 20여 명이 경호하는 등 김일성과 돈독한 관계를 유지하고 있었는데, 시하누크는 그의 아들 라나리드와 함께 훈센과 세력 다툼 관계에 있었다. 캄보디아 경제인협회의 강남식 회장은 당시의 일화를 다음과 같이 소개하였다.

강남식 교민 훈센 수상이 시아누크 국왕을 방문하였을 때 북한 경호원이 훈센 수상의 집을 수색하자, 다음 날 즉시 북한 경호원을 전원 추방하였다.

한국인이 사업상 기회를 찾기 위해 캄보디아에 다시 입국하기 시작한 것은 한국과 캄보디아의 외교관계가 수립되기 이전인 1992년경으로 보인다. 초기 정착민은 기업보다는 태권도 사범, 기독교 선교사 등을 중심으로 시작되었다.

강남식 교민 초대 한인회장 김용덕은 미국 시민권자로 미국에서 태권도 사범을 하였는데, 1992년에 프놈펜에서 태권도 도장을 운영하며 훈센 수상과 친해졌다.

김경일 교민 한국 선교사들은 1993년부터 입국하기 시작하였다.

박정연 교민 당시 프놈펜 시내에는 한국계 미국 시민권자, 선교사를 포함하여 10여 명의 한인이 있었다.

1991년 10월 캄보디아 파리 평화협정으로 내전이 종결되고, 계파 연합의 과도정부가 결성되고, 1993년 5월 유엔 감시하에 총선거가 시행되었다. 9월 신정부가 들어서고, 시하누크 국왕과 훈신펙FUNCINPEC 당수 라나리드(시하누크 차남) 제1 수상과 캄보디아 인민당CPP의 훈센이 제2 수상으로 취임하였다. 당시 캄보디아로 입국할 때 비자 등의 문제가 있어 미국이나 호주의 한인 시민권자 등이 NGO의 일원으로 입국하는 사례가 있었다고 한다. 주로 전후 복구 관련 사업으로 금광개발 투자 사업의 기회를 찾아 왔다고 한다.

이필승 교민 교민 규모는 1995년까지 큰 변화가 없었다. 목재사업, 광산개발, 로비스트 등 사업목적으로 12~13명이 거주하였고 기타 선교사와 경제사범으로 도피한 사람이 몇 명 있었다.

봉제업을 중심으로 한 한국 기업과 개인 투자는 1990년대 중반부터 시작되었다. 캄보디아 한인회가 처음 만들어진 것도 1995년이다. 초대 회장으로 김용덕이 취임하였으며, 이후 3대까지 회장을 역임하였다. 당시 진출한 몇몇 기업에 대해 강남식 캄보디아 경제인 협회장은 다음과 같이 언급하였다.

강남식 교민 1995년경 프놈펜에는 삼환섬유, 에버그린 두 개의 봉제업체가 있었으며, 1996년에 SH, 다주 등의 봉제업체가 합류하였다.

한국과 캄보디아 양국 관계는 개선되어 1996년 5월 양국 간 대표부 설치에 합의하고, 9월 주캄보디아 대표부 공식 업무가 개시되었으며, 1997년 10월 한·캄보디아의 공식 외교관계가 재개되었다. 한국과 캄보디아의 국교 정상화에는 한인회 초대 회장인 김용덕 회장의 기여가 컸다. 김용덕 회장은 자비로 태국 주재 한국 대사와 훈센 수상을 동반하여 한국을 방문하는 등 양국 수교를 위해 노력했다 (이중근 교민).

1997년 7월 제1 수상인 라나리드의 훈신펙과 제2 수상인 훈센의 CPP 사이에 군대가 충돌하는 내전이 발생하자 많은 현지 한인들이 프놈펜에서 철수하였다. 결국 내전은 훈센의 승리로 종료되고, 1998년 7월 선거를 통해 캄보디아 인민당이 제1당이 되었다. 훈센이 수상으로 취임한 이후 캄보디아 정국은 안정을 찾기 시작하였다.

강남식 교민 1997년 말경 대사관 주재원, KOTRA, 봉제업(40~50명), 선교사, 세 개의 한국 식당, 금광개발 등 약200~300명의 한인이 거주하였다.

2. 이주의 개척자: 기독교 선교사

캄보디아는 인도차이나반도 지역 중 유일하게 선교의 자유가 있는 국가로 한인 선교사의 거점이자 단기 선교 방문지로도 주목받고 있다. 한인 선교사가 캄보디아에 입국하기 시작한 것은 1993년이다. 1993년 1월 강창윤 선교사 부부가 한인 선교사로서 처음으로 캄보디아에 입국하였다. 4월에는 미국에서 파견된 박해림 선교사, 6월에는 송진섭 선교사, 11월에는 태권도 사범인 김한주 선교사, 12월에는 서병도 선교사가 입국하였다. 이렇게 시작된 한인 선교사의 입국은 1994년 그리고 1995년에도 이어져 12명(일곱 가정)의 선교사가 활동했다.[5]

캄보디아 한인 선교사는 현지인을 상대로 선교를 하기 위해 국제적인 선교단체 및 NGO와 정보를 나누는 노력을 했다. 그러나 캄보디아 현지의 불안한 정세에 적응해야 했고, 영어나 크메르어에 능통하지 않았기 때문에 현지 선교에 어려움이 많았다. 한국에서 파송된 한인 선교사 외에도 국제 선교단체 소속의 한인 선교사들이 현지에 입국하여 활동했다.[6]

1997년 7월에 내전이 시작되고, 같은 해 연말에는 금융위기가 발생하는 등 캄보디아 정국은 지극히 불안하였다. 하지만 1998년 총

5 주캄한인선교사회 선교역사연구분과. 2013. 「캄보디아 선교역사」. 첨탑: 198-207.

6 앞의 책: 208-212.

선 이후 인민당의 훈센이 재집권하면서 정국이 안정을 찾기 시작하였다. 이후 한인 선교사는 프놈펜에서 지방으로 선교 영역을 확장했다. 2002년까지 매년 10가정 정도의 선교사들이 캄보디아로 입국하였다. 2003년부터는 매년 20~30명의 선교사가 새롭게 입국하여 '한인선교사회'에 등록했다. 2003년부터 2006년까지 새롭게 한인선교사회에 등록한 선교사는 총 174명(87가정, 개인 27명 포함)이었다.[7] 한인선교사회에 등록하지 않은 선교사나 국제선교단체에서 파송된 선교사까지 포함하면 매년 50가정 이상이 캄보디아에 입국했다고 볼 수 있다.[8] 당시 한인 선교사가 캄보디아 입국이 급증하게 된 배경에는 첫째, 캄보디아의 정국이 안정되기 시작했다는 것, 둘째, 베트남·라오스·미얀마에 비해 캄보디아가 종교적으로 개방된 선교지라는 평가, 셋째, 시급한 선교지라는 인식, 넷째 한국 내 교회의 단기 선교팀 방문 증가 등이 있다.

한인 선교사의 활동이 증가함에 따라 캄보디아 현지인의 반감이 생기는 지역도 나타났다. 2007년 7월에 선교에 대한 자유를 제한하는 법령이 공포되기도 했지만 이후에도 선교사는 급격히 증가하였다. 2007년부터 2013년 3월까지 120가정과 28명의 개인 선교사 등 총 268명의 한인 선교사가 새롭게 파송되었다. 이 통계 역시 한인선교사회에 등록하지 않거나 국제 선교단체에서 파송된 선

---

7   부부가 선교사인 경우도 있지만 그렇지 않은 경우도 있고 또한 자녀도 포함하면 2003년부터 2006년 사이에 약 300명의 선교사 가족이 새롭게 입국했다고 추정할 수 있다.

8   주캄한인선교사회 선교역사연구분과. 2013. 「캄보디아 선교역사」. 첨탑: 229.

교사는 제외한 숫자이다. 2013년 한인선교사회에 가입된 선교사는 257가정, 개인 55명 등 총 592명이었다. 2007년부터 5년 사이에 선교사가 두 배 이상 급증한 것이다. 한인 선교사 숫자의 증가는 2010년대 이후 최근까지 지속되고 있다.

서병도 목사 2013년 3월 캄보디아에 약 1,000명의 선교사 및 가족이 거주하고 있었다. 2016년 8월에는 약 1,500명 수준으로 늘었다.

박현옥 한인회장 가장 많이 차지하는 것은 종교에 종사하는 분들이다. 가족을 포함해서 6,000명 정도 된다. 불교도 있지만 개신교가 압도적으로 많다.

3. 급증한 투자와 한인 이주: 저임금 제조업과 부동산 열풍

2000년대 들어 캄보디아의 정국이 안정을 되찾자 한인 기업은 저임금 노동력을 보유한 캄보디아를 새로운 투자처로 인식하게 되었다. 봉제업을 중심으로 해서 수산업, 농업 등 한인 중소기업인들이 점차 캄보디아에 진출하기 시작하였다. 캄보디아로의 제1차 한인 투자 러시는 2004~2005년에 이루어졌다. 당시 한국 기업이 진출한 업종은 주로 봉제업이었으며 2007년에는 '캄보디아 경제인협회'도 창립되었다.

박정연 교민 당시 중소 봉제업자들이 대거 진입하였다. 국제결혼 중개업자들도 들어왔다. 당시 캄보디아 한인은 4,000~5,000명 수준으로 급증하였다.

프놈펜 A 교민 2002년 캄보디아 대륙붕 유전이 개발된다는 기대감으로 한국인 유입이 증가했다.

정지대 교민 1990년대 말과 2000년대 초에 많이 들어왔으나 이명박 정부 시절 약간 감소하다가 박근혜 정부 시절 급격히 감소하였다.

2007년까지 급속히 증가하던 재외국민 수는 글로벌 금융위기로 인해 세계 경제가 불황기를 겪으면서 다시 감소했으나, 이후 건설경기 회복, NGO 진출 증가 등으로 회복세를 보이면서 현재(2019년)까지 증가 추세를 보였다. 한때 예기치 않은 사고가 발생하여 동포 사회가 동요하기도 하였다. 2007년 6월 25일 한국인 13명을 포함해 22명의 승객을 태우고 씨엠립 공항을 이륙한 뒤 시아누크빌로 향하던 전세 비행기가 프놈펜 동쪽 130킬로미터 지점 산에 추락하는 사고가 발생하였던 것이다. 당시 캄보디아 신현석 대사가 현장에 급파되어 사태 수습을 하였으며, 당시 한인 사회 관계자도 시체 수습 및 운구 처리에 적극적으로 동참하였다.[9]

---

9 항공기 사건에 대한 한인 사회의 적극적 대응으로 캄보디아 한인회는 대통령상, 씨엠립 한인회는 국무 총리상을 수상하였다.

한국 대기업의 캄보디아 건설·부동산 투자가 본격적으로 시작된 것은 2006년 11월 노무현 전 대통령 방문 이후이다. 한국의 대형 건설사가 프로젝트를 중심으로 2008~2009년까지 현지에 진출하면서 한국 기업의 두 번째 투자 러시가 시작되었다. 리먼사태로 촉발한 글로벌 금융위기가 아시아로도 확산해 당시 국내 환율은 1달러당 1,500원까지 치솟았다. 결국 외환 불안정성에 타격을 받은 한국 건설사가 2009~2010년 사이에 캄보디아 내 모든 대형 사업을 중단했고, 캄보디아 한인 사회도 급격히 위축되었다.

박정연 교민 GS건설은 2008년 7월 1조 원 규모의 52층 높이의 상업 주택 단지를 계획하였으나 결국 자금 융통이 안 돼 포기하였다. 당시 중소규모의 개인 봉제업체들도 많이 철수하였다.

제창근 교민 2008년과 2009년 글로벌 경제위기 시기에 봉제산업을 중심으로 교민이 빠져나갔다.

프놈펜 E 교민 2002~2003년부터 한국의 캄보디아 투자 붐이 시작되었다가 2007년부터 감소하기 시작했다. 거주하는 동안 교민들이 많이 늘어나지는 않았다. 캄보디아에 뚜렷하게 사업 아이템이 많이 늘어나지는 않았다.

2008년 이후 특히 건설 및 부동산 사업 등은 크게 후퇴했다. 금융위기로 한인 사회가 활력을 잃어가던 중 봉제업 중심으로 투자가 재개되면서 프놈펜 한인 사회는 다시 활기를 찾기 시작하였다. 봉제업을 중심으로 한 제조업은 한국과 일본으로부터의 주문 증가로 인해 2011년부터 2012년에 걸쳐 프놈펜으로의 사업자 진출이 다시 증가하기 시작하였고 2014년까지 이러한 증가세가 이어졌다. 하지만 최근 세계적인 경기 침체 속에서 봉제업 규모도 정체 및 축소되어가는 단계이다. 캄보디아 한인회 간부는 캄보디아 한인 유입과 관련해 다음과 같이 답변했다.

"(캄보디아 한인 유입은) 5년 주기가 있다고 들었다. 경제가 좋은 것은 부동산 매매로 볼 수 있다. 2008년부터 2013년까지 어려웠고, 현재(2018년)는 다시 호황이라고 본다. 지금 캄보디아가 세계에서 가장 경기가 좋다. 높은 데 올라가 보면 캄보디아 전역이 건설 붐이다. 한국의 경제도 영향을 준다. 한국 경기가 좋으면 캄보디아로 덜 나오고, 한국 경기가 나쁘면 캄보디아로 많이 나온다. 물론 캄보디아 현지 경기 상황도 중요한 변수다. 양 국가의 경제가 상호작용을 한다."

한인 교민 사회 규모가 커지자 관련 중소상공인들도 더불어 증가하였다. 숙박, 식당, 미용, 관광 등 한인 사회에 서비스업 종사자가 급격히 증가하였다. 프놈펜 한인의 주요 거주지는 초창기에 프놈펜 남부지역에 많이 거주하였는데, 점차 프놈펜 국제공항과 가까운 북쪽 지역(뚤꼭)으로 이동 중이다. 캄보디아의 경제발전과 그로 인한 부동산 가격 급등으로 현지의 한인 소상공인들은 주택 가격이 비

표 6 **캄보디아 한인 추이(1995~2019)**

단위: 명

	1997	1999	2001	2003	2005	2007	2009	2011	2013	2015	2016	2019
시민권자	–	–	–	–	–	–	–	5	8	10	–	–
일반 체류자	–	–	–	524	974	3,012	4,740	4,182	4,307	8,379	10,037	11,969
유학생	–	–	–	–	–	12	32	73	57	56	52	65
총계	204	272	400	524	974	3,024	4,772	4,260	4,364	8,435	10,089	12,034

출처: 외교부 재외동포현황(1991~1999), 재외동포현황(2001~2019)
* 1995년도 이전 자료에는 체류자(자료) 없음

싼 남부지역에서 거주하지 못하고, 상대적으로 주택 가격이 싼 북
쪽 신주거 단지로 커뮤니티를 옮기고 있다. 예를 들어 식당의 경우
남부지역에는 10여 개의 한국 식당이 있지만, 뚤꼭 지역에는 최소
50개에서 60개의 한인 식당이 있다.

한편 일본인의 경우 이들 남부지역에서의 커뮤니티가 확장되고
있다. 일본 기업의 캄보디아 진입은 한국 기업보다 늦었지만, 대형
'이온 몰EON Mall' 개장 및 관련 업체 진출로 기반을 닦았고 또한 중
소상공인도 더불어 증가하고 있다. 2022년 현재 프놈펜 교민 사회
는 직업군 별로 선교사, 봉제 및 건설업체 등 상사 직원, 식당업, 관
광업 종사자 등으로 구성되어있으며 대부분 프놈펜에 거주하지만
씨엠립 등지에도 상당한 규모의 교민 사회가 형성되어있다.

4. 관광 특수와 씨엠립 한인 사회

씨엠립은 프놈펜에서 북서쪽으로 버스로 약 7시간 거리에 있으며, 앙코르와트와 톤레삽 호수의 수상가옥 관광으로 매년 수십만 명의 한국인이 방문한다. 씨엠립은 1990년대 후반부터 관광 분야 종사자를 중심으로 한인 사회가 시작되었다. 하지만 씨엠립에 거주하는 한인은 극소수였고, 주로 프놈펜을 기반으로 활동하였다. 이필승 씨엠립 한인회 초대 회장은 초창기 상황에 대해 다음과 같이 언급하였다.

> **이필승 교민** 1997년 당시 씨엠립에는 한국인 세 가정이 거주하고 있었다. 여관 겸 식당 관리인, 게스트하우스 운영자 그리고 선교사 가정이 살았다고 한다. 한국인 여행사는 프놈펜에 세 곳이 있었는데, 프놈펜에 본사를 두고 씨엠립에 출장을 다녔다고 한다. 1998년 씨엠립에 국제공항이 건립된 이후에는 여행사도 프놈펜에서 씨엠립으로 이동하게 되었다.

2000년 이후 씨엠립에 여행업 관계자가 증가하기 시작하였다. 한국 관광객이 방콕에서 육로로 씨엠립으로 이동하여 앙코르와트 관광을 하고 다시 태국의 파타야로 가는 관광 코스가 개발됐기 때문이다. 당시는 한국과 씨엠립 간에 직항이 없었던 시절이었다.

> **조영호 교민** 당시 약 50명의 여행업 관계자가 거주하였고 이후 관광객을 대상

으로 한 투어(단체)식당, 라텍스 등 현지 물품 판매자가 생겨나기 시작했다.

당시 태국에서의 여행업이 포화상태였던 데다가 캄보디아는 외국인도 통역관이라는 형태로 현지에서 가이드가 가능하다는 이점으로 관광업 종사자의 이주가 빠르게 증가하였다. 2004년 12월 26일 인도양의 지진 해일(쓰나미)로 인한 대형 인명 피해는 씨엠립 관광의 전환점이 되었다. 당시 태국에서도 약 8,200명이 사망하였는데, 이후 태국 여행업이 큰 타격을 받으면서 많은 여행업 관계자가 마침 주변 관광지로 부상하던 씨엠립으로 대거 이동하였다. 초창기 씨엠립의 관광업자는 이들 태국에서 이주한 한인 가이드가 주축이 되어 형성되었다.

2005년부터 앙코르와트에 방문하는 한국인 관광객이 급증하자, 2006년 9월부터 한국과 씨엠립 사이에 직항이 취항하기 시작하였다. 직항이 생긴 이후 태국 상품을 연계하지 않고 씨엠립 관광만 취급하는 상품이 인기를 끌면서 한인 가이드가 더욱 증가했다. 앙코르·경주 엑스포가 열린 2006년 말에는 한국 관광객 방문이 정점에 이르렀다. 하지만 관광 및 쇼핑 등 캄보디아 내의 기타 인프라가 좋지 않고 항공료가 비쌌기 때문에 오히려 방콕과 씨엠립 육로 관광 코스가 관광객으로부터 인기를 끌었다. 그래서 태국에서 건너온 여행업자가 직항 여행업자를 흡수하는 형태가 되었다.

앙코르와트를 보기 위한 한국 관광객이 급증하기 시작했으나 씨엠립 현지에 한국 공관이나 한인회가 없어 관광객이 불의의 사고를 당했을 때 소규모 여행사가 대처 능력이 부족해 곤란한 상황이 발생하곤 했다. 씨엠립 한인 여행업자는 한국 영사관이 없는 상황에서 한인회의 필요성을 느낄 수밖에 없었다. 2005년 10월경 여행업자 이필승이 단독으로 한인회장 후보로 출마하여 선출되어 캄보디아 씨엠립 한인회가 결성되었다. 이를 기념하여 2005년 말에 한인회의 밤이 처음 개최되었다. 이필승 회장을 중심으로 어렵게 씨엠립 한인회를 결성하였지만, 2006년 8월경 이 회장은 개인적인 사정으로 인해 자진해서 사퇴하였고, 이후 한인회는 잠시 공백 상태였다.

노무현 대통령이 2006년 11월 21일 앙코르·경주세계문화엑스포 개막식에 참석하게 되자 대사관 측에서는 씨엠립 한인회의 결성을 현지 한인 관계자에게 요청하여 제2대 김덕희 회장이 취임하여 한인회가 재결성되었다. 이후 한인회가 현재까지 유지되고 있으며, 최근에 설립한 캄보디아 한국 대사관 씨엠립 분관의 총영사와 협조하면서 현지 한인의 체류 문제부터 관광객의 여권 분실, 사건·사고에 대응하고 있다.

씨엠립이 관광도시인 만큼 한국인 관광객 유입 정도에 따라 교민 숫자가 영향을 받는다. 씨엠립은 성수기와 비수기에 따라 여행사·가이드·선물 상점 수가 가변적이다(씨엠립 A 교민). 특히 2015년 이후 한국인 관광객 숫자가 줄어들면서 교민 수도 감소 추세로 돌아섰다(씨엠립 B 교민).

현재 씨엠립에 거주하는 한인은 약 2,147명으로 추정된다(외교부

2019). 그리고 관광객이 증가하는 성수기(겨울)에는 여행 가이드 증가로 약 1,500명까지도 추정된다. 상주하는 씨엠립 한인 여행사협회 소속사는 약 50군데이며, 성수기에는 70여 군데로 증가한다. 성수기의 관광업자 증가로 인해 일시적으로 현지에 거주하는 한인이 약 500명 정도 증가하는 것이다. 조영호 교민은 최근 씨엠립 한인의 상황에 대해 다음과 같이 답변하였다.

조영호 교민 한인 관광업(여행사, 식당, 선물가게 포함) 종사자는 약 80퍼센트이다. 투어식당 20여 곳, 개인 한인 식당 10여 곳, 게스트하우스 네 곳, 보석판매점 두 곳, 라텍스 판매점 한 곳, 잡화 판매점 네 곳 등이 있다.

관광도시인 만큼 관광업 종사자가 절대다수를 차지하고 있음을 알 수 있다. 이외에 기독교 선교사가 약 15퍼센트로 많은 비중을 차지하고 있다. 또한, 개인 사업(농업 등), 건설 및 토목 관계자가 약 5퍼센트를 차지하고 있다.

4장

한인 이주의 정착 환경과 한인 기관

1. 한인의 정착 환경

1) 법적 지위

캄보디아 정부는 노동법 제261조에 따라 캄보디아에서 일하고자
하거나 현재 일을 하는 모든 외국인은 외교관 등 예외적인 경우를
제외하고는 취업허가증을 받아야 한다. 그러나 캄보디아 정부는 미
얀마보다 외국인의 현지 체류와 국적 취득에 대하여 엄격한 제도
를 적용하고 있지 않다.

　단기 관광이 아니고 장기 체류를 목적으로 한다면 사업비자(체
재비자)를 취득한 다음 출입국관리소나 국가경찰청에서 체재 연장
이 가능하다. 체재 연장은 1개월, 3개월(단수비자), 6개월, 1년(복수비

자) 네 종류가 있으며, 3개월 비자는 80달러, 1년 비자는 280달러의 발급수수료를 지급해야 한다. 비자가 발급되기까지 걸리는 기간도 3~7일로 비교적 짧다. 별도의 학생비자가 없어서 학생은 사업비자로 체재 연장을 해야 한다. 현지에서 활동하는 선교사들도 사업비자로 체류한다.

현지에서 캄보디아 투자위원회의 투자허가증을 받아 사업을 하는 경우 본인과 그 가족은 체류와 사업(혹은 취업)을 할 수 있다. 또한, 기업체에서 한인 등 외국인을 고용할 때는 고용주가 노동허가증을 신청하여 비자를 취득해야 한다. 외국인 취업은 단순 인력은 대상이 되지 않으며, 관리직과 기능직 등 전문 인력이어야 한다.

캄보디아의 경우 외국인의 국내 체류에 대한 통제보다는 발급수수료를 통한 세수 확보에 더 치중하는 경향이 있다. 캄보디아의 열악한 재정 상황을 고려할 때 입국과 체류 외국인의 비자 발급 수수료는 외화 수입의 주요 수단이기 때문이다. 따라서 현지에 거주하는 한인으로서는 일정한 비자 비용 지출을 감당할 수 있다면 안정되게 체류할 수 있다.

이처럼 장기 체류가 쉽고 또한 기간 갱신이 상대적으로 쉬우므로 동남아 선교사의 경우 캄보디아를 거점으로 선교 활동을 하는 경우가 많다. 무엇보다 주변 국가와 비교하면 캄보디아의 안정적인 환경과 종교에 대해 자유 보장을 하고 있어 한인 선교사가 많은 것이다. 캄보디아를 거점으로 하고 동남아 지역에 나가서 활동하는 경우가 많다.

캄보디아 한인 중 시민권을 취득해서 살아가는 경우는 매우 예외적이다. 시민권을 취득했던 프놈펜 E 교민의 경우 캄보디아 내 높은 지위에 있는 사람을 통해 시민권을 얻었으며 5만 달러의 비용을 지불했다고 한다. 캄보디아 시민권은 쿼터가 있어 받기가 어렵고 비용도 많이 든다. 한편 캄보디아의 비자정책(2018년 이후)으로 인한 교민의 거주여건에 변화가 있을 것이라고 언급하기도 했다(씨엠립 A 교민). 즉 노동 허가에 대한 요건이 강화됨으로써 캄보디아 한인이 그동안 주로 활용했던 사업비자에 제한이 가해질 가능성을 언급하였다(씨엠립 B 교민).

2) 경제생활

캄보디아에 진출해있는 한국 기업 및 개인 사업자는 제조업(의류, PVC 파이프, 통신케이블, PE 백), 농업(타피오카, 팜유, 망고 등), 무역(차량, 중장비, 전선, 직물), 건설(아파트, 배수로 공사, 도로, 상하수도), 서비스(은행, 미용센터, 통관, 자동차 정비, 컨설팅, 부동산), 기타(호텔, 식당, 여행사, 골프 연습장, 가라오케, 극장, 학원) 등으로 구분할 수 있다.

프놈펜 E 교민은 "한인들이 가장 많이 하는 사업은 요식업과 슈퍼마켓인 것 같다. 호텔이나 관광 분야도 별로 없다. 미니호텔 정도만 운영하는 것 같다", 프놈펜 F 교민은 "식당을 운영하는 한인이 많다. 한국 기업으로는 주로 봉제 분야가 있고, 금융·개인 사업 등이 있다. 개인 사업으로는 식당·무역·컨설팅 등이 있다"라고 캄보디아 한인의 경제활동에 대해 언급했다.

프놈펜에 거주하는 교민은 높은 생활물가를 감당해야 한다. 외국인이 거주할만한 주택은 제한적이고 임대료 또한 비싼 편이다. 1인 거주일 경우 월 300~500달러 수준이고, 가족을 동반할 경우 월 1,500~2,000달러 규모의 임대료를 지급해야 한다. 특히 외국인 밀집 지역인 벙껭콩의 경우 임대료가 2,500달러 이상인 곳이 많아 이에 부담을 느끼는 한국인 거주자가 다른 지역으로 이주하고 있다. 한인 기업들은 대부분 프놈펜 중심가 및 근교를 중심으로 형성되어있으며, 씨엠립은 제조업 등 산업을 제한하고 있어서 한인은 대부분 여행업이나 숙박 그리고 식당 등을 운영하고 있다. 최근 들어 캄보디아에 진입하는 한인은 새로운 양상을 보인다고 한인회 관계자는 언급했다.

한인회 관계자 2000년대 초만 해도 한국에서 사업에 실패하거나 해외로 도주하는 경우에 캄보디아로 많이 들어왔다. 현재도 나이든 교민 중에는 이런 사람이 많다. 최근에는 젊은 세대가 캄보디아를 기회의 땅이라 보고 수출입, 물류, 가이드, IT 방범 시스템 등의 창업을 위해 오는 경우가 많아졌다.

캄보디아의 금융업은 한인 기업이 가장 활발하게 진출하는 분야이다. 신한은행의 경우 2009년 4월 캄보디아 TFT가 결성되고 8월 중앙은행으로부터 최종설립인가를 취득했다. 은행장을 포함한 세 명의 한국 직원과 17명의 캄보디아 직원으로 시작했다(프놈펜 E 교민).

　여행업 관계자의 경우 약 1,200여 명이 장기 혹은 단기로 거주하고 있으며 성수기(1~2월, 7~8월)에는 2,000여 명의 한인이 여행 가이드 등 여행업에 종사한다. 여행 가이드를 중심으로 '캄보디아 한국인통역안내원협회'가 구성되어있으며, 홈페이지(http://kambodia.co.kr)도 운영 중이다. 캄보디아에서는 법적으로 여행 가이드는 캄보디아인만 가능하므로 한국인 여행 가이드는 '통역안내원'이라는 형태로 가이드를 하고 있다.

　현지 한인 여행 관계자들은 여행 가이드를 양성화시키기 위하여 '캄보디아 씨엠립 한인여행사협회'를 결성하였으며, 협회가 주관한 교육 수료자에게 통역안내원 수료증을 발급하고 있다. 그리고 수료자들은 현지에서 합법적으로 여행 가이드를 할 수 있도록 캄보디아 정부로부터 허가를 받기 위해 노력하고 있다. 현재 협회에 등록한 인원은 477명이다. 요식업은 약 50여 군데가 다양한 규모의 식당을 운영하고 있는데, 대부분 한국인 단체 관광객을 대상으로 하며, 일부 식당은 현지화에 성공하여 성업 중이다. 씨엠립에 거주하는 일부 한인은 그 외에도 한국인 관광객을 대상으로 보석이나 라텍스 판매 사업 등을 하고 있다. 씨엠립에 진출한 대기업은 금호건설 정도이며 관련 하도급 업체가 다섯 곳 있다.

　2017년 관광업과 관련해서 한인 사회는 어려움을 경험했다. 씨엠립 한인 사회의 최대 구성원인 한인 가이드에 대한 캄보디아 정부의 면허 할당제License Quota Syst-em 도입 때문이었다. 박승규 씨엠립 한인 총영사는 이에 대해 자세하게 상황을 설명해주었다.

박승규 총영사 캄보디아 정부의 라이센스(면허) 할당제는 2015~2016년 2년 동안 한시적으로 운영하였으며 약 482명이 등록했다. 한인가이드협회는 2016년 12월 가이드 라이센스 연장에 관여했으나 150~200명 규모로 쿼터가 줄어들면서 많은 가이드가 라이센스 연장에 실패했다. 이에 200명 이상의 한인 가이드가 다낭 등 주변국으로 빠져나가면서 씨엠립 한인 교민 수도 줄어들고 있다. 또한 가이드 쿼터가 매년 50명씩 감소하여 2020년에는 가이드 쿼터가 완전히 철폐될 것으로 예정되어있어 한인 가이드의 미래가 불투명한 상황이다. 다만 앙코르와트라는 확실한 관광 자원이 있고 관광업은 순환적 요소가 있어 한인 관광객 수의 반등이 있을 수도 있다.

씨엠립 한인 관광객 역시 2013년 정점에 이른 이후 2017년 정점 대비 30퍼센트 감소하였다. 대한항공·아시아나·이스타나와 같은 국적기가 모두 씨엠립 직항노선에서 철수하였으며, 2018년 2월 현재 에어서울과 에어부산만 직항을 운영하고 있다. 또한, 직항노선의 독점으로 항공료가 높아져 단체 여행객 유입의 방해요소로 작용하고 있다.

3) 교육 현황

프놈펜에 거주하는 대부분의 한인 사업가나 상사 주재원들은 현지에 한인학교가 없어서 자녀를 국제학교에 보낸다. 반면 캄보디아 현지 학교에는 대체로 보내지 않으며 캄보디아어를 가르치려 하지 않고 국제학교에서 영어를 배운 뒤에 호주 등지에 유학을 보낸 후 국내대학에 입학시키거나 외국에서 학업을 계속 시키려는 경향이 있다. 국제학교에 보내지 않거나, 경제적 여건이 어려운 한인의 경우 소규모 단위로 자녀를 모아 가정학습 형태로 교육시키기도 한다. 씨엠립에 거주하는 한인들도 마찬가지 상황이다. 이와 같은 상황에서 한국인으로서의 정체성을 유지하기 위한 기초적인 교육의 필요성 그리고 한인 자녀들의 교류를 위한 한글학교의 필요성이 자연스럽게 대두되었다. 프놈펜과 씨엠립의 한인 사회는 토요일에 한인 자녀들을 모아 한글이나 한국 문화를 가르치는 한글학교를 운영하여 한국인으로서의 정체성 확립은 물론, 한국어와 한국 문화교육 그리고 자녀들 간에 교류하게 하고 있다.

현재 프놈펜에는 약 1,000명의 한인 자녀가 있는 것으로 알려져 있다. 한인학교는 없으며 한인의 경우 프놈펜 국제학교International School of Phnom Penh, 노스브릿지 국제학교Northbridge International School of Cambodia 등 국제학교에 자녀를 재학시키는 경우가 많다. 국제학교 수업료는 초등학생 1만 달러, 중고생 1만 3,000달러 정도이며, 싼 곳도 매년 6,000달러 정도 된다. 수업료가 비싸거나 자녀들이 현지 학교에 적응하지 못해 어쩔 수 없이 소규모 가정학습 형식으로 자녀를 교육해야 하는 상황도 발생한다. 특히 한인 선교사 가정에서 이러한 현상이 많이 발생하고 있다. 이후 한인 선교사를 중심으로 소규모 학교가 많이 개설되었다.

프놈펜 한글학교도 1998년 12월 한인 선교사가 중심이 되어 처음으로 개교하였다. 당시 한글학교 이사장은 김용덕 한인회장이 역임하고, 한글학교 후원회(회장 김도삼)도 발족하였다. 하지만 한글학교는 운영자 및 운영방법, 재원 등의 문제로 안정적이지 않았다. 한인이 자녀에게 한글만을 가르치기보다는 영어 교육에 관심이 많아 한글학교에 보내는 경우도 많다.

안혜경 교장이 2001년 취임한 이후 한글학교가 안정을 찾기 시작했고 2007년까지 운영하였다. 하지만 일각에서 한글학교 운영권 문제를 제기하여 한글학교 운영자가 약 4년에 걸쳐 교체되었고, 이후 한글학교 학생 수는 30여 명으로 급감하였다. 2012년부터 다시 안혜경 교장을 중심으로 학교가 운영되고 있으며 현재 학생 수는 162명으로 늘어났다. 임대료(월 550달러), 교사 월급(1인당 월 120달러) 등 한글학교 연간 경비는 약 4만 4,000달러가 소요되며, 한인들이 자체적으로 구성한 한글학교 운영위원회가 3만 3,000달러를 마련하고, 재외동포재단으로부터 8,000~1만 달러를 지원받고 있다.

한국 지자체의 해외 한인 교육 기관 지원은 이례적인 사례로 부산시에서 프놈펜 한글학교를 일정 기간 지원해왔다. 2010년부터 2013년까지 8,000달러 2회, 1만 달러 1회, 6,000달러 1회 지원했으며, 2014년까지 지원했다.

표 7 프놈펜 한글학교 현황

주소	KLC 건물 2, 3층 #283, St.598, tuck tla, Khan seon sok, Phnom Pehn, Cambodia
재적 수	총 162명 　– 유치부, 초등부 　– 다문화 가정(한·캄) 자녀 　– 외국인 자녀
교직원 수	총 26명 　– 정교사 10명(교장 및 각 학년 담임교사) 　– 예체능 교사 2명(체육, 미술) 　– 한국인 보조교사 11명 　– 캄보디아인 보조교사 2명 　– 사무원 1명
교실 수	총 13실 　– 각 학급 10실(유치부 4실, 초등부 6실, 한글반 1실) 　– 컴퓨터 1실 　– 교무실, 교장실 각 1실 　– 도서실 1실

출처: 프놈펜 한글학교 제공

안혜경 교장 부산시 지원금으로 한글학교의 승합차, 학교 기물, 책걸상, 도서실 설비 등을 마련했다. 한글학교의 운영에 큰 도움이 되고 있다.

교직원은 총 26명이나 전문성이 있다고 보기는 어렵다. 같은 건물에서 KOICA 봉사단원들이 캄보디아 청소년을 대상으로 한글 교육을 하고 있으나 월요일부터 금요일까지만 봉사활동을 하고, KOICA 사업 대상이 캄보디아 현지인이라는 이유로 주말에 열리는 한글학교에는 관여하지 않는다.

학생들의 수업 참여율은 강제성이 없음에도 불구하고 70~80퍼센트의 출석률을 보인다. 이들 중에는 한국인과 캄보디아인 사이에서 태어난 자녀로 구성된 한글반 학생 10명이 함께 재학하고 있으며 한국어 교육도 이루어지고 있다. 이들 중에는 캄보디아 현지에서 국제결혼을 한 부부의 자녀도 있지만, 한국에 거주했던 다문화 가정의 자녀도 있다. 한국에서 가정문제 등으로 적응하지 못한 캄보디아 여성이 자녀를 동반해 캄보디아로 귀국한 사례인 것이다. 이른바 한·캄 자녀가 점점 증가하는 추세로, 이와 같은 사례도 증가할 것으로 예상된다.

캄보디아 한인의 숙원이었던 프놈펜 한인 국제학교는 2019년 3월 개교하였다. 자녀들의 안정적인 교육환경이 장기적인 교민 체류의 결정적인 변수로 작용하는 상황에서 프놈펜 한인 국제학교의 역할이 클 것으로 보인다. 많은 교민이 자녀들은 한국에 보내놓고 생활비와 교육비를 보내는 경우가 많은데, 캄보디아 시장 규모가 작은 상황에서 이러한 비용을 지원한다는 것은 쉬운 상황이 아니다.

한인회 관계자 캄보디아가 외적으로는 많이 발전해왔지만, 내적으로는 발전이 하나도 안 되어있다. 그것은 교육환경이 안 좋기 때문이라고 생각한다. 교민이 1만 4,000명이고 학생들이 8,000명이나 된다. 4,000명이나 되는 학생들이 갈 데가 없어 방황하고 있다. 한국인 부모들의 교육열은 여기서도 매우 높다. 학교가 우후죽순으로 생기고, 교사 자격이 미달하는 비인가 한국인 학교가 21개나 된다. 하지만 여기에서 졸업한 아이들은 학력 인정을 받지 못해 한국에서 검정고시를 치러야 한다. 한국인 국제학교가 생기면 이런(학력 인정) 문제가 해결된다. 교육 문제가 해결되지 못하다 보니 교민들의 안정적이고 장기적인 정착이 어렵다. 일본과 중국은 캄보디아와 수교한 지 7~8년밖에 안 되었는데 국제학교가 있지만, 한국은 수교한 지 21년이나 되었는데 국제학교가 없다는 것은 대한민국 국민으로서 부끄러운 일이라 생각한다. 김현식 이사장(한인회 자문)은 지난 3년간 프놈펜 한국 국제학교 설립을 위해 노력해왔다. 현재 유치원은 한인회 사무실 공간으로 이동하였다. 캄보디아에서는 프놈펜 국제학교에 대한 인가가 났으나, 한국 교육부에서 허가가 나지 않아 어렵다. 한국 교육부는 교민들 반응이 약하다, 호응이 없다는 것을 이유로 한다. 또한, 갈 때마다 교육부 직원이 바뀌어 힘들다. 김현식 이사장이 개인재산을 털어 10억 이상을 투입했으나 아직 허가가 나지 않아 어려운 상황이다. 50~100달러 내는 학부모가 16명 밖에 없어 매월 3만 달러씩 손해를 보고 있고 학부모들도 많이 지쳐있는 상황이다.

씨엠립에는 유치원에서 초등학생까지 약 120~150명, 중고등학생이 120~150명 등 약 250~300명의 한인 자녀가 있는 것으로 추정된다. 이들을 대상으로 운영하는 한글학교는 월 600달러의 임차료를 지불하고 있으며 연간 경비는 약 1만 2,000달러이다. 재외동포재단의 지원금은 학교 경비의 60~70퍼센트를 차지하고 있으며, 나머지는 학비와 개별 후원금으로 충당하고 있다.

현재 총 43명의 학생이 재적하고 있고, 학생들의 잦은 이동으로 학생 수 또한 자주 바뀌고 있다. 교원은 여덟 명인데 모두 무료로 봉사하며 전임교사는 없다. 총 8개 학급으로 유치부 2, 초등학교 1~6학급이 있다. 토요일에만 3시간 수업하며 국어와 사회 과목을 가르치고 있고, 사물놀이나 성교육 등 특별활동 수업도 한다. 씨엠립은 관광도시라는 특성 때문에 한인 사회 또한 관광업을 중심으로 형성되어있고, 여행사 운영, 식당, 여행 가이드나 관광 상품점 직원으로 일하는 경우가 많다. 관광업 특성상 쉬는 날이 정해져 있지 않고 또 비수기와 성수기가 완전히 구별되어있고 생계유지가 쉽지 않아 맞벌이 부부가 많다. 그래서 유아·유치부 자녀들은 대부분 캄보디아인 가정부가 키우고 있다.

일반적인 캄보디아 현지 학교는 환경이 매우 열악하여 한인 부모와 자녀들은 국제학교를 선호한다. 씨엠립에는 SIS^{Siem Reap International School}, LIS^{Lucky International School}, 중국계 중산학교 등 소규모 학교가 있다. SIS는 수업료가 비싸고 고등학교 과정이 없어 일부 한인 자녀들만 다니고 있으며, 대부분은 LIS와 중산학교에 다니고 있다. 그러나 학교 교육 과정이나 교사들의 자질(LIS는 대부분 교사가 필리핀·인도 출신이고, 중산학교는 중국어로 수업을 한다)과 교육환경이 만족스럽지 않다는 분위기이다. 무엇보다 대부분의 학교가 국내에서 학력 인정이 되지 않아 학생들은 한국에 가면 검정고시를 치러야 하는 불편함이 있다.

대부분의 한인 자녀들이 국제학교에 다니고 현지인 보모와 생활하는 관계로 한국인의 정체성 함양을 위해서는 한글학교의 필요성이 매우 크다. 하지만 재정적인 문제로 한글학교 운영에 있어 교원의 전문성을 확보하지 못하고 있다. 이영희 씨엠립 한글학교 교장은 씨엠립 한인 자녀의 어려운 교육환경에 대해 아래와 같이 언급하였다.

이영희 교장 프놈펜 지역은 다양한 업종의 한국 회사나 한인들이 있어 교원을 확보하는 데 어려움이 덜하나 씨엠립 지역은 유네스코 특별 보호지역이라 다른 산업이 제한되어있고, 거의 관광업에 종사하고 있어 교원 확보에 어려움을 겪고 있다.

4) 종교활동

현재 기독교·불교 등 종교 관계자가 캄보디아 현지에서 활동하고 있다. 이 중에서 특히 왕성하게 활동하고 있는 것은 기독교 관계자이다. 캄보디아에 처음으로 기독교가 전래된 것은 1500년대 이후 포르투갈의 가톨릭 선교사에 의해서이다. 이후 프랑스의 지배를 받게 된 캄보디아에서 프랑스 가톨릭이 18세기부터 크메르족을 대상으로 제한적 포교를 시작했다. 하지만 19세기 반식민지운동의 대상으로 가톨릭교회도 주목받게 되어 가톨릭 성당이 타도의 대상이 되었다.

개신교가 전래된 것은 미국인 선교사가 1923년에 현지에서 선교 활동을 시작하면서이다. 이들은 주로 캄보디아의 소수민족을 대상으로 포교 활동을 하였다. 미국 선교사들은 학교나 병원을 세워

신도를 확보해나가는 '교육 사역'이나 '의료 사역'을 추구하지 않고, 개인 구원을 위한 순수 복음 전도에 힘썼다. 1965년 캄보디아 정부의 미국 선교사 추방으로 선교 활동이 어려워졌다. 당시까지 734명의 세례자를 포함해 신도는 2,000명 정도였다. 이후 1970년경에는 신도 수가 300명 정도로 줄었다가 1970~1975년 론 놀 정부가 난민에 대한 지원을 받기 위해 캄보디아를 개방하여 미국 선교사에 의한 개신교 활동이 재개되고, 1975년 초 무렵에는 약 26개의 교회와 1만 명의 기독교인이 있었다고 추정한다.[10] 하지만 크메르 루즈의 통치 기간(1975~1979) 동안 모든 종교활동은 금지되었다. 불교 사원·수도원·교회는 파괴되고 승려·신부·목사·신도 등 약 90퍼센트의 종교인들이 처형당했다.

베트남이 캄보디아를 지배한 1979~1991년 사이에도 종교활동은 지극히 제한받았다. 헹 삼린Heng Samrin 정부는 기독교 활동을 허락하지 않았고 일부 기독교 NGO에게 제한적으로 긴급 구호 및 지원 활동을 허락하는 정도였다. 하지만 1988년경부터 분위기가 바뀌기 시작하여 기독교식 장례식, 주일예배 등의 모임을 할 수 있게 되었고, 1990년 4월 캄보디아 정부(연합전선)는 정식으로 기독교회(개신교)를 인정한다고 발표하였다.[11] 1991년 훈센 수상 때 불교가 다시 국교로 선포되었고 다른 종교활동도 보장받게 되었다. 이후

---

10 주캄한인선교사회 선교역사연구분과. 2013. 「캄보디아 선교역사」. 첨탑: 90.

11 앞의 책: 106.

국경 캠프 지역으로 피난하거나, 외국으로 망명하거나, 지하 활동을 하던 캄보디아 기독교인들은 물론 외국(미국, 호주, 홍콩, 싱가포르, 한국 등) 선교사도 자유롭게 활동할 수 있게 되었다.

한국 선교사가 캄보디아에서 활동을 시작한 것은 이 시기에 해당하며, 전술한 바와 같이 캄보디아 한인 사회 규모로 보았을 때 한인 선교사 사회는 지극히 중요한 위치를 차지하고 있다. 이들 외에도 선교사회에 등록하지 않았거나, 미국 등 기타 지역에서 파송된 선교사도 있다. 노진태 캄보디아 선교사협의회 목사는 한국인 선교사의 증가에 대해 다음과 같이 설명하였다.

> **노진태 목사** 캄보디아 내 한국인 선교사의 증가는 동남아 지역 전반에서 보편적인 현상은 아니다. 캄보디아 지역의 선교사 증가는 캄보디아 정부나 개인들이 주변 국가보다 기독교에 대하여 관대한 자세를 취하고 있기 때문이다. 베트남, 라오스, 미얀마 등은 선교 활동을 하기에는 여전히 제한이 따르기 때문에 캄보디아가 동남아시아 선교의 거점으로 자리매김하였다.

현지 선교사들은 과거 미국 선교사들이 순수 복음 전도에 집중한 것과는 다른 방식, 즉 다양한 사회봉사활동을 통해 현지 사회와 관계를 유지하면서 선교 활동을 하고 있다. 교육(컴퓨터, 한국어, 영어, 음악 등), 태권도 수련, 빈곤층 아동 지원, 빈곤층의 의료 및 생활 지원, 지역사회 개발 참여, 유치원 및 학교 건립 등 다양한 분야에서 봉사활동을 전개하고 있다. 예를 들어 현지 의료 선교사들이 모여

'환자 진료를 통한 복음 전파와 더불어 캄보디아 의료인 양성'을 목표로 2010년 9월 헤브론 병원을 개설하였다.

헤브론 병원은 수술실과 중환자 병상, 내시경 및 초음파실 등을 갖춘 전문 병원으로 현재 일반의사 15명(한인 여덟 명, 캄보디아인 일곱 명), 치과의사 두 명, 약사 15명, 간호사 12명, 직원 28명 등 70여 명의 직원이 일하고 있으며 하루 300여 명의 환자가 찾고 있다. 그중 약 93퍼센트는 캄보디아인이고 나머지는 주로 한인들이다. 현지 빈곤층에게는 무료 시술을 하고 있으며, 순회 의료서비스는 물론, 최근 국민은행의 지원을 받아 심장센터를 개설하여 현지 심장병 어린이를 대상으로 수술을 시작하였다.

캄보디아 내 단기간 동안 많은 한국인 선교사가 현지에 입국하고 교세 확장을 위해 가정방문, 거리선교 등 적극적인 선교 활동을 하였다. 그러나 불교국가에 대한 충분한 고려 없이 일부 선교사의 무리한 선교 활동으로 인해 캄보디아인의 반감이 생겨났다. 결국, 2003년에는 캄보디아 정부(종교부)가 가정을 방문해서 전도하는 것을 금지하였고, 2006년 6월에는 거리선교 등을 제한하는 법령을 공포하였다. 또한, 한국 선교사들과 현지 목회자 간의 갈등 관계도 연출되었다. 선교 방식에 대한 자제의 목소리는 한국 개신교 사회에서도 거론되었는데, 현재 다른 종교, 특히 불교와 충돌하지 않으면서 선교 활동을 하는 분위기로 전환되고 있다.[12]

---

12 앞의 책: 212–220, 227, 249.

5) 언론활동

캄보디아 한인들은 한인 언론지를 통해 현지 정보를 취득하고 있다. 현재 캄보디아 한인 언론지로는 『뉴스브리핑 캄보디아』, 『주간 캄푸치아』, 『Life Plaza』가 있다. 이 중에서 캄보디아에서 가장 특화된 전문 언론지는 정지대 사장이 발간하는 『뉴스브리핑 캄보디아』(www.nbcambodia.com)라고 할 수 있다. 한국·아세안·캄보디아·한인 관련 뉴스는 물론 생활 정보까지 포함하고 있으며, 상업광고도 게재한다. 120면 분량의 주간지를 매주 1,200부 발간하고 있는 캄보디아 한인의 대표적인 언론지라고 할 수 있다.

『주간 캄푸치아』(www.ecambodia.co.kr)는 16면의 주간지로 캄보디아 지역 뉴스를 중심으로 소개하고 있으며, 상업광고도 포함하고 있다. 『Life Plaza』(www.vietnamlife.co.kr)는 격주간지로 캄보디아·하노이·호찌민 시티를 포괄하는 한인 언론지이며, 세 지역을 나누어서 소개하기 때문에 전체 분량이 240면이나 된다. 그 외에도 교회 관계자에 의해 『크리스찬 타임즈』가 매주 1,000부 발간되고 있다. 이들 언론지는 모두 상업광고를 포함하고 있으며, 상업광고를 통해 수익을 얻는다.

2. 한인의 민간단체

캄보디아 한인회는 1995년 7월 손병순, 박진욱 등 한인을 중심으로 발기인회를 발족하고 1996년 5월 25일 정식으로 발족하였다. 초대 회장 김용덕, 부회장 서병도, 감사 노용준, 총무이사는 김문백이었다. 2018년 2월 현재 회장 선거인 명부에 등록한 회원은 약 3,000여 명이다. 현재 제11대(2018년 1월부터) 캄보디아 한인회는 박현옥 회장, 김현식 고문(전 회장), 박상호 부회장 겸 법률자문 위원장, 신청현 대외협력위원장, 김대웅 기획이사, 송영광 총괄본부장을 중심으로 운영되고 있다.

캄보디아 한인회는 2022년 현재까지 25년 되었으며 여덟 명의 한인회장을 배출하였다. 회장 임기는 2년으로 현 박현옥 한인회장은 11대 회장이다. 초대 김용덕 회장은 삼환이라는 봉제 회사를 운영했는데, 캄보디아 내 한국 기업으로는 최초로 2,000명 가까운 근로자가 일해서 대규모 고용창출에 기여했다. 당시 훈센 총리가 일주일에 한 번씩 봉제공장에 와서 감사 인사를 할 정도로 김용덕 회장은 캄보디아 한인회의 위상을 높이는 데 기여한 바가 크다. 김용덕 초대 한인회장은 훈센 총리와 의형제를 맺을 정도로 가까웠으며, 캄보디아 정부로부터도 훈장을 받기도 했다.

2018년 8월 20일 한인회 집행부와 한인회 현황에 대해 인터뷰를 진행하였다. 캄보디아 한인회의 역사와 초대 한인회 회장의 활동에 대해 상세히 답변하였다. 캄보디아 한인회의 규모, 조직, 한인 규모

그림 1 프놈펜 한인회
박현옥 한인회장(좌), 한인회 사무실(우)

에 대한 한인회의 답변은 아래와 같다.

"한인회장 한 명, 자문 한 명, 명예회장 한 명(이수호), 임원 26명이 있다. 회장을 중심으로 명예회장과 자문단으로 구성되어있고, 모든 임원을 포괄하는 수석 부회장이 있으며, 수석 부회장은 회장의 유고有故 시 대행하는 역할을 한다. 임원들은 농업·기획·관리·종무·대외협력·법률자문·보건의료·문화를 담당하는 네 명의 부회장과 22명의 임원이 있다. 네 명의 부회장 중에는 캄보디아 선교사 단체 중 한 분이 있다. 임원 안에는 실장·국장·이사 등이 있다. 정식으로 등록한 교민은 8,000명 정도 되지만, 한인 규모는 1만 5,000명에서 2만 명으로 보고 있다. 3개월 이상 체류하는 경우 교민으로 보고 있는데, 관광객으로 왔다가 체류하기도 한다. 상주하는 교민이 1만 6,000명, 왔다 갔다 하는 경우는 4,000명 정도 되는 것 같다. 한인상공회의소·민주평통·봉제협회·건설협회·금융협회·캄보디아농업협회·요식협회·부동산협회·선교사협의회 등 대부분 한인회가 중심이 되어 활동하고 있다."

과거 캄보디아 한인회는 회비로 운영하였으며 회원들의 참여가 높지 않았다. 전체 회원이 내는 회비는 총 2만 달러 정도로 부족한 재원은 한인회장과 임원의 기부로 채우고 있다. 한인회의 연간 지출은 약 12만 달러이며, 재외동포재단에서 3,000달러(2013년까지는 1,000달러)를 지원하고 나머지는 자체적으로 재원을 마련해왔다. 박현옥 현 회장은 한인 회비를 폐지했는데 그 이유를 다음과 같이 답

표 8 역대 캄보디아 한인회장

	연도	회장
초대, 2대	1997년~2001년	김용덕
3대	2001년~2003년	백남현
4대	2003년~2005년	황순정
5, 6대	2005년~2009년	김문백
7대	2009년~2011년	박광복
8, 9대	2011년~2015년	양성모
10대	2015년~2017년	김현식
11대	2017년~현재	박현옥

출처: 캄보디아 한인회

변하였다.

"한인회는 한인에게 봉사하는 단체이자 한인의 권익을 보호하는 단체
이다. 이전에는 한인에게 연 1만 원 정도로 총액 2만 달러 미만으로 걷
었는데, 한인들의 민원과 권리 주장이 (내는 회비에 비해) 과도하게 많
았다. 또한, 한인들이 캄보디아에서 어렵게 번 돈을 한인회를 위해 내는
것보다는 교육이나 다른 필요를 위해 쓰는 것이 좋을 것 같아 11대 한
인회부터는 받지 않았다. 심지어 한인 현지 기업으로부터도 후원을 받

지 않는다."

한인회는 재원이 부족하여 안정적인 사무실 마련에 어려움이 있었으나 2013년부터 2015년 말까지 프놈펜 타워Phnom Pehn Towe(일명 현대엠코 빌딩) 사무실을 무료로 사용하였으며, 관리비(월 770달러)만 한인회가 지급하였다. 제10대 김현식 회장 때부터 프놈펜 북부지역으로 사무실을 이전하였고, 11대 박현옥 회장 때 현재의 위치로 확장 이전하였다.

한인회의 주요 활동으로는 국경일 행사·교민체육대회·한인 골프대회·봉사단체 지원 등을 주관하고 있다. 매년 가을 열리는 한마음체육대회에는 한인 봉제공장의 캄보디아 근로자 등 최대 2,000명 이상이 참가해 대성황을 이룬다고 한다. 캄보디아 한인회는 한국으로 돌아갈 비용이 없는 교민을 지원하고, 무연고자 사망 시 이를 수습하는 역할도 한다.

"캄보디아 한인의 경조사를 다 챙기고 있다. (2018년) 7월만 해도 여섯 명 이상의 한인 유골, 특히 무연고자에 대해 처리를 했다. 이외에도 새로운 한인 교회, 한인 회사가 개업하는 경우에 축하한다. 또한, 한인 가운데 비자 연장을 하지 못해 특히 300달러를 내지 못해 불법체류 하는 경우가 있는데 (주캄보디아 한국) 대사관에서 도와주는 데 한계가 있는 경우 한인회에서 현지 네트워크를 활용하여 도와준다. 이곳 시스템이 한국 대사관에서 캄보디아 정부에 공문을 보낸다고 해서 일이 진행되는 것이 아니다. 이곳 캄보디아는 되는 것도 없고, 안 되는 것도 없는 곳이다. 100달러라도 쥐여줘야 움직이는데, 한인회장과 부회장이 그런 것을 다 처리하고 있다. 예를 들어 불법체류의 경우 벌금이 하루 10달러로 총액이 1만 달러가 넘는 교민도 있는데 비자 연장비 300달러를 내지 못하는 사람이 도저히 낼 수 없는 벌금이다. 캄보디아 한인회가 나서서 현지 정부와의 네트워크를 활용하여 한국으로 돌려보낸 경우만 해도 수백 명이 넘는다. 이외 여권을 잊어버려서 오는 경우 등 궂은일을 도맡아서 한다. 연말에 한인회 산하단체가 모두 모이는 정기총회, 즉 송년의 밤을 갖는다. 작년(2017년) 말의 경우 약 200명 정도 모였다. 이외 3·1절, 광복절 공식행사가 있으며 한국 대사도 참여한다. 이번 광복절의 경우에는 현지 뉴스에도 방영됐다. 매년 10월에 한인 체육대회가 있다. 비정기적으로는 120여 명이 참석하는 한인 골프대회를 연 3회 정도 한다. 한국에서 오는 봉사단체를 현지와 연결하는 역할도 많이 한다. 2018년 7월 충북의료협회에서 왔을 때 현지 보건부에 가서 봉사물품이 세금 없이 들어올 수 있도록 하고, 현지 의사와 간호사가 동행하도록 하였다. (훈센) 수상의 동생들도 참석하는 등 성황리에 마쳤다. 씨엠립과 바탐방 한인회가 함께 하지만 활동은 분리해서 한다."

현재 캄보디아에는 프놈펜 캄보디아 한인회 외에 지역적으로 씨엠립 및 바탐방에도 자체 한인회[13]가 운영되고 있는데, 통합적인 한인회를 구성하고 각 지역에 지부를 만들어야 한다는 의견이 한인 사회에서 나오고 있다. 캄보디아 한인회는 한때 기관지를 발행하였으나 현재는 발행하지 않는다. 한인회 홈페이지도 운영하지 않으나 박현욱 한인회장이 '움직이는 한인회'라는 개인 밴드(네이버)를 운영 (2018년 8월 현재 1,200명 가입)하고 있다.

캄보디아 씨엠립 한인회는 2004년 5월 결성되었다. 초대 회장은 이필승 회장이었으며, 제1회 한인회 밤을 개최하였다. 2대 회장은 김덕희 회장으로 2007년 캄보디아 시엠립 경주 엑스포와 노무현 대통령 방문 행사를 주관하였다. 김덕희 회장은 이 공로로 국무총리 단체 표창장을 받았다. 또 김덕희 회장은 씨엠립 한글학교도 개설하였다. 3대 송권수 회장 당시에는 특별한 활동이 없다가 2011년 3월 제4대 박종구 회장 취임 이후 보다 활성화되었다. 박종구 회장은 2011년 4월 교민 체육대회를 실시하였으며, 동년 6월에는 연평도 포격 사건이 발생하자 북한식당출입금지운동을 전개하였다.

2012년 12월 제5대 주기병 회장이 취임하면서 한국 기관과의 관계를 활성화하였다. 2013년 10월 부산무역협회에서 방문하여 캄보디아 투자 설명회를 개최하였으며 새마을운동본부와 MOU를 체결하였다.

주기병 회장, 박태풍 부회장, 장원표 사무국장 등이 취임한 이래 씨엠립 한인회는 현지에서 공식적으로 법인 등록을 하여 재단법인으로 운영하기 시작하였다. 씨엠립 한인회는 재외동포재단의 지원

---

13 바탐방은 인구 약 25만 명의 지방 도시이다. 2013년 3월 바탐방 한인 사회는 '바탐방 파이린 한인회'를 결성하였다. 회장 송춘명(목사), 부회장 유상(바탐방 대학교)·박순보, 총무이사는 김진환(피자·햄버거 가게 운영)이다.

을 전혀 받지 않고 자립적으로 운영되고 있으며 회원들에게 회비도 걷지 않는다. 주기병 회장은 현지에서 라텍스 공장을 운영하고 있으며, 씨엠립 한인회 사무실은 라텍스 전시실 건물 일부를 할애하여 사용하고 있다.

씨엠립 한인회는 현지에서 사업에 성공한 주기병 회장의 개인적인 기부로 운영되고 있다. 사무실 운영비 및 경비는 물론 차량 그리고 실무 직원의 소액 경비까지도 지원하고 있다. 이와 같은 현실은 씨엠립에 거주하는 한인들이 대부분 소규모 여행업이나 가이드, 그리고 식당 등을 운영하기 때문에 한인회에 기부할 수 있는 여력이 별로 없고, 많은 사람이 맞벌이를 해 한인회 활동에 참여할 시간적인 여유도 충분하지 못하기 때문이다. 하지만 한인회 운영이 개인에 의해 주도되는 것은 지속성과 안정성이 취약하다는 문제점이 있다.

씨엠립 한인회는 현지인과의 우호 관계를 유지하기 위한 다양한 활동을 적극적으로 전개하고 있다. 우선 한국의 새마을운동을 모델 삼아 현지의 낙후된 지역을 찾아 재정적 지원과 함께 한국의 새마을운동 정신을 심어주는 활동을 전개하였다.

씨엠립 한인회는 현지 마약에 노출된 청소년에 대한 지원도 하고 있는데, 매월 프놈펜 마약 청소년 수용소에 쌀 1톤씩을 기부하고 있다. 씨엠립 한인회가 마약 판매나 마약 흡입과 관련된 청소년을 지원하는 이유는 정부의 예산 부족으로 기본적인 식사도 어려운 상황이기 때문이다. 씨엠립 관광지에서의 강도, 폭행 등의 행위는 대부분 현지의 불량청소년에 의해 이루어지고 있다는 현실을 고려한 지원이라고 할 수 있다. 씨엠립 한인회의 지원은 현지인에게 한국인에 대한 긍정적인 이미지를 심어주는 데에도 많은 도움이 되고 있다. 또한 많은 한국 관광객이 씨엠립을 방문하는 만큼 이미지를 개선하여 불미스러운 일을 조금이라도 방지해보고자 하는 의도도 있다.

씨엠립 한인회는 씨엠립 경찰청 야간 경비 조에도 별도로 매월 쌀 1톤씩을 지원하였다. 예산이 부족한 캄보디아 경찰에 대한 인도적인 지원이며 지속적인 지원 결과 씨엠립 경찰청과 씨엠립 한인회 사이에 신뢰 관계가 구축되었다. 2014년 세월호 참사 때는 씨엠립 경찰청장이 경찰청의 모든 직원과 함께 씨엠립 한인회 사무실에 설치된 분향소를 찾아와 조문했다. 경찰청장이 경찰청의 모든 직원과 함께 분향소를 찾는다는 것은 이례적인 것으로 한인회와의 돈독한 관계를 시사한다.

주기병 교민 씨엠립 경찰청에 한국인 관광객이나 현지 한인 관련 사건·사고가 접수되면 씨엠립 한인회로 바로 연락이 오고 협의를 한다.

씨엠립 경찰청에는 한국인 관련 사건·사고를 신속하게 대처하기 위한 부서가 별도로 개설되어있어 현지의 한인이나 한국인 관광객 관련 사건·사고에 대하여 매우 협조적인 편이다. 씨엠립 한인회가 한국 정부의 공식적인 기관은 아니지만, 현지 정부에 재단법인으로 등록하여 공신력 있는 단체로 인정받고 있다. 물론 씨엠립 한인회가 한국 영사관의 역할을 공식적으로 대행하고 있는 것은 아니고 민간 차원에서 씨엠립 경찰청의 협조를 구하는 것이며 원만한 해결을 하는 데 많은 역할을 하고 있다. 쌀 외에 씨엠립 경찰서에 방화복과 소방호스를 전달하는가 하면, 한국의 소방관계자를 초빙하여 소방 관련 기술을 전수하기도 하였다. 그 외에도 씨엠립 한인회는 군부대에도 지원 사업을 하고 있다. 캄보디아군의 열악한 예산을 배려한 것이지만, 결국은 캄보디아 실세 중 하나인 군부와 한인회의 신뢰 관계를 형성하기 위한 한인회의 노력이라고 할 수 있다.

씨엠립 한인회는 자체적으로 홈페이지(www.siemreap.co.kr)를 제작, 운영하고 있으며, 한인회의 공지사항, 행사 일정 등은 물론 캄보디아 및 씨엠립과 관련된 다양한 정보를 홈페이지를 통해 발신하고 있다. 또한, 누구나 홈페이지에 접속하여 다양한 정보를 문의하고 의견을 제시할 수 있다. 씨엠립 한인회의 산하단체로는 서북부 한인연합회, 씨엠립 여행사협회, 가이드협회, 요식업협의회, 상황버섯협의회, 샵협의회, 마사지협의회 등이 있다.

현재 봉제업을 하는 한인들이 재캄보디아 한인 섬유협회를 운영하고 있다. 회장은 박정근 KIE & KIE 대표이며, 차경희 (주)가원 어패럴 대표가 간사를 맡고 있다. 차경희 간사는 재캄보디아 한인 섬유협회 전 회장이기도 하며, 선거로 선출되는 캄보디아 봉제협회 이사이기도 하다. 한국인인 차 대표가 캄보디아 봉제업계를 대표하는 캄보디아 봉제협회 이사로 선출된 것이다. 재캄 한인 섬유협회는 한 달에 한 번 정기적으로 모임을 하고 정보를 공유하고 있지만, 한인 회원 간의 정보 교류는 원활하지 못한 상황이다.

캄보디아에서 활동하는 한국 NGO 간의 협력을 원활히 하기 위해 결성된 NGO들의 협의체에는 27개 단체가 가입되어있다. 이들 중 많은 단체는 기독교계 단체인데 불교계, 대학 관계 등의 다양한 단체가 현지에서 조직적으로 활동하고 있다. 협의회에 가입하기 위해서는 ① 캄보디아 정부에 정식 국제 NGO로 등록되어있어야 하며, ② 본부가 한국에 정식 등록되어있는 법인으로 캄보디아 내에 지부와 상주 인력이 있는 NGO를 대상으로 하고 있다. 현지 문화나 상황을 제대로 이해하지 못한 상태에서 많은 NGO 단체가 현지를 방문하였으나 여러 가지 부작용이 발생하였다. 이러한 문제점을 개선하기 위해 2010년 8월 협의회를 구성하였으며, 보다 효율적이고 현지에 도움이 되는 봉사활동을 전개하기 위해 운영위원회·정기회의·총회·워크숍 등을 개최하고 있다. 협의회는 KOICA와 협조 관계를 유지하고 있다.

NGO 단체의 활동 사례로 불교계 NGO 단체인 로터스월드 Beautiful World of Cambodia· BWC를 들 수 있다. 로터스월드는 2002년 캄보디아 지원사업에 착수하면서 활동하기 시작하였으며, 캄보디아·미얀마·라오스에서 해외 NGO 활동을 전개하고 있다. 2006년 씨엠립에 BWC 아동센터를 개설하고, 현지 빈곤 아동을 대상으로 복지 및 교육 지원사업을 전개하고 있다. 또한, BWC 아동센터에 안과 시술 장비를 완비하고, 한국의 김안과병원과 협력하여 2007년 6월부터 현재까지(처음엔 연 4회, 현재는 2회, 1회 약 1주간), 매년 백내장 수술을 비롯한 현지인 대상 안과 치료를 해왔다. 지난 7년간 약 1,000명에게 백내장 수술을 시행했다. NGO 활동이 일회성인 경우가 많은 반면, 안과 시술은 매년 꾸준히 이어지고 있어 현지에서의 인지도도 높은 편이다. BWC의 활동은 씨엠립을 중심으로 이루어지고 있으며, 취약아동 지원은 물론 현지 활동가 육성, 자그마한 사회적 기업인 뷰티 미용 살롱 등을 운영하면서 봉사활동을 진행하고 있다.

다른 대표적인 NGO로는 다일공동체가 있다. 다일공동체는 씨엠립 외곽(톤레삽 호수 쪽)에서 활동하는 기독교계 NGO이다. 2004년 3월 프놈펜에 다일공동체를 설립하였으나, 2006년 씨엠립으로 활동 무대를 옮겨 씨엠립을 중심으로 활동하고 있다. 다일공동체는 1988년 청량리에서 굶주린 노인에게 밥 한 그릇을 대접하면서 시작된 '밥퍼 나눔'이 모태가 되어 중국, 베트남, 캄보디아 등의 빈민 지역을 찾아 다양한 NGO 활동을 하고 있다. 씨엠립에서는 밥퍼(무료배식), 빵퍼(빵 나눔), 아동 의료 지원, 유치원 교육 등의 활동을 전개하고 있다. 이 활동에는 KOICA 봉사단원 및 YMCA 단원 등이 함께하고 있다.

3. 공공기관과 한인

2021년 9월 현재 박흥경 대사를 비롯하여 정무 담당을 하는 총영사와 동포 및 비자 담당 영사(참사관), 경찰 영사 등이 파견되어있다. 주요 업무로는 크게 '정무'(한·캄보디아의 정치 외교 교섭 및 협력), '경제'(한·캄보디아의 경제협력), '재외동포 영사'(동포 관련), 그리고 '문화·홍보'(한캄의 문화교류 및 우호적 관계 유지) 업무로 나뉘는데 '재외동포 영사' 업무는 현지 한인 행사 지원 및 정보 제공, 한국인 관련 사건·사고 처리, 사증 업무 등이다.

　주캄보디아 한국 대사관은 현지 한인 기업을 지원하기 위해 '기업활동지원협의회(구 통상투자확대진흥회의)'를 구성하여 연 2회(상/하반기) 캄보디아 경제 관련 동향을 소개하고 우수 기업을 시상하거나 KOTRA, KOICA 및 KOPIA(해외농업기술개발) 사업 현황을 현지에 진출해있는 기업관계자에게 소개하고 있다. 그리고 캄보디아 봉제업체 공장 근로자 파업이 발생했을 때 현지 상황을 반영하여 진출기업을 대상으로 노무관리 설명회를 개최하기도 하였다. 이외에 캄보디아 우리청년일자리창출협의회(2018년 7월 27일)와 한·캄 다문화 가정 초청(2018년 8월 10일) 행사를 했다. 하지만 한인 사회 발전과 현지에서 사건·사고를 처리하는 업무와 관련해서는 담당 영사 문제 및 예산 부족으로 원활하게 진행되지 않는 편이다. 동포 담당 영사는 한 명으로 동포 문제뿐만 아니라 캄보디아 현지인의 비자 발급 업무를 처리해야 하는데, 캄보디아 여성의 국제결혼 등으로 발급해야 하는 비자 업무는 연간 1만 4,000건이나 된다.

박태용 참사 대부분 국제결혼 및 관련 비자 발급 업무인데, 국제결혼의 경우 인터뷰가 필요하기 때문에 업무 부담이 지극히 크다. 토, 일 및 공휴일을 제외하면 하루 약 60건의 비자 발급을 해야 하는 과중한 업무가 한 명의 영사에게 부과되고 있다.

프놈펜에 있는 재캄보디아 KOICA 사무실은 2003년 8월 주캄보디아 한국 대사관 내에 처음으로 개설되었다. 이후 현재의 프놈펜 타워Phnom Pehn Tower(일명 현대엠코 빌딩)로 사무실을 이전하여 사용하고 있다. 현지 직원(2021년 9월 기준)은 노현준 소장을 포함하여 한국인 11명으로 구성되어 있다. 그리고 기타 인력으로 86명(봉사단 81명, 중장기 자문단 두 명, ODA 청년인턴 세 명)이 있다. 즉, 전체적으로 100명 규모의 대형 기구로 한국을 대표할만한 기관이라 할 수 있다.

KOICA의 캄보디아에 대한 지원사업은 농업·농촌 개발, 교통 및 녹색산업 에너지, 인적자원 개발, 보건의료 지원 등이다. 한국 정부와 캄보디아 간의 3기 국가협력전략Country Partnership Strategy(2020~2022)에 기반하여 사업을 전개하고 있으며, 그 외에도 문화, 과학기술, 교육 등 다양한 분야에 대한 지원 활동을 전개하여 매년 많은 성과를 내고 있고, 양국의 우호 증진에 좋은 영향을 미치고 있다. ODA 형태로는 프로젝트 사업 11건, 해외봉사단 파견,

ODA 인턴, 연수생 초청, 민관협력 사업 15건 등을 활발하게 전개하고 있다. 현재 KOICA는 효율적인 ODA 지원을 위해 기타 공여국과의 국제개발 파트너십 강화, 타 원조 기관과의 공동협력 사업 발굴 및 정보공유를 통한 선진원조 기법 도입, 평가·연구 강화 등의 노력을 하고 있다.

대부분의 사업은 KOICA가 직접 주관하지만 민관협력사업(NGO, 한국 기업, 한국 대학)도 추진하고 있다. 그리고 KOICA가 캄보디아 현지 한국 기업을 수혜대상으로 하는 사업은 없지만, 최근 프놈펜의 한국 봉제기업에서 일하는 캄보디아 근로자를 대상으로 건강검진을 시행하기도 하였다.

프놈펜의 KOTRA 무역관은 1997년 1월 개설되었으며, PGCT 센터 사무실을 임대하여 사용하고 있다. 2021년 9월 현재 신종수 관장과 김동준 부장이 파견되어있으며, 한국인(인턴 포함) 다섯 명 및 캄보디아인 세 명 포함 총 11명의 직원으로 구성되어있다. 주요 업무는 한국 투자기업에 대한 캄보디아 현지 시장조사 및 투자 관련 정보 제공, 바이어 발굴 및 수출계약 등 다양한 지원사업을 전개하고 있다. 또한, 진출기업을 대상으로 부동산, 노동 문제, 법률, 회계, 세금에 대한 세미나 등을 개최하고 현지 기업의 애로사항을 모니터링하여 해결방안도 모색하고 있다. 한인 기업 애로사항 성격에 따라서 고문 회계사, 변호사 등의 조언을 받아 지원하고 있으며, 대사관이 주최하는 '기업활동지원협의회'에서도 무역이나 투자 쪽 지원역할을 담당하고 있다.

그림 2 씨엠립 한인 분관
씨엠립 한인 분관 사무실(위), 박승규 총영사(아래)

KOTRA 관계자는 KOTRA는 한국에서 캄보디아에 진출하려는 기업에 대한 정보 제공과 지원이 주요 업무이며, 이미 현지에 진출해있는 한인 기업은 주요 업무 대상이 아니라는 입장을 표한 바 있다. KOTRA가 더 효율적으로 업무를 보기 위해서는 현지에 진출해있는 기업 및 한인회와 유기적 관계를 유지하면서 정보를 교류하는 시스템은 형성되어있지 않은 것으로 보인다.

씨엠립의 영사관은 2016년 4월 30일 분관을 개소했으며, 공관 부지 및 사무실 확보에 시간이 소요되어 12월 21일이 돼서야 정식 개관했다. 씨엠립 분관의 초대 영사로 박승규 총영사가 부임하여 2018년 2월 현재까지 재직 중이다. 현재 영사를 제외한 한국인 직원 세 명과 현지인 직원 등으로 구성되어있으며 2017년 1월 1일 정상업무를 시작하였다. 씨엠립을 비롯한 서북부 교민의 여권 업무를 비롯한 각종 서비스를 제공하고 있다.

2017년에는 10월 12일 국경일(개천절) 행사를 했으며 한인 200여 명이 참석했다. 또한, 2017년 5월 태고종 영산제(UNESCO 등재) 문화공연을 한인 영사관이 주최한 바 있다. 씨엠립 내 다수의 한국인이 종사하는 관광 분야 종사자 간담회를 주선하는 등 민원을 중재하는 역할도 하고 있다.

5장

캄보디아 한인의 정착, 적응, 정체성

1. 심층 인터뷰 개요

캄보디아 한인 인터뷰를 통해 본 교민의 현지 적응, 정체성, 네트워크 분석을 시도하였다. 현지 인터뷰는 프놈펜에서 2018년 1월 12일부터 2월 5일, 8월 12일부터 9월 2일까지 2회에 걸쳐 실시하였으며, 씨엠립은 2018년 2월 15일부터 19일까지 1회 실시하였다. 인터뷰 대상은 장기 체류자(2년 이상~20년)를 중심으로 하였으며, 인터뷰 질문은 총 18개의 주제로 구성해 전반적으로 인터뷰에서 공통된 주제를 추출하는 형식으로 정리하였다.

　동남아 한인 연구팀 워크샵을 통해 선정된 질문들은 현지 적응, 정체성, 네트워크로 구분되며 현지조사 2차연도와 3차연도에 걸쳐 심층 인터뷰를 진행하였다. 심층 인터뷰는 녹취와 사진 촬영 모두 대상자의 동의를 얻어 진행하였다. 모든 질문에 대해 대답할 의무가 없음을 고지하였으며 익명과 실명 여부도 인터뷰 대상자의 의견을 따랐다.

2. 한인의 정착과 적응 과정

캄보디아에 정착한 한인들에게 캄보디아에 온 이유는 무엇인지에 대해 질문하였다. 1990년대 시작된 캄보디아 개방정책으로 새로운 시장이 열릴 것이라는 기대감이 한인의 주요한 진출 동기가 되었다. 캄보디아가 세계 최빈국The Least Development Country, LDC으로서 시장 자체가 크지는 않지만, 신규 사업 아이템이나 프로젝트를 발굴하기 위해 한인 교민은 캄보디아로 이주했다. 특히 캄보디아의 시장 인프라와 농업시장에 잠재력이 있다고 평가하고 진출한 한인이 많았다. "캄보디아가 개도국이라 인프라 수요가 많으리라 생각"(프놈펜 A 교민)하거나, "아버지께서 농업개발에 관한 관심이 있어 관련 사업을 알아보기 위해"(프놈펜 B 교민) 캄보디아로 진출한 사례도 있었다. 전술한 바와 같이 캄보디아의 공산체제 종식으로 선교의 자유가 주어짐에 따라 한인 선교사 유입이 늘어났다. '캄보디아 선교의 문이 열려 오게 된' 시엠립 B 교민은 이민 초기 가장 흔하고 대표적인 사례이다.

초기 교민뿐만 아니라 2000년대 들어서도 캄보디아의 신규 시장에 대한 기대감은 현재 진행형이다. 다니던 회사에서 캄보디아 농업 개발 프로젝트가 있어 2008년 1월 1일 오게 된 사례(제창근 교민)와 신한은행이 베트남에서 상당한 성과를 거두던 2007년 신한크메르 은행을 프놈펜에 설립하고 동아시아 금융 벨트를 형성하고자 이주한 교민(프놈펜 E 교민)도 있었다. 캄보디아 금융 부문은 한국 기업의 주요 진출 분야 중 하나로 2017년 1월 은행 부법인장으로 왔으며, 이전에는 베트남에서 5년간 근무한 프놈펜 H 교민 사례가 있다.

캄보디아 이주에 있어 한국에서 정년 퇴임한 후 캄보디아에 자신의 전문 기술과 인력을 활용하는 사례가 증가하고 있다. 이들은 과학기술부, KOICA의 시니어프로그램을 활용하거나 개인적인 네트워크를 통해 캄보디아의 대학·현지 정부·NGO 등에서 활동하고 있다. 정년 퇴임 후 여생을 어떻게 보낼지에 대해 고민하던 중 앙코르와트를 여행할 기회가 있었고 전주 기드온 모임(기독교 모임)에서 캄보디아 국립기술대NPIC 축산 분야에 대한 전문 인력이 필요해 오게 된 신원집 교민, 정년 퇴임 후 캄보디아 농림대학에 방문 교수로 온 노광래 교민, 한국에서 간호(조산) 업무를 30년 동안 한 후 캄보디아 시하누크 빌 병원으로 온 프놈펜 C 교민, 정년 퇴임 후 남은 인생의 마스터플랜을 만들 기회가 있었고 캄보디아의 미래부 프로젝트와 연결되어 온 프놈펜 D 교민, 굿네이버스의 캄보디아 지부장으로 온 시엠립 A 교민 사례가 이에 해당한다.

한국의 베이비 붐(1955~1963년 출생) 세대의 은퇴가 급증하고 있고, 한국 정부 역시 이들의 전문성을 활용하는 해외 개도국 프로그램을 확대하고 있어 이처럼 정년 퇴임 후 캄보디아로의 진출과 거주는 증가할 것으로 보인다. 다만 다른 동남아 국가처럼 저렴한 체류비를 활용한 은퇴이민과 캄보디아의 상황은 다른 형태의 은퇴이민이다.

캄보디아가 1993년 총선을 실시한 이후 공산주의를 종식하고 대외적으로 개방을 시작하였지만, 1990년대 내내 정치적 불안정성이 지속되었다. 전술한 바와 같이 공동 수상제라는 기형적인 정부체제를 경험하였고, 1997년 쿠데타가 발생하는 등 한인 교민들의 거주와 체류를 어렵게 하는 정치적 상황이 많았다. 1990년대 당시 캄보디아의 정치경제적 상황이나 기억에 남을 만한 사건에 관한 질문에 대해 "1997년 내전의 흔적이 남아있어 경찰이 외국인을 불러 신분증을 제시하고 벌금을 내라고 했으며, 치안도 불안했다"(프놈펜 B 교민), "1999년 당시 치안에 어려움이 있었다. 밤에 길거리에 사람이 없었으며, 가끔 총격전이 있어 신변의 위협을 느꼈다"(씨엠립 B 교민), "그동안 정치적으로 총격 사건도 여럿 있고 약간 불안정하였다"(프놈펜 G 교민)라고 공통적으로 답변하였다. 1990년대의 이와 같은 정치적 불안정은 한인 규모의 정체나 축소를 가져온 주요 원인이었다.

2000년대 들어 캄보디아 정파 간의 물리적 충돌은 사라졌으나 2010년대 들어 훈센 정부와 야당의 정쟁은 캄보디아 정치의 또 다른 긴장을 낳았고, 한인 교민들에게 불안요소가 되기도 했다. "훈센 정부와 삼렝시Sam Rainsey의 대립이 있었으며 선거를 하면 6대 4 정도로 훈센에게 유리한 결과가 나왔다"(정지대 교민), "2013년 훈센의 장기집권에 대한 불만이 있었고, 총선 당시 훈센의 패배를 예상하여 저녁에 인적이 없을 정도였다. 상점에서 술을 판매하지 않는 등 공포 분위기가 있었다"(제창근 교민), "2013년 총선 당시에는 (선거에 참여하느라) 대학교에 학생이 없었다"(프놈펜 D 교민), "총선이 있을 때는 한국 교민이든 외국인이든 일단 주변 국가에 피해있다가 총선 이후 별다른 일 없이 훈센 총리가 그대로 당선(집권)되어 다시 돌아온 기억이 있다"(프놈펜 G 교민) 등 정치적 불안정에 대한 한인의 인식과 대응 방식을 보였다. 다만 2010년대의 정치적 불안정은 1990년대와 같은 한인 사회의 축소나 정체를 가져오지는 않았다.

캄보디아에 거주하면서 정부 정책에 대한 의견과 경험에 관한 질문을 했을 때 대부분 공무원의 부정부패로 인한 애로사항을 언급하였다. 캄보디아의 심각한 부정부패로 인해 일반 교민들도 고충을 겪고 있음을 확인할 수 있었다. "2008년 당시 건축 시행자에 대한 보증금으로 50퍼센트를 내라는 무리한 요구가 있어 한국 건설업자가 과도한 부담을 느꼈다. 또한 현지 공무원의 통행세(부정부패)가 심했다"(프놈펜 A 교민), "운전하는 외국인이 표적이어서 경찰이 자주 돈을 요구했다. NGO를 통해 캄보디아로 자동차를 들여오는 과정에서 뇌물을 요구해서 응하지 않았다. 하루 1~2회씩 매일 방문해서 3개월 만에 겨우 양도받았다"(씨엠립 A 교민), "정부 비자를 만드는데 1개월 이상 걸렸다"(프놈펜 D 교민)라는 답변에서 알 수 있듯이 캄보디아의 만연해있는 부정부패가 한인 교민 정착에 있어 걸림돌이 되었다.

칸보디아 투자이민의 경우 저임금 노동력과 저렴한 부지 사용 등 저비용을 기대하고 진출하는 경우가 많지만, 칸보디아 담당 공무원의 뇌물 요구로 인해 시간과 비용을 소모하게 함으로써 장점을 훼손시키는 경우가 많았다. 반면 현지 공무원과 우호적인 관계가 있는 교민의 답변도 있었다. NGO를 통해 칸보디아에 도움을 주고 있는 한국인에 대해서는 행정적인 편의를 제공(씨엠립 A 교민)하고 있는 것으로 보인다.

정착 초기 칸보디아의 경제적인 상황을 목격한 교민은 열악했던 현지인의 경제 상황을 언급하였다. "2004년 당시 칸보디아 1인당 GDP가 300달러였으며, 교사 초임은 30달러, 교감 선생님은 60달러에 불과하였고, 4~6인 가족이 하루 1달러로 생활했다"(씨엠립 A 교민), "공무원 초봉이 25달러, 남자 일당이 1달러였다"(씨엠립 B 교민). 한인 교민은 필요한 인력을 현지에서 쉽게 활용할 수 있어 정착에 많은 도움이 되었다. 이와 같은 상황은 2000년대 말까지 유지되다가 2010년대 말부터 현지인 인건비가 상승하자 과거와 같이 현지 인력을 동원하기 어려운 상황이 되었다.

"정착 초기였던 2008~2009년만 해도 대졸 직원 월급이 월 120달러였지만 2018년 현재 250달러로 상승했다. 운전기사는 월 100달러에서 현재 250달러로 올랐고 최저임금이 80달러에서 170달러 수준으로 올랐다. 물가도 특히 수입품인 공산품 가격이 크게 올랐다"(제창근 교민), "임금이 5년 전과 비교해 두 배 이상 증가했다. 차량이 엄청나게 늘어났고, 카페가 없었는데 지금은 많이 생겼다"(프놈펜 D 교민), "물가가 호찌민, 하노이보다 오히려 20~30퍼센트 비싸다. 외국인으로서 나가야 할 생활비가 있다 보니 선택의 폭이 좁다. 예를 들어 주거비용 같은 경우가 그렇다"(프놈펜 H 교민), "금융 분야 평균 인건비는 480달러로 캄보디아 내 최고 수준이다. 현재 도로 등 인프라가 많이 좋아졌고, 고층빌딩이 많이 생겼다. 뉴타운도 많이 생겼다"(프놈펜 E 교민)라며 최근 캄보디아 현지인의 인건비가 크게 상승하였으며 생활 수준도 향상했음을 언급하였다. 이와 같은 인건비와 현지 물가 상승은 한인의 체류 비용을 급격히 상승시키고 있다. 그러다 보니 캄보디아 한인 중 경제적으로 어려워져 합법적인 체류를 위한 비용 지급이 어렵거나 한국에 돌아갈 수 없는 교민이 많아지고 있다(캄보디아 한인회 관계자).

캄보디아 현지의 전기, 수도, 통신(인터넷) 등 기본적인 인프라 부족으로 겪은 어려움 또한 다양하게 언급하였다. "2008년에 학교에서 기숙사 생활을 했는데 정전이 되어 이틀 이상 안 들어오고 수도도 안 나오는 경우가 많았다"(신원집 교민), "인터넷이 느렸으며, 전기 없이 생활한 적도 있었다. 도로 사정이 안 좋아 매일 출퇴근하는데 각각 1시간 넘게 걸려 힘들었다"(프놈펜 D 교민), "지방 포이펫에 있었는데 전기, 수도가 없어 우물물을 사용했다. 도로가 없어서 태국에서 들어갈 때 12시간 정도 걸렸다. 가족과 국제전화하기가 어려웠고, 인터넷 속도가 느려 공문이나 사진 한 장 전달하기도 어려웠다"(씨엠립 B 교민), "밤에 조명이 없어 캄캄했다"(제창근 교민) 등 어려움을 토로하는 교민이 많았다.

기본적인 인프라 부족과 더불어 사회문화적으로 여가를 즐기거나 기업의 사무실 확보조차 하기가 어려웠다. 씨엠립 B 교민은 "가족이 외식하고 싶은데 갈 데가 없었고 카페도 없었다. 소비할만한 상품도 없었다. 유선전화 신청하고 설치하는 데 1년 걸렸고 보증금도 몇백 달러씩이나 요구했다. 우편도 잘 전달되지 않았다"라고 기억했다. 프놈펜 E 교민은 "2007년 신한크메르은행 시점을 개설하기 위해 1개월 내내 프놈펜 여기저기 찾아봐도 사무실을 낼 만한 데가 없었다. 내무부 옆에 허름한 4층 건물이 있어 리노베이션을 했다"라고 답변하였다. 이와 같은 캄보디아의 사회경제적인 열악성은 한인이 적응하는 데 있어 많은 어려움을 겪게 하였다.

　　현지 적응에 있어 현지인과의 거래와 현지어 습득에 있어 어려움도 언급했다. "현지인 화가에게 그림을 주문하고 1,200달러를 지급했으나 물건을 받지 못했다. 당시 현지를 이해하는 본보기가 되었다"(프놈펜 A 교민), "언어를 배우기 위해 하루 10시간 이상 공부했지만, 언어가 잘 늘지 않았다"(프놈펜 C 교민)라는 답변이 이를 반영하고 있다. 반면 "현지어를 습득하는 것이 사회문화적 적응에 도움이 되었다"(프놈펜 G 교민)라는 답변도 있었다. 특히 의료상황의 열악성에 대해 아래와 같이 강조하였다.

프놈펜 E 교민 갈 만한 병원이 없었던 점이 가장 불편했다. 큰 병원도 있고 장비도 좋았지만 의료진 수준이 낮았다. MRI의 경우 판독하는 기술이 없고 심지어 시간도 오래 걸렸다. 현지인도 중환자여도 입금하지 않으면 돌봐주지 않는다. 한국인이 운영하는 병원이 없었다. 헤브론 병원[한국계 병원으로 현지인을 무상치료해줌]은 과거보다 커졌다.

캄보디아 한인회 관계자 캄보디아의 의료 수준·의료 비용·의료 시스템 세 가지 모두 안 좋다. 우선 의료진의 개인 기량이 낙후되어있고 병원 시설 자체도 나쁘며 가격도 매우 비싸다. 현지 정부 고위관료도 외국에 나가서 치료받는다. 헤브론 병원은 현지인을 중심으로 진료하고, 다른 한국 병원은 철수했다. 한방 병원이 하나 있긴 하다. 한인회장도 한국에서 수술했다. 2018년 7월 초 한국인 46세 남성이 심근경색이 와서 병원 세 곳을 돌았는데, 골든타임을 놓쳐 사망한 일이 있다. 캄보디아에서 급성 심근경색은 99퍼센트 사망한다고 볼 수 있다. 이곳에서는 아프면 안 된다.

반면 캄보디아가 다른 국가에 비해 한국인에 대해 우호적인 태도를 보인다는 답변도 있었다. 프놈펜 D 교민은 "에콰도르에 KOICA 근무할 당시 외국인에 대해 적대감이 있다는 걸 느꼈지만, 캄보디아인은 한국인에 대해 우호적이라는 느낌을 받았다"라고 언급했다.

캄보디아 한인은 대부분 캄보디아의 주요 명소라고 할 수 있는 앙코르와트(프놈펜 D, 프놈펜 G 교민), 시하누크 빌(프놈펜 B, 프놈펜 D, 제창근 교민), 톤레삽 호수(프놈펜 D 교민) 등을 다녀왔다고 했다. 현지 방문을 통해 "과거와 현재가 공존하는 곳처럼 보였고, 문화와 경제 시스템이 매우 다르다고 느꼈다. 문화적 이해와 사고방식이 전혀 다른 것을 볼 수 있었다"(프놈펜 F 교민)라는 긍정적인 평가도 있었지만,

반면 현지 관광지에 대해 역사적 깊이의 부족, 인프라 부족 때문인지 좋게 평가하지 않았다(프놈펜 G 교민). 한인 교민들의 현지 미디어에 대한 소비는 매우 적었으며, 영자신문『프놈펜 포스트Phnompenh Post』를 구독하는 예도 있었다(제창근 교민). 가장 일반적인 정보 획득의 경로는 인터넷, 특히 한국 관련 SNS를 주로 활용하였다(프놈펜 F, 프놈펜 G 교민).

3. 한인의 사회적 관계와 정체성

캄보디아 한인 사회에 대한 경험에 대해서는 부정적인 답변이 많았다. 특히 캄보디아에 들어오는 한인 다수가 문제를 일으키고 오는 경우가 있으며 다른 한인의 어려움을 보고도 무관심한 사례, 심지어 사기 행각을 벌이는 사례도 있었다. 노광래 교민은 "한국인 중 사회에 부적응한 사람이 오는 경우가 많았다"라고 답변했으며, 프놈펜 E 교민 역시 "동남아에 진출한 한국 교민 중에서도 캄보디아 거주하는 한국인 수준이 가장 낮다. 비자와 출입국이 자유롭다 보니 베트남·태국·싱가포르에서 소위 '일 저지른 사람'이 오는 곳이다. 캄보디아에는 특정한 목적 없이 그냥 지내는 사람들이 많다. 주변국에서 비자 받기 어려울 때 캄보디아로 넘어오는 사람이 꽤 있다"라며 캄보디아에 진출하는 일부 한국인에 대해 부정적으로 평가했다.

캄보디아 한인이 다른 한인들에게 도움을 받은 경우와 어려움을 겪은 상반된 사례도 있었다. "먼저 온 한국 선교사의 도움을 많이 받았다"(씨엠립 B 교민), "영리적인 관계가 아니어서 한국 사람과 관계가 나쁘지 않았다"(프놈펜 B 교민), "2003년 당시에는 교민도 몇백 명이고 서로 다 같이 아는 사이였다. 당시 처음으로 정수기 사업을 시작한 남편을 따라 정수기에 문외한이었던 현지인에게 정수기에 대한 교육·자료 등을 수집하고 지사가 출장을 다닐 때마다 동행하여 지시·관리에 함께 힘을 보태주었다"(프놈펜 G 교민)라며 한인에게 도움을 받은 걸 긍정적으로 기억하고 있었다. 반대로 "한국인들이 캄보디아 부동산에 투자하는 경우가 많았는데, 다른 한국인의 꼬임에 빠져서 하는 경우가 많았다. 커미션만 받고 하는 경우가 있었고, 한인 가이드들이 한국인 여행객에게 캄보디아 땅을 사라고 권유하기도 했다. 건기 때 땅을 샀는데 우기 때 와 보니 땅이 없는 지역도 있었다"(프놈펜 E 교민), "한국인이 도와준다고 접근해서 오히려 힘들게 하는 경우가 많았다"(프놈펜 C 교민), "한국 사람이 2006년 당시 총상을 입은 적이 있었는데 다른 한국인들이 전혀 도와주지 않았다"(프놈펜 A 교민) 등 한인에 대한 부정적 평가도 있었다.

현재 캄보디아의 한인 기관에서 활동하거나 참여 여부에 관해서는 대부분 참여하지 않겠다고 답변했다. "교류가 없거나 한인 기관에 등록할 의사가 없다"(프놈펜 D, 프놈펜 F, 프놈펜 G 교민)라고 답변한 교민이 많았다. 한인 기관에 참여하는 일부 교민의 경우도 회비를 내는 등 최소한의 참여(정지대, 프놈펜 A 교민)만 하고 있어 교민 참여도가 매우 낮은 것으로 보였다.

캄보디아 한인의 사회적 관계와 참여는 공식적인 한인회나 산하단체보다는 회사나 동문 등 비공식적인 활동을 중심으로 이루어지고 있었다. "동문이나 직장인과의 골프와 테니스를 통해 교류한다"(프놈펜 A, 노광래 교민), "금융기관 주재원 모임을 분기당 1회 가지며 약 40명쯤 된다"(프놈펜 H 교민), "별 볼 일 없는 아줌마들은 골프장에서 놀고 끝나면 낮술 마시고 하는 것으로 알고 있다. 나는 참여하지 않지만, 주재원 배우자, 청년들은 축구회, 야구회, 수영모임 등 운동모임이 있는 것으로 알고 있다"(프놈펜 G 교민), "캄보디아 농업인협회(25명 내외)에 참석하고 있다"(신원집 교민), "주로 식당에서 한국인들이 만난다"(프놈펜 F 교민) 등이 이러한 사례에 해당한다.

캄보디아 한인회에 대한 평가에 대해서는 많은 교민이 한인회의 규모나 역량이 부족하다고 평가하였다. 최소한의 활동만이 이루어지는 것과 회장단이 일부 그룹에 의해서 독점되고 있다고 지적하였다. "한인회 활동이 활발하지 않다. 직종별 대표는 활동하지만 다른 회원은 활동에 소극적이다"(프놈펜 A 교민), "한인회의 역할이나 역량이 크지 않다. 재정적으로나 권위가 약하고 영사관에 예속되어 있는 편이다"(프놈펜 B 교민), "캄보디아 한인회는 다른 국가 한인회에 비해 약하다"(정지대 교민), "캄보디아 한인회 총무를 2016~2017년 재직하였다. 전에는 회장으로서 자격이 부족한 사람이 많았고 연령이 너무 높았다. 3·1절, 국경절, 체육대회, 송년회 행사 정도만 수행했다"(제창근 교민), "한인회장이 공정한 경쟁 없이 상대 후보를 낙

마시키고 단독후보로 출마하여 당선되었다"(프놈펜 A 교민), "한인회장 선거도 갈수록 이상해지고, 한인회 임원들도 그렇다. 나도 한인회 홍보이사를 했었지만 그건 예전 일이다. 그때와 지금은 너무 많이 차이가 난다. 서로의 이득만 찾는 한인회가 된 거 같아 좀 씁쓸하다"(프놈펜 G 교민) 등 한인회에 대한 부정적 평가가 주류를 이루었다. 그러나 일부 교민은 한인회의 제도적 발전(노광래 교민)과 최근 젊은 층의 참여도(제창근 교민)가 증가하고 있다는 긍정적인 의견도 있었다.

캄보디아 한인의 가족관계는 정기적인 만남을 통해 유지되고 있다. 프놈펜, 씨엠립 등 한인이 집중적으로 거주하는 곳은 한국과 직항이 개설되어있고, 저가 항공사도 취항하고 있어 한국과 캄보디아 상호방문이 활발하게 이루어지고 있다. 한국과의 가족관계는 연간 1~2회 정기적으로 만나는 경우(노광래, 프놈펜 C, 씨엠립 A, 프놈펜 F, 프놈펜 G 교민)가 가장 많았다. 최근 인터넷 등 통신의 발달로 SNS를 활용한 상호 교류도 증가하는 추세이다(제창근, 씨엠립 A, 신원집, 프놈펜 G 교민).

캄보디아 내 한국 국제학교가 정식으로 설립되지 않았기 때문에 한인의 자녀 교육은 현지 학교에 다니는 경우(정지대 교민)와 미국, 영국, 프랑스계 국제학교에 다니는 경우로 나누어졌다(씨엠립 B, 프놈펜 G 교민). "아들은 공주사대 1년을 마치고, 딸은 중학교 2학년에 있다가 캄보디아로 왔다. 아들은 현재 왕립 프놈펜 대학에서 캄보디아 언어를 전공하고 졸업하였다"(정지대 교민)의 경우와 같이 최근 현지 대학을 졸업하는 사례가 많아지는 추세이다.

국제학교는 영국 커리큘럼이나 영어를 습득하고 해외대학이나 국내대학 진학을 고려하는 경우가 많다. 씨엠립 B 교민은 자녀가 브리티시 학교British school라는 영국 커리큘럼을 운영하는 학교에 다니다가 초등학교 저학년 때 로고스 학교Logos school라는 미국 선교사가 운영하는 학교로 보냈다. 프놈펜 G 교민의 자녀들은 프랑스 학교에서 교육받고 있으며 앞으로 프랑스로 유학 갈 예정이다. 이외에도 "한국 학부모의 교육열이 높아 한국과 같이 과외·음악 실기 교육 등을 배우게 한다"라는 답변도 있었다.

한인 자녀들에 대한 한국어와 한글 교육에 대해서는 한글학교를 보내거나 컴퓨터로 한국어 프로그램을 활용하는 등 대체로 적극적인 태도를 보였다(정지대, 제창근, 씨엠립 B 교민). 하지만 한글 교육수준에 대해서는 그다지 만족스러운 상황이 아닌 것으로 답변했다(프놈펜 G 교민). 자녀 교육에 있어서 국제학교 비용이 많이 든 점(정지대 교민)과 사춘기에 접어든 아이들과 대화가 부족한 점(프놈펜 G 교민)에 대해 언급하였다. 유아를 키우는 한인은 앞으로 개교할 프놈펜 한국 국제학교에 보낼 계획을 하고 있었다(제창근 교민).

한국의 정치에 관한 관심이나 재외국민 선거 참여도는 비교적 높은 편이었다. 특히 한국의 최근 정치적인 상황이 탄핵-대통령선거-북핵北核 이슈 등 대형 이벤트가 많은 만큼 이에 관한 관심이 높았고 한국의 뉴스와 인터넷 포털을 통해 소식을 접하고 있었다. "한국 상황에 대해 항상 주시하고 있고, 캄보디아 브리핑(주간지)에 한국 소식을 싣고 있다"(정지대 교민), "한국 뉴스에 큰 관심을 두고 있다. 2017년 대선투표에 참여했다"(신원집, 노광래, 프놈펜 C 교민), "한 국이 잘되어야 현지 활동도 쉬우므로 한국에 관한 관심과 걱정이 크다"(씨엠립 A 교민), "한국 뉴스에 대해 늘 관심이 있다"(씨엠립 B 교 민), "이명박-박근혜 보수 정권 시절에는 한국에 관한 관심을 끊었 지만 2017년 대선투표에 참여했다"(제창근 교민) 등 캄보디아 한인의 한국 사회에 관한 관심과 참여도가 높았다. 반면 한국의 정치적 상 황에 대해 실망한 일부 교민의 경우 한국 소식에 대해 외면하는 경 향도 있었다. "KBS 9시 뉴스나 네이버 등을 보았으나 현재는 보지 않는다"(프놈펜 D 교민), "선거는 한 번도 참여한 적이 없다. 별로 믿 을만한 분이 나온 적이 없는 것 같다"(프놈펜 G 교민) 등의 답변이 있 었다.

귀국 계획에 관한 질문에는 현지 체류를 지속하겠다는 의견(정지 대, 제창근, 프놈펜 C, 씨엠립 B 교민)과 귀국하겠다(신원집, 노광래, 프놈펜 D, 씨엠립 A 교민)는 비중이 유사하게 나왔다. 한국 기관에 의한 일부 파견 단원의 경우 임기를 마친 후 돌아가거나 건강상의 이유로 귀 국을 계획하거나 이미 귀국한 사례도 있었다(프놈펜 E 교민).

캄보디아 대사관과 영사관에 대해서는 대체적으로 민원 서비스 에 관해 불만족스러움을 표명하였다. 많은 한인이 이전보다 서비 스가 개선되었다고 평가했고 씨엠립 분관으로 인해 만족도가 높아 졌다고 하였지만, 일부 한인은 필요한 서비스에 대해 기대만큼은 미치지 못한다고 응답했다. 노광래 교민은 대사관과 관련해 "여권을 만드는 경우 사진을 제공하는 서비스가 있는 등 기존의 시스템보다 많이 개선되었다"라고 평가하였다. 정지대, 프놈펜 D, 씨엠립 B 교민은 "서비스가 개선되었다"라고 공통적으로 응답하였고, 씨엠립에 거주하는 A 교민은 씨엠립에 영사관 분원이 설립됨으로써 '행정적인 편의가 제공되는 것과 친절한 서비스'에 만족해하였다. 특히 자신이 굿 네이버스 대표로 한국 방송에 출연하기 위해 방문했을 때 "비자도 잘 받았으며, KOICA 역시 협조적이었다"라고 답변했다. 반면 "한국 손님을 맞이하는 데 바쁘고 현지 이슈에 대해 무관심하며 개입하지 않는다"라며 재외공관이 현지 한인에 대한 관심과 적극적인 행정이 부족함을 지적하였다. 재외공관에 관해 긍정적인 평가를 한 한인 역시 "한국 대사관의 역할이 많지 않은 것 같다"(정지대 교민), "재외공관과 특별한 관계가 없다"(프놈펜 D 교민)라는 답변은 캄보디아 한인 사회에서 재외공관의 존재감과 역할이 크지 않음을 유추해볼 수 있다.

한인 이주 초기인 1997년 발생했던 캄보디아 쿠데타 정국에서 씨엠립 B 교민은 "한국 대사관에서 관련된 공지를 전혀 받지 못하였지만, 미국 대사관에서는 미국인 선교사에 대해 위험을 안내(공지)받았다고 들었다"며 위험 상황에 있는 한인에 대해 대사관의 역할이 없었음을 언급했다. 프놈펜 B 교민 역시 "당시 한국 교민이 탈출하기 위해 한국 대사관이 태국 항공기를 임차하였는데 고가의 항공료(당시 200달러로 정상 요금의 두 배)를 내고 탔어야 했다"라고 불만을 나타냈다. 다른 국가의 경우(예를 들어 일본) 자국 교민의 안전한 탈출을 위해 무상으로 항공서비스를 제공받은 것과 비교할 때 한국 대사관의 대처가 미흡했음을 지적한 것이다.

제창근 교민은 '재외공관의 민원에 대한 책임회피와 행정원의 서비스 정신과 상식 부족'을 지적했고, 프놈펜 G 교민은 '교민에게 진정한 도움을 주는 재외공관 역할을 해줄 것'을 주문하였다. 특히 '오전/오후 업무가 구분되어 일부 서비스를 제공하지 않는 것'을 불편해했다(신원집, 프놈펜 G 교민). 예를 들어 신원집 교민은 "자녀 재학 증명서를 발급하는 서비스는 오전에만 제공해서 헛걸음한 경우"였고 프놈펜 G 교민은 "여권 업무는 오후에 오라, 뭐는 오전에 오라는 둥 대사관 직원 본인의 업무 시간에 맞추라는 것"에 불만이 높았다.

캄보디아 한인 사회 내에 사회경제적 지위에 따른 분류가 있는가에 관한 질문에 프놈펜 H 교민은 경제적 분화 현상이 캄보디아에서 일어나고 있다고 답변하였다. 프놈펜 A 교민은 한국 회사에서 급여를 받는 한인(파견 주재원)과 현지화된 한인 사이의 분화를 언급하였다. 제창근 교민은 캄보디아 한인에게 경제적 빈익빈 부익부 현상이 강하게 나타나고 있으며, 상중하 비율까지 언급하였는데 하류층의 비중이 압도적으로 많은 편이라고 하였다. 그는 "상류층은 주재원을 포함하여 10퍼센트, 중간층은 20퍼센트, 하류층은 불법 체류를 포함하여 70퍼센트 정도"라며 매우 구체적으로 말하였다. 프놈펜 G 교민은 "골프를 치는 한인이 돈과 시간이 많은 상류층"이라고 하였다.

경제적 분화와 더불어 한인의 집단 거주지역이 프놈펜 주변을 중심으로 생겨나기 시작했다. 프놈펜 E 교민은 "캄코시티를 중심으로 한인 집단 거주지역이 형성되기 시작하였다"라고 답변했다. 캄코시티는 프놈펜 중심에서 북부로 약 3킬로미터 떨어진 뚤꼭에 위치한 신도시로 세계 각국으로부터 투자를 유치하기 위해 특별경제구역으로 지정된 곳이다. 뚤꼭 지역에 프놈펜 거주 한인의 약 70퍼센트 정도가 모여 있으며, 캄코시티는 한국 기업이 주도한 만큼 한국 식당도 많이 모여 있다. 또한, 임대료도 상대적으로 저렴하고 현대적인 쇼핑몰이나 편의시설이 모여 있어 한인의 거주 선호지역이 되었다. 프놈펜 H 교민은 "한인이 과거에는 벙깽꽁[프놈펜 도심으로 메콩강 인접지역]에 많이 거주하였는데 임대료가 비싸져 캄코시티로 많이 옮겨갔다. 단신으로 체류하는 경우에는 뚤뜬퐁[프놈펜 도심 남부 지역]으로도 많이 간다"라고 답변했다.

캄보디아 한인들은 현지인과의 사회적 관계를 넓히기 위해 다양한 시도를 하고 있다. 현지에서 한글을 가르치거나, 현지어 습득, 현지인과의 공동생활을 통해 친밀한 관계를 형성하고자 노력하였다. 현지인과의 교류 공간은 집에서 함께 생활할 때도 있으며, 이외에는 주로 사무실 등에서 교류하는 경우가 많았다. 현지 기관에 도움을 주는 교민도 있었다.

인터뷰에 응한 캄보디아 한인의 현지인과의 교류는 비교적 활발한 편이었다. 프놈펜 C 교민은 "현지인 두 명과 집에서 함께 생활하는 중이다"라고 답변할 정도로 공동 거주하는 사례도 있었다. 하지만 직장이나 업무를 통해 현지인과 교류가 이루어지는 것이 일반적이었다. "직장에서 다섯 명의 현지 직원과 교류한다"(프놈펜 D 교민), "직장에서 주로 만난다"(프놈펜 F 교민), "현지에 있는 어려운 기관을 물심양면으로 도와주고 있다"(정지대 교민), "직장 동료 특히 경제적으로 중간계층을 만난다"(프놈펜 F 교민) 등의 사례가 이에 해당했다. 캄보디아 한인이 현지어를 구사하지 않고, 영어로 의사소통을 하는 경우 상호 의사소통이 어려운 사례(프놈펜 F 교민)도 있지만, "현지어를 할 줄 알아 좀 더 친밀하게 지낼 수 있었다"(프놈펜 B 교민)라고 답변한 사례도 있었다.

캄보디아 한인들의 체류 및 활동 과정에서 가장 핵심적인 역할을 하는 직군은 공무원이 가장 많았다. "캄보디아 총리 통역관과 친분이 있다"(정지대 교민), "현지 고위공무원(차관, 군 장성)과 교류했다"(프놈펜 A 교민), "종교부 공무원과 친하게 지냈다"(씨엠립 B 교민), "현재 하는 회계 업무가 그렇듯 국세청이나 담당 세무원과 자주 만나는 편이다"(프놈펜 G 교민) 등 사업과 선교에 종사하는 한인이 각 분야의 담당 공무원과 자연스럽게 관계를 형성하고 있었다. 캄보디아 공무원을 한국에 초청하여 행정적인 편의를 받은 사례도 있었다(씨엠립 B 교민). 특히 1990년대 한 기관이 캄보디아의 군 고위관계자들을 초청했는데, 예상보다 규모가 커져 한국 정부의 공식행사가 되기도 했다(프놈펜 E 교민). 당시만 해도 캄보디아 고위관계자를 한국으로 초청하는 것은 환영할만한 제안이었기에 상당수의 정부와 군 관계자가 지원하는 가운데 한국을 방문하였다. 이처럼 한인과 캄보디아 고위공무원 간의 사회경제적 관계는 한인의 정착·적응·사업 개시 등에 우호적인 환경을 제공하였다.

일부 한인은 한인과의 관계보다 현지인과의 관계를 더욱 중시하는 경향이 있었다. 정지대 교민은 '행복한 공부방'을 8년간 운영, 현지인에게 한글을 가르쳐주면서 현지인과의 적극적 관계를 구축했다고 한다. 프놈펜 A 교민도 "한국인보다 현지인과의 관계가 더 깊다. 현지인과 진실한 관계를 만들기 위해 노력했다", 씨엠립 B 교민은 "캄보디아 현지인과 함께 생활했고, 서로 도움을 주었다", 프놈펜 G 교민은 "현지인과 교류를 많이 하는 편이다"라며 "캄보디아 내 불우한 이웃을 도와주고 있으며 지방의 여러 가정이 모여 사는 곳에 화장실을 지어주고 있다"라고 답변했다.

캄보디아 한인들의 현지인에 대한 이미지와 생각에 관해 물었을 때 '불교적인 관용'(정지대 교민), '순수하고 예의 바름'(프놈펜 A 교민), '현지인의 기술과 지식수준 증가'(제창근 교민), '학생들이 순박하고 예의 바름'(프놈펜 D 교민)과 같은 긍정적 답변도 있었다.

반면 한국인의 정서와 비교해 '열심히 살지 않음'(정지대 교민), '이해관계가 얽힌 경우나 결정적일 때 같은 편이 되지 않음'(프놈펜 A 교민)과 같은 부정적인 답변도 있었다. 또한, 현지인을 고용한 한인의 경우 '직업윤리에 대한 의식 부족'(제창근 교민), '현지인들은 기술이 많이 부족하고, 베트남인과 비교해도 손기술이 부족'(프놈펜 E 교민), '사고영역이 넓지 못함'(프놈펜 F 교민)으로 인해 어려움을 겪고 있다는 답변이 많았다. '대학 졸업자도 교육수준이 매우 낮아서 업무를 보는 데 어려움이 많은 것'(제창근 교민), '캄보디아의 높은 교육열에 비해 교육의 질이 낮은 것'(프놈펜 H 교민), '사고영역이 넓지 못함'(프놈펜 F 교민)을 지적하였다. 이와 같은 현지 노동력의 낮은 생산성은 현지의 낮은 임금을 활용하기 위해 진출한 한인 기업의 핵심 애로 사항이기도 하다. 또한, 캄보디아가 부정부패가 매우 심한 상황인데 현지 공무원의 뇌물 요구를 받는 것도 큰 부담이 되고 있다(제창근 교민).

한국 정부와 민간 차원에서 캄보디아 자원봉사자가 많아지고 있는데 현지인들이 "한국인의 자원봉사에 고마워하지 않고 오히려 자신들 덕분에 한국인이 자원봉사를 할 수 있다고 생각한다. 감사하다는 표현을 잘하지 않는다. 도덕적인 면이나 정의 측면에서의 인식이 적다"(신원집 교민)라며 현지인의 태도에 대한 지적이 있었다. 또한 "초가지붕을 함석집으로 바꿀 때 현지에서 봉사를 하는데 이웃 사람들이 돈을 요구해서 다른 동네로 가겠다고 하니 이장이 와서 조율했다"(신원집 교민), "한 지인이 현지에 병원을 건립하기 위해 송금했는데도 아무것도 진행되지 않았고, 현지를 방문하기 위해 공항에 내렸는데 아무도 마중 나오지 않았다"(프놈펜 E 교민)라며 자원봉사자에 대한 현지인의 태도가 기대한 것과 차이가 컸음을 언급했다. 정서적인 측면에서 '미안하다는 표현을 하지 않는 것'(프놈펜 C 교민), "가정부를 쓰기 시작했는데 이후 그 집 가족 경조사를 챙겼지만, 있을 때는 잘하고 일단 떠나고 나면 그 전 같은 느낌을 받지 못하는 것으로 인해 현지인들에겐 너무 마음을 주는 것은 반대한다"(프놈펜 G 교민)라는 답변도 있었다. 또한, "현지인의 젊은 세대는 이기주의적 성향이 점차 늘어나고 있음"(프놈펜 C 교민)과 "사업이나 비즈니스 부문에 경계를 늦추지 말아야 함"(제창민 교민)도 언급하였다.

캄보디아 현지인의 한국인에 대한 평가 역시 긍정적인 부분과 부성석인 부분으로 나뉘었다. 긍정적인 부분은 기본적으로 "한국을 좋아하며 뒤끝이 없다고 느낌"(프놈펜 D 교민), "한국과 다른 국가의 축구 경기에서 한국을 응원하는 것"(신원집 교민) 등을 언급하였다. 반면 부정적인 부분은 "한국인은 문제해결 능력이 부족하다고 생각한다"(프놈펜 A 교민), "초기보다 기대감이 사라진 것과 이로 인해 한국인과의 국제결혼도 법적으로 금지한 것이다"(프놈펜 B 교민), "한국인은 급하다고 생각한다"(프놈펜 F 교민) 등이 있었다.

6장

나가며

캄보디아는 1990년대 초부터 한인 유입이 시작되어 약 30년의 역사를 가지고 있다. 다른 동남아 국가의 한인 이주사에 비해 짧은 역사에도 불구하고 2019년 현재 1만 2,000명이 넘는 대규모 한인 사회를 형성했다는 점에서 주목할 만한 요소가 많다. 또한, 단기간에 초기-성장기-침체기-재™ 성장기라는 네 시기로 구분할 수 있을 만큼 많은 변화를 보여왔다는 점 또한 캄보디아가 한인 이주에 '기회'와 '위험' 변수가 많았음을 의미한다.

캄보디아 한인 사회는 기독교 선교로 시작했다고 해도 과언이 아니다. 캄보디아는 공산화 시절 '킬링필드'로 알려진 부정적인 이미지였지만, 1993년 UN 중재로 총선이 실시된 이후 민주주의와 시장 경제를 도입하였다. 무엇보다 다른 동남아 국가의 종교적 제한에도 불구하고 캄보디아는 종교(선교)의 자유가 허용됨에 따라 동남아

'선교지'의 전초기지가 되었다.

캄보디아 한인 이주를 견인했던 두 번째 요소는 '관광지'로서의 부상이다. 앙코르와트가 한국인 관광객의 인기 지역이 됨에 따라 캄보디아 방문 관광객이 급증하였다. 2004년 발생한 쓰나미로 인해 태국에 거주하던 한인 가이드가 신규 관광지로 부상하는 캄보디아로 대거 이주하였다. 관광 관련 산업을 중심으로 특히 앙코르와트가 소재한 씨엠립 지역 한인 사회가 급성장하였음은 물론 캄보디아 한인 사회의 규모를 증가시키는 요인이 되었다.

캄보디아 한인 이주를 견인했던 세 번째 요소는 '투자지'와 '투기처'로서의 매력이다. 저임금 노동력을 기반으로 하는 봉제업을 중심으로 한인 기업이 캄보디아로 이주하였으며, 한때(2006년) 한국의 캄보디아 투자는 1위를 기록하기도 하였다. 또한, 프놈펜을 중심으로 미개발 지역의 부동산 개발을 통한 '투기처'로서 주목받기도 했다.

이러한 여러 매력에도 불구하고 대내외적 환경에 따라 한인 사회의 불안정성이 커질 때가 많았다. 1997년 캄보디아의 내전(쿠데타) 발발은 한인 신규유입을 막는 것은 물론 기존 교민의 이탈을 가져오는 변수로 작용하였다. 또한, 2008년 발생한 금융위기는 한국 기업이 캄보디아에서 추진하던 대형 건설프로젝트를 좌초시킴으로써 한인 사회를 위축시키기도 했다. 또한, 씨엠립 한인 사회의 핵심 분야인 관광 분야마저 2015년 이후 한인 관광객 감소와 한인 가이드에 대한 법적 제약으로 어려움을 경험하고 있다. 이와 같은 정치

경제적 변동성은 한인 거주자에게 큰 걸림돌이 되어왔고 여전히 진행 중이라 할 수 있다.

최근 한인 사회에 있어서 긍정적인 요소는 캄보디아의 경제적 기회가 증가했다는 점이다. 개발도상국임에도 불구하고 2010년대 이후 연간 평균 7퍼센트의 높은 경제성장률을 지속하고 있기 때문이다. 이에 저성장으로 인해 경쟁이 격화된 한국의 사회경제적 환경을 탈피하여 새로운 블루오션을 찾아 캄보디아로 이주하는 한인들이 증가하고 있다. 다른 특징은 한인 사회의 직업적·지역적 다양성이 관찰되고 있다는 점이다. 이주 초기 한인 이주는 기독교 선교사와 여행 가이드 등 특정 직업에 한정되어있었으나 현재 한인 사회는 다양한 직업군으로 분산되고 있으며 지역적으로도 기존의 프놈펜·씨엠립뿐만 아니라 시아누크빌·바탐방 등 여러 지역에서 한인 사회가 출현하고 있다. 무엇보다 최근의 이주는 IT·물류·방범 시스템 등의 전문성을 갖춘 비교적 젊은 세대가 유입되고 있다는 점은 과거의 한인 이주와 다른 부분이다. 또한, 한인 사회가 총 1만 명이 넘어감에 따라 '규모의 경제'가 가능해져 한인 자체를 대상으로 한 음식점·편의점·의료·미용·법무 등 관련 업종이 증가하고 있다는 점도 큰 변화이다. 즉 캄보디아의 저임금이나 현지 시장뿐만 아니라 한인 사회의 시장 규모도 한인을 유입시키기에 충분한 동기로 작용할 수 있는 수준에 이르렀다는 점이다. 이와 같은 한인 사회 규모의 경제와 자급자족적 형태는 캄보디아 한인 사회의 안정성과 지속성에 긍정적인 영향을 미칠 것으로 보인다.

캄보디아 한인 사회 내부의 취약성 역시 본 연구를 통해 확인할 수 있었다. 한인 사회가 양적으로 급성장하였지만, 한인의 정착과 적응에 도움을 주어야 할 공식적·비공식적 한인 기관의 역량이 그에 미치지 못하는 점은 아쉬운 부분이다. 주캄보디아 한국 대사관은 여러 서비스 개선에도 불구하고 아직 만족스러운 평가를 받지 못하고 있다. 무엇보다 한국 교민의 단합과 결속을 추진할만한 시스템이나 역량을 갖추지 못한 상황이다. 캄보디아 한인의 대표기관인 한인회 등 주요 기관에 대한 신뢰와 기대 역시 낮은 편으로 인터뷰에 응했던 한인 대부분이 한인회에 대해 무관심과 냉소적 시각을 표출하였다. 외국인으로서 살아가는 한인이 당할 수 있는 불이익이나 불의의 상황에 대해 효과적으로 대응할 수 없다는 점이 불안요소로 남아있다. 이에 한인은 개인적이고 비공식적인 네트워크에 의존하며 다른 한인과 사회적 관계를 유지하고 있었다.

거주 환경과 관련된 인프라의 취약성 또한 한인 사회에 장애 요소로 남아있다. 캄보디아 한인의 자녀 세대가 점차 증가하고 있지만, 아직 만족스러운 교육시스템을 갖추지 못하고 있다는 점은 자녀를 둔 한인에게 가장 큰 어려움이다. 한인 2세의 교육 수요가 커졌음에도 불구하고 한인 교육 기관의 부족한 상황이었고, 한인을 위한 의료 서비스 환경도 여전히 열악하다. 개도국으로서 인프라의 개선 속도가 지체되는 점 역시 캄보디아 한인들이 살아가는 데 큰 도전으로 남아있다.

삼랭시(이유경 정리). 2014. "독재정부도 마다치 않는 한국 투자자들 변해야: 삼랭시 캄보디아 구국당 대표 인터뷰." 『한겨레21』 통권 996호.

손성일. 2012. "캄보디아의 현대사와 개발원조의 흐름: 일본, 미국, 중국의 ODA를 중심으로." 『국제개발협력』 제1호.

신의철. 2013. 『내일이 더 빛나는 나라 캄보디아』. 라이스메이커.

안진선. 2016. 『캄보디아의 소피아 선생님』. 한국국제협력단(KOICA).

외교부. 2019. 『재외동포현황』.

이백만. 2014. 『엉클 죠의 캄보디아 인생 피정: 두 번째 방황이 가르쳐준 것들』. 메디치미디어.

이승철, 오병두. 2014. 『캄보디아 진출기업 인사노무관리 성공전략: 글로벌 경영과 노동-캄보디아』. 노사발전재단.

이시영. 2004. 『꿈과 미래가 있는 캄보디아 101가지 이야기』. 샤론.

이요한. 2012. "한국 중소기업의 캄보디아 진출 동기와 경험." 김동엽 외. 『한국 속 동남아 현상-인간과 문화의 이동-』. 명인출판사.

인도차이나한인선교사대회 신학분과. 2011. 『인도차이나 지역의 교회자립: 태국, 미얀마, 베트남, 라오스, 캄보디아』.

임세종. 1987. 『킬링필드의 반딧불』. 성도출판사.

임희모. 2012. "한국과 미국의 종교단체들의 해외 사회봉사활동과 문화이해에

관한 비교 연구: 캄보디아를 중심으로."『선교신학』.

정미경. 2012. "공적개발원조(ODA)의 지원형태와 참여유형 : 베트남, 캄보디아, 라오스 중심 연구."『비교경제연구』제19권 제1호.

정주수. 2013. "지구촌 혼인법제의 실태조사 2."『사법행정』통권 625호.

조혜신. 2012. "한국과 캄보디아의 외자 및 외국인투자 관련 법제에 관한 연구."『법연』28권. 한국법제연구원.

주캄한인선교사회 선교역사연구분과. 2013.『캄보디아 선교역사』.-첨탑.

지식경제부. 2012. "아시아의 마지막 미개척 시장, 미얀마 진출 속도 내다: 지경부 차관, 한·미얀마 경제협력 포럼 개최 및 정부간 네트워크 강화."

채현정. 2009. "캄보디아 앙코르 유적지의 한국인 관광업 이주자."『동남아시아연구』제19권 제1호.

한국섬유산업연합회. 2013.『캄보디아 섬유산업 동향』. 한국섬유산업연합회.

한국수출입은행. 2017. "2018 세계국가편람."

KOICA 캄보디아사무소. 2014. "대캄보디아 무상원조사업 업무보고(감사원 감사)."

KOTRA. 2011.『투자실무가이드 : 캄보디아』.

강남식 재캄보디아 경제인협회 회장, 2016년 8월 18일
김경일 앙코르 대학교수, 2014년 7월 1일
김은아 우리컨설팅 실장, 2018년 8월 14일
노진태 캄보디아 선교사협의회 목사, 2014년 6월 26일
박승규 씨엠립 한인 영사관 총영사, 2018년 2월 16일
박정연 Life Plaza 편집장, 2016년 8월 22일
박종국 캄보디아 씨엠립 4대 회장, 2016년 8월 10일
박현옥 캄보디아 한인회 회장, 2018년 8월 7일
서병도 프놈펜 한인 교회 목사, 2016년 10월 15일
이정삼 캄보디아 한인회 사무국장, 2018년 1월 30일
이중근 캄보디아 한인회 부회장, 2016년 8월 17일
이필승 캄보디아 씨엠립 초대 회장, 2016년 8월 11일
장원표 캄보디아 씨엠립 한인회 사무국장, 2016년 8월 9일
정지대 캄보디아 뉴스브리핑 편집장, 2018년 1월 31일
조영호 한국통역안내원협회 사무국장, 2016년 8월 9일.
주기병 캄보디아 씨엠립 한인회 회장·장원표 사무국장, 2014년 7월 1일

씨엠립 A 교민, 2018년 2월 16일

씨엠립 B 교민, 2018년 2월 17일
프놈펜 A 교민, 2018년 1월 16일
프놈펜 B 교민, 2018년 1월 16일
프놈펜 C 교민, 2018년 1월 29일
프놈펜 D 교민, 2018년 1월 29일
프놈펜 E 교민, 2018년 8월 8일
프놈펜 F 교민, 2018년 8월 14일
프놈펜 G 교민, 2018년 8월 15일
프놈펜 H 교민, 2018년 8월 15일

적응 관련

1. 정착 동기 및 정착 시기
   - 정착 전 이주 경험
   - 한국에서의 일 경험

2. 정착 당시 현지에서의 경험
   - 정착 경로 및 과정
   - 정착 당시 현지의 정치경제적 상황

3. 정착 당시 한인 사회의 상황
   - 다른 한인과의 사회적 관계
   - 현지인과의 사회적 관계

4. 일 경험
   - 현지에서의 직업 경험
   - 일하는 데 있어서의 어려움
   - 현지인과의 일적인 관계

5. 현지에서의 정치적 경험
- 현지의 이민정책에 대한 생각과 경험
- 현지 정책이 한인의 삶에 미치는 영향
- 현지 정책에 대한 평가와 불만

6. 현지에서의 문화적 경험
- 현지에서 가본 곳
- 현지 방문지에 대한 생각과 평가
- 현지 미디어 소비와 정보 획득 방법

정체성 관련

7. 가족 관계
- 한국 가족과의 관계
- 현지 가족과의 관계
- 가족과 관계 유지에 있어서 어려움

8. 자녀 교육
- 현지에서의 교육 경험
- 한국어와 문화에 대한 교육
- 학교 종류 및 유형
- 자녀 교육에 있어서의 어려움
- 자녀의 미래에 대한 구상

9. 한인 사회
- 한인 사회 주요 단체와 이에 대한 평가
- 참여하는 한인 관련 조직(교회, 동호회, 학부모회 등)
- 한인이 교류하는 주요 공간(식당, 골프장, 등산모임 등)

- 한인 집단 간 교류 및 갈등(주요 사건)

10. 한인 사회의 시대별 변화
    - 정치경제적 변화(예: IMF, 2008 경제위기)
    - 사회문화적 변화(예: 2002 월드컵)

11. 장거리 민족주의
    - 한국 정치에 대한 관심(선거 참여 등)
    - 한국에 대한 문화적 관심(스포츠, TV, 인터넷 포털)

12. 젠더
    - 가족 내에서의 성 역할과 지위
    - 직장 내에서의 성 역할과 지위
    - 국제결혼에 대한 생각
    - 현지 여성과 남성에 대한 인식 및 평가
    - 젠더에 대한 한국 문화와 현지 문화의 차이(종교 등)

13. 향후 계획
    - 귀국 희망 시기와 여부, 여건

네트워크 관련

14. 현지인과의 관계
    - 현지인과 교류하는 공간(집, 직장, 인터넷 등)
    - 교류하는 현지인의 사회경제적 지위
    - 현지인에 대한 이미지와 생각
    - 한국인이 생각하는 현지인의 한국인에 대한 이미지와 생각
    - 현지인과의 갈등 경험(종교, 문화적 갈등)

15. 한국 정부의 해외 한인 정책에 대한 평가
    - 재외공관 및 단체에 대한 평가
    - 재외한인 정책에 대한 평가(복수국적법, 참정권, 영주권 등)
    - 한국 정부, 재외공관에 바라는 점

16. 한인 사회의 사회경제적 분화
    - 한인 사회의 사회경제적 지위에 따른 분류
    - 사회경제적 지위에 따른 상호관계(일, 놀이 등)
    - 사회경제적 지위에 따른 갈등

17. 교통·통신의 발달에 따른 변화
    - 한국과의 교류, 방문(가족, 동창 등)
    - 현지 한인 사회의 교류
    - 현지인과의 교류

18. 한인-현지인 가족(해당자만)
    - 가족 형성 과정
    - 한인-현지인 가족의 경제적 재생산
    - 한인-현지인 가족의 종족/국기 정체성과 갈등
    - 한인-현지인 가족의 한국 내 친인척과의 관계
    - 한인-현지인 가족의 자녀 교육과 정체성
    - 한인-현지인 가족의 한인 사회 내의 시각과 지위

찾아보기

김희숙

전북대학교 고고문화인류학과 대학원에서 미얀마 새마을운동 ODA 사업에 관한 연구
로 인류학 박사학위를 받았다. 부산외국어대학교 인문한국(HK) 연구교수를 거쳐, 현재
전북대학교 동남아연구소 전임연구원으로 재직하며 미얀마를 비롯한 동남아시아 각국
의 '사람'에 초점을 맞춰 노동·보건·복지 관련 연구를 수행하고 있다.

이요한

한국외국어대학교에서 정치학 박사학위를 받았으며 현재 부산외국어대학교 아세안연구
원 연구교수로 재직 중이다. 라오스 수파누봉 대학교에서 재직한 바 있으며, 라오스·캄보
디아와 관련한 다수의 저서와 보고서를 발간하였다.

동남아 한인 연구 총서 7

미얀마·라오스·캄보디아: 새로운 한인 사회의 형성과 확장 가능성

1판 1쇄 찍음 2022년 4월 15일
1판 1쇄 펴냄 2022년 4월 22일

지은이   김희숙·이요한
펴낸이   정성원·심민규
펴낸곳   도서출판 눌민

출판등록   2013. 2. 28 제25100-2017-000028호
주소   서울시 은평구 가좌로11가길 30, 301호 (03439)
전화   (02) 332-2486   팩스   (02) 332-2487
이메일   nulminbooks@gmail.com
인스타그램·페이스북   nulminbooks

ISBN 979-11-87750-53-6 94910
ISBN 979-11-87750-45-1 94910 (세트)

이 저서는 2016년 대한민국 교육부와 한국학중앙연구원(한국학진흥사업단)을 통해
해외한인연구사업의 지원을 받아 수행 중인 연구임(AKS-2016-SRK-1230004)